Andreas Reinold

# Heilung durch Versöhnung

Andreas Reinold

# Heilung durch Versöhnung

## als Basis für Gestaltseelsorge

Fromm Verlag

**Imprint**



Cover image: www.ingimage.com

Publisher:
Fromm Verlag
is a trademark of
International Book Market Service Ltd., member of OmniScriptum Publishing Group
17 Meldrum Street, Beau Bassin 71504, Mauritius

Printed at: see last page
**ISBN: 978-613-8-35559-5**

**Inhaltsverzeichnis**

**Heilung durch Versöhnung der Gegensätze (Polarität) im Ansatz der Gestalttherapie, der (christlichen) Religion und anderen Heilungslehren als Basis für eine personaltranszendent (christlich) orientierte Gestalttherapie**

## *1. Einleitung: Genese und Ziel des Themas:*

Seit 1995 lebe ich von den Einnahmen meiner psychotherapeutischen Praxis in München und Paderborn. 1990 hatte ich meinen Diplom in Katholischer Theologie und 1994 eine Zusatzqualifikation in Logotherapie und Existenzanalyse abgelegt. 1996 hatte ich eine Ausbildung in integrativer Gestalttherapie am IGW angefangen.

Durch meine christlich-theologische Prägung hatte mein Therapieansatz schon von Anfang an das Vorzeichen eines biblischen Kerngedankens, nämlich den der Versöhnung mit sich selbst, Gott und den Menschen. Das Buch von John Bradshaw:" das Kind in mir", in dem es um die Versöhnung mit dem Inneren Kind geht, markierte für mich die Verbindung zwischen meinem Glauben und der Gestalttherapie. Nicht nur meine Einzelgespräche waren davon geprägt, sondern auch meine Kurse, Seminare, Gruppenarbeit und Vorträge.

Meine Ausbildung in Gestalttherapie half mir bei der therapeutischen Umsetzung dieser Verbindung. Es waren vor allem Texte von Gestalttherapeuten, die mein Konzept von der Heilung durch Versöhnung stark beeinflusst und geprägt haben.

Sehr programmatisch wurde für mich der Text von Viktor Chu: „die Tür zur Inneren Kammer". Beim Lesen dieses Artikels vor 15 Jahren sind mir viele Türen und Lichter aufgegangen. Seine Kerngedanken habe ich deshalb ergänzend zusammengefasst und auf meine Homepage gestellt. Hier sei er nochmals kurz erwähnt: „Wir kommen aus der Einheit mit Gott. Durch die Traumata des Lebens jedoch haben wir viel Schmerz und Angst erfahren. Wir waren so klein, dass wir diese schlimmen Erfahrungen nicht dauerhaft ertragen hätten. Wir haben zugemacht und sie tief in uns eingeschlossen, in Verliesen, die wir mir eisernen Türen verschlossen haben. Diese trennen uns seither von unserem göttlichen Wesenskern, der Wahrheit und den Mitmenschen. Viktor Chu schreibt, dass das Durchschreiten dieser Eisentür einem kleinen Tod, einem spirituellen Tod gleichkommt. Mit seinen Gedanken auf meinem Praxisflyer versuchte ich Klienten anzusprechen: „ Wir haben es erfahren, dass unser Leben in die Irre führt, wenn wir diese schmerzlichen Geschichten aus unserer Vergangenheit von uns selbst weghalten und so lieber weiter leiden an depressiven Störungen, Ängsten, psychosomatischen Erkrankungen, Selbstwertkrisen, Glaubenskrisen, Stress und Beziehungsproblemen. Wir ahnen, dass nicht nur die Schmerzen, Ängste und die schlimmen Erinnerungen hoch kommen, sondern auch schöne, ebenfalls vergessene Erlebnisse, und Gefühle von Freude, Glück, Lust, Erfüllung und Lebendig-Sein" ( nach Victor Chu, S.238).

Victor Chu hat mich nicht nur zu meinem Therapiekonzept inspiriert, sondern auch zu vorliegender Abschlussarbeit, als er zum Titel der Gestalt-Tage 1994

schrieb, dass allein der Titel der Gestalt-Tage 1994: „Auf der Suche nach der verlorenen Dimension „deutlich macht, dass Gestalttherapie (GT) eine offene Gestalt hinsichtlich der spirituellen Integration ist".
An anderer Stelle wird im Eröffnungsvortrag erwähnt, dass das Christentum innerhalb der Therapieszene und auch innerhalb der Gestalt weit unterschätzt, nicht gekannt und zur Projektionsfläche für alles und jedes gediehen ist. Mit dieser Arbeit möchte ich schlicht gesagt, das Christentum in seinem personaltranszendenten Heilungspotential in die Gestalt einführen in Form meines persönlichen Gestaltansatz einer „christlich orientierten Gestalttherapie".
In vorliegender Abschlussarbeit will ich also diesen personal-transpersonalen Übergangsbereich der GT (Frambach) und ihre offene Gestalt hinsichtlich der spirituellen Integration (Viktor Chu) bezüglich des Heilungsprinzips der Versöhnung neu beleuchten und auch ein bisschen füllen zur Beschreibung einer so von mir praktizierten Form von „christlich orientierter Gestalttherapie".

Dieses Heilungsprinzip möchte ich zunächst auch in anderen Heilungslehren darstellen, um sie dann mit dem christlich „personaltranszendenten Heilungsprinzip„ (von mir geprägter Begriff) der Versöhnung zu vergleichen, zu vertiefen und zu verbinden.
Zunächst möchte ich zeigen, dass für die Gestaltung der Natur und Heilung die Tendenz zu Gleichgewichtszuständen grundlegend ist. Leben besteht eigentlich in der "kontinuierlichen Wiederherstellung und Störung des Gleichgewichts" (Hegel zitiert bei Frambach (F) S. 296). Polarität ist nach F. in der Terminologie Hegels "synthetisierte" in der religiösen Sprache "versöhnte" Dualität. Heilung besteht also in versöhnter Dualität. Viele Heilungslehren arbeiten mit einem synthetisierten und transpersonalen Ansatz der Versöhnung der Gegensätze in einer Ich-Es Beziehungskonstellation.
Ich möchte in vorliegender Arbeit aber deutlich machen, dass dieser Ansatz zu weit über das Ziel hinaus schießt und tiefe Heilung und Versöhnung im Herzen nur unzureichend stattfinden kann, weil das Personale im Transpersonalen verloren geht und der kranke Mensch sich darin nicht mehr wiederfinden kann.
In einem christlich orientierten Ansatz geht es um ein versöhnliches Beziehungsgeschehen zwischen Ich, Du und ewigem Du. Ich nenne dies im Gegensatz zur transpersonalen Ausrichtung personale Transzendenz oder personaltranszendent.
Die ausführliche und konkrete Darstellung ihrer Versöhnungsansätze soll deutlich machen, auf welchen Ebenen und durch welche Wirkungsweise dieses Heilungsprinzip in einer „personaltranszendent (christlich) orientierte Gestalttherapie" zum Tragen kommt. Dabei soll deutlich werden, wie sich mein personaltranszendenter Therapieansatz „Heilung durch Versöhnung" integrieren lässt in die gestalttherapeutische Theorie und Praxis bzw. auch umgekehrt: wie

sich die Gestalttherapie integrieren ließe in mein Therapiekonzept der christlich orientieren Gestalttherapie.
In den Darstellungen soll auch deutlich werden, dass es bei der Versöhnung um eine Integration von personalen und transpersonalen Polaritäten geht, also um ein versöhnliches Beziehungsgeschehen zwischen Ich, Du und ewigem Du. Es soll gezeigt werden, wie das Heilungsprinzip der versöhnten Gegensätze ein in den Weisheitslehren weit verbreitetes ist und in der Gestalttherapie dann modifiziert auf psychotherapeutische Anforderungen übertragen wurde. Die wichtigsten wie Gewahr-Sein im Hier und Jetzt, Ego und Selbst, fruchtbare Leere, Nichts, Grund, schöpferische Indifferenz und Integration der Gegensätze hatte sie von verschieden Menschen- und Weltbilder ihrer Zeit übernommen.
An zentralen Gegensatzpaaren wie z. B Ego und Selbst, Jetzt und Zeitdualität, Wesen und Charakter, Sein und Haben, Psychotherapie und Nootherapie, Teilchen und Welle, Mensch und Gott, Jesus und Christus, Teufel und Gott, Subjekt und Objekt, Trennung und Vereinigung, Leid, Tod und Auferstehung, Unbewusstes und Bewusstes, Christ und Antichrist, Mann und Frau,etc möchte ich aus der Perspektive von verschiedenen Autoren und Heilungslehren die verschiedenen Möglichkeiten einer Heilung durch Versöhnung teilweise ausführlich mit Therapie- und Übungsanwendungen wieder geben. Ich möchte bei einigen Ansätzen explizit deren Leid- bzw. Krankheitsverständnis bzw. deren Verständnis von Heilung wiedergeben.
Dabei zeigt sich, wie Versöhnung, die ihren Ursprung im christlichen Kontext hat, sich von psychologisch-säkularen Copingstrategien abhebt. Nach Dr. Konrad Stauss, Arzt und Gestalttherapeut, haben nämlich Untersuchungen gezeigt, dass spirituell religiöse Copingstrategien mit den entsprechenden Menschenbildern gegenüber den weltlichen besser geeignet sind, das persönliche Unglück in Glück zu transformieren (Stauss S. 30).

Mein Wunsch wäre, dass die Gestalttherapie und insbesondere die Gestaltseelsorge durch die Ergebnisse meiner Abschlussarbeit wieder stärker das religiöse Menschenbild Bubers mit der Polaritätslehre von Salomon Friedlaender verbinden und dann auch die entsprechende spirituell-personale Copingstrategie der Versöhnungstherapie bzw. personaltranszendent (christlich) orientierter Gestalttherapie, so wie ich sie verstehe und anwende, in ihre tägliche Praxis einbeziehen würden.

## ***2. Polarität in verschiedenen Sprachen***

In allen Religionen, Philosophien und Therapieansätzen brachte man Polarität und Versöhnung immer in einen heilenden Zusammenhang:

Ich möchte nun zunächst vor allem bei L. Frambach darstellen, aus welchen philosophischen, naturwissenschaftlichen, religiösen und theologischen Kontexten die Gestalttherapie geschöpft hat, um damit auch das Themenfeld der vorliegenden Abschlussarbeit aufzuschließen. Besonders den gestalttherapeutischen Ansatz und den christlich-theologischen möchte ich in diesem Kapitel genauer beleuchten.

## 2.1 Religiös

Yin steht für das Dunkle, Weiche, Empfangende, Passive, Weibliche. Yan für das Helle, Harte, Schöpferische, Aktive, Männliche.
Das T`ai-Gi Kreissymbol versinnbildlicht dieses schöpferische Wechselspiel. Die beiden Punkte bedeuten, dass mitten in der jeweiligen Extremphase des einen Aspektes der gegenpolige in Erscheinung tritt. Die Chinesen waren durch intensive Naturbeobachtungen zu der Erkenntnis gelangt, dass durch dieses Prinzip sowohl die Naturprozesse als auch die sozialen, geschichtlichen, psychischen und geistigen Prozessabläufe gestaltet werden.
Der Begriff Tao meint den indifferenten schöpferischen Grundzustand, der sich durch polare Differenzierung in Yin und Yan als Phänomen ausgestaltet. Das Tao ist der schöpferische Urgrund aller Dinge, aus dem sie entstehen und in den sie zurückkehren. Symbolisiert wird es durch den leeren Kreis. Strukturell entspricht Tao der "Schöpferischen Indifferenz" von Salomo Friedlaender (Frambach (F) 293).

## 2.2 Philosophisch

In der abendländischen Philosophie sieht Heraklit (5. Jh. v. Chr.) in der Natur überall den Kampf entgegengesetzter Kräfte am Werk und hält ihn für das grundsätzliche schöpferische Prinzip. Die Realität gestaltet sich aus dem Wechsel polarer Gegensätze. Diese sieht er als Prozess. Bekannt ist sein Wort vom Kampf bzw. Krieg, den er als den Vater von allem bezeichnet ( F.295).
Bei Schelling ist das Gesetz der Polarität ein allgemeines Weltgesetz. Nach seiner Überzeugung sind Materie und Körper nichts anderes als Produkte entgegengesetzter Kräfte; der positiven, die weiterbildend vorwärts drängt und einer zweiten negativen, die zurückführend hemmt. Urpolaritäten in diesem Sinne sind "aktiv-passiv", "produktiv-rezeptiv", "männlich-weiblich". Weiterhin grundlegend für die Gestaltung der Natur ist die Tendenz zu Gleichgewichtszuständen. Leben besteht eigentlich in der" kontinuierlichen Wiederherstellung und Störung des Gleichgewichts" (Hegel zitiert bei F. 296). Polarität ist nach F. in der Terminologie Hegels "synthetisierte" in der religiösen Sprache "versöhnte" Dualität.

Ihr antithetischer Widerspruch ist gleichsam aufgehoben in der synthetisierenden Grunderfahrung der Indifferenz. Er begreift in diesem Sinne die Welt, d. h die Natur und Geschichte als dialektischen Entwicklungsprozess, in dem die antithetischen Widersprüche zunehmend in umfassendere synthetische Einheiten aufgehoben werden. Dieser Prozess geht aus dem Absoluten oder Gott in seiner undifferenzierten Einheit hervor, bevor die Gegensätze von Materie und Geist auftreten.

Der Geist wird sich hierbei im Individuum seiner selbst immer bewusster und verwirklicht sich in sozialen Gebilden immer höherer Ordnung (Familie, Gesellschaft, Staat) bis zum absoluten Geist. In ihm kehrt dieser sich in Gegensätze entfremdete Geist in seine selbstbewusste Einheit zurück. Friedlaender sieht die phänomenale Realität als Prozess der Differenzierung, welcher durch den Urgegensatz der Polarität bestimmt ist. Diese definiert er als Einheit in Zweiheit.

## 2.3 Gestalttherapeutisch

Diesen philosophischen Ansatz hat Fritz Perls lebenspraktisch in Form der Gestalttherapie umgesetzt. Polarität kennzeichnet nach Gebser das integrale Bewusstsein, das die "Entweder-Oder-Fixierung" mentaler Logik aufhebt in ein balancierendes "Sowohl-als auch" (S.299). Er bezieht sich dabei wesentlich auf die Quanten-Physik, für die zwischen Korpuskel und Welle eine grundlegende Komplementarität besteht. Die Verwechselung von Polarität und Dualität oder Dualismus führt immer wieder zu einer destruktiven und feindlichen Wirklichkeitsverkennung und hindert die Transformation in das integrale Bewusstsein. Ludwig Frambach schreibt in seinem Artikel „spirituelle Aspekte der Gestalttherapie" (hrsg. im Handbuch der Gestalttherapie, Göttingen 1999, S. 616), dass die drei Gründer der Gestalttherapie sich vom spirituellen und philosophischen Bereich inspirieren ließen und ihre Prinzipien dann modifiziert auf psychotherapeutische Anforderungen übertragen haben. Die wichtigsten wie Gewahrsein im Hier und Jetzt, Ego und Selbst, fruchtbare Leere, Nichts, Grund, schöpferische Indifferenz und Integration der Gegensätze hatten sie von verschieden Menschen- und Weltbilder ihrer Zeit übernommen.

Zwei den Gestaltansatz sehr prägende jüdische Autoren waren Salomo Friedlaender und Martin Buber. Friedlaender vertritt ein eher transpersonales Menschenbild und Buber einen personales bzw. wie ich es nennen würde personaltranszendentes, auf das ewige DU bezogene. Er schreibt, dass der Mensch am Du zum Ich wird (Buber, M.: Ich und Du, Gütersloh 1979), so dass das Motto des überkommenen mechanistischen Weltbild von Decartes umgeschrieben werden müsste in : „cogitor, ergo sum (ich werde erkannt, also bin ich)" .

Aus der Bindung von Ich und Du entsteht die dritte Dimension des „Wir", welche zum Ich und Du hinzukommt. Dr. Konrad Stauss verbindet sein Weltbild mit dem biblisch christlichen und baut darauf seine Vergebungstherapie auf. Siehe auch Kapitel 10.

Im spirituell-philosophischen Konzept der Gestalttherapie (GT) ist wohl die Integration der Polaritäten nach Salomon Friedlaenders Philosophie die zweite Säule.

Fritz Perls sagt, dass Gesundheit entsteht und besteht aus der ausgewogenen Beziehung der Pole, die sich im komplementären Wechselspiel der Polarität ergänzen (Perls 1974, 14; bei Frambach S.112). Er macht es an einer Faust, die das Herz symbolisiert deutlich. Er öffnet und schließt sie. Erst beide machen das Herz aus.

Arnold Beisser, ein Schüler Perls, hat diesen Zusammenhang in seiner paradoxen Theorie der Veränderung treffend ausgedrückt: Wir verändern uns nicht, wenn wir uns bemühen anders zu sein, als wir sind und dabei unseren Ist-Zustand und unser Sosein, unsere Realität leugnen. Wir verändern uns nur, wenn wir uns so annehmen, wie wir sind und dadurch der organismischen Selbstregulation Entfaltungsraum geben.

Psychische Gesundheit und damit auch physische ist also eine emotionale Flexibilität, die sich von vornherein nicht einseitig mit einer Seite der Polarität identifiziert, "sondern deren Mitte, Indifferenz, dem Grund entspringt" (S. 112). Ein Ruhen im Zentrum dieser Polarität ermöglicht ein intuitives, spontanes und angemessenes Reagieren auf die Erfordernisse der Situation. Perls sagt:" Intuition ist die Intelligenz des Organismus" (Perls 1974, 31). Frambach glaubt, dass GT keine spezifisch transpersonale Psychotherapie ist, weil sie primär auf die personale Ebene der menschlichen Existenz bezogen ist, kann aber im Zusammenhang einer umfassenden Persönlichkeitsentwicklung im Übergangsbereich vom Personalen zum Transpersonalen angesiedelt werden. Claudio Naranjo sieht die GT bereits als „transpersonalen Ansatz" (Claudio Naranjo 1988, S. 629 zit. bei Frambach).

### 2.3.1 Versöhnung von Charakter und Wesen als Heilungsprinzip in der Gestalttherapie

dargestellt am Artikel" Wesen und Charakter" von Dr. med. Wolf Büntig, einem Gestalttherapeuten und Arzt.

Ein weiteres Gegensatzpaar, was in seiner Polarität erkannt und versöhnt werden muss, ist das Wesen und der Charakter. Mit diesem arbeitet die Gestalttherapie.

Sie entsprechen meiner Meinung nach dem Gegensatzpaar der Ganzheit und der Persona von C.G Jung.

Der Selbst-Archetyp in Gestalt des göttlichen Kindes und des verwundeten Heilers führen den Menschen zu seiner Ganzheit bei C.G Jung, bei Büntig zu seinem Wesen. Die Persona verstellt wie der Charakter bei Büntig den Zugang zum Wesen.

Um die Inhalte der Begriffe zu vergleichen, fasse ich seine Definitionen zusammen: Der Begriff wurde von Meister Eckhard in die Philosophie eingeführt und bedeutet das bleibende Sein gegenüber dem Veränderlichen, das Wesentliche gegenüber der Nebensache. Man kommt der Bedeutung des Wortes aber näher über vier Begriffe, in denen es sich ausdrückt. Als anwesend bezeichnen wir etwas, was wahrnehmbar ist. Menschliche Gesundheit z.B. ist mehr als Abwesenheit von Krankheit. Sie zeigt sich in der Art und Weise, wie ein Mensch anwesend ist in seiner Wahrnehmung, seinen Gefühlen, seinem Kontakt, seinem Denken und Handeln. So ist auch Stille mehr als die Abwesenheit von Lärm. In der Stille eines Waldes z.B. ist das Numinose erfahrbar, was wir nicht mit den Sinnen greifen können.
Wir nennen etwas wesentlich, wenn etwas so ist im Kern, wie es ist, jenseits davon, wie wichtig ein Ding ist in Bezug auf Wertmaßstäbe, Neigungen und persönlichem Ermessen. Lebewesen ist der zeitliche sinnlich wahrnehmbare Ausdruck des Wesens, welches zeitlos, unerschaffen und unerschaffenbar ist. Hier ergeben sich für mich bemerkenswerte Assoziationen zum Logos im Johannesevangelium. Im Lebewesen manifestiert sich sein Wesen nur so lange, wie es lebt, dann verwest es. Im Vorgang des Verwesens löst sich das ungeschaffene Wesen von seiner als Lebewesen geschaffenen Form und gibt sich dem großen Sein und Geheimnis anheim, so wie sich der Fluss ins Meer ergießt, während das Geformte dahin zurücksinkt, woraus es geschaffen wurde: Staub zu Staub-Asche zu Asche. Wesen ist also urbildliche Wirklichkeit, raumzeitliche Realität hingegen deren Manifestationen. Das Wesen allen Wesens ist das göttliche Sein, die reine Wirklichkeit, das große Geheimnis.
Es manifestiert sich im Wesen aller einzelner Dinge, also auch im menschlichen Wesen. Vom Wesen des Einzelnen sagt Meister Eckhard, dass es inbildhaft sei und damit dieses Inbild sich verwirklicht, braucht die Person ein Vor- oder Leitbild, wie Jung sagen würde. Das kann Mutter, Vater, Freund, Geliebte/r, Mann, Frau, oder auch Therapeut und wie ich meine auch eine Glaubensfigur wie Jesus Christus sein. Abraham Maslow unterstützt meine These, indem er Jesus in einer Reihe mit Buddha, Moses und Mohammed charakterisiert als ein Mensch, der ganz transparent war fürs Wesen, in der Welt, aber nicht von dieser Welt war- eben Gott im Menschen füge ich als Theologe hinzu. Für Maslow ist die Suche nach Gotteserkenntnis ein instinkthaft verankerter Ausdruck menschlicher Natur und befindet sich in keinem Widerspruch zum natürlichen Menschen. Bei dieser Inbildung in der Beziehung zu einem Vorbild ist es nur wichtig, dass es eine Person ist, die den Kontakt zum Wesen nie ganz verloren hat oder zumindest beharrlich bemüht ist, die Türe zum Wesen offen zu halten. In einer solchen Beziehung kann das Wesen in der Person sich zu wesentlichem Dasein entfalten.
Von Martin Buber stammt die Unterscheidung zwischen Ich-Du und Ich-Es

Beziehungen. In Ich-Es Beziehungen sehen wir die Welt sachlich. Die Mutter, welche Ihr Kind wesensblind zur Welt bringt, wird es wohl gut versorgen und schmusen, jedoch nicht erkennen. Der Mann, der seiner Frau treu dient und sie versorgt, sogar ein toller Liebhaber ist, sie jedoch nicht erkennt jenseits von richtig oder falsch, gut oder schlecht, frustrierend oder befriedigend, wird immer Zweifel daran haben, ob sie die richtige Frau für ihn ist. Ebenso verhält es sich mit der Freundschaft zu sich selbst. Wenn ich als Gestalttherapeut am Charakter des Patienten arbeite, kann ich auch rein technisch, d.h. in einer Ich-Es Beziehung arbeiten z.B. mit dem leeren Stuhl, verfehle aber mit der Zeit den Patienten in seinem Wesen.

Da wo das Handwerkszeug in den Hintergrund gerät, treten sich Therapeut und Heiler in unmittelbarer Ausschließlichkeit gegenüber, d.h. sie begegnen sich in ihrem Wesen, wo beide, Heiler und Patient, Mann und Frau, Eltern und Kind voll im Hier und Jetzt in ihrem eigenen Sein anwesend sind und sich so dem anderen stellen, kann es zu einer heilsamen Ich-Du Beziehung kommen, die die entscheidende Voraussetzung für Menschwerdung ist." Am Charakter kennen, im Wesen erkennen wir uns" (Büntig S.59).

Der Charakter hingegen ist nach W. Büntig die Art und Weise, wie wir unser Verhalten, Denken und Fühlen kontrollieren, um in der Gesellschaft als normal zu erscheinen, also das Geprägte. Während unser Wesen bestimmt, wer wir im Prinzip und von Anbeginn sind. Mit Hilfe unseres Charakters verbergen und verstellen wir unser Wesen. Er ist die eingefleischte Geschichte unserer Sozialisierung und des Kompromisses, den unser Kind in früher Not eingehen musste, um seelisch zu überleben.

Wie kommt ein freier Mensch dazu, seine Talente, seine Kreativität und geistiges Potential derart zu vergraben und sich auf ein definiertes Repertoire von gewohnten Wahrnehmungen, Gedanken, Gefühlen und Handlungen festzulegen? Die Antwort verdanken wir der Psychoanalyse und ihren Fortentwicklern wie Wilhelm Reich, Alice Miller, Alexander Lowen, Fritz Perls, u.a. Das Neugeborene manipuliert seine Umwelt, das ist zunächst die Mutter, mithilfe seiner eingeborenen Emotionen, also Bewegungen aus dem Innern nach außen. Sein Ziel dabei ist natürlich die Befriedigung seiner existentiellen Bedürfnisse. Werden diese überwiegend befriedigt, gewinnt es je älter es wird zunehmende Kompetenz und Selbstvertrauen in seinem emotionalen Ausdruck. Dieser wird allmählich auch ökonomischer und differenzierter. Werden seine Bedürfnisse und Erwartungen auf Dauer frustriert und die entsprechenden Emotionen durch Vernachlässigung, Unterdrückung, Missachtung, Verkennung, Verführung, Manipulation, Überforderung und drohende Vernichtung beantwortet, lernt das Kind bald zunächst den emotionalen Ausdruck, dann aber auch die Wahrnehmung des Bedürfnisses und zuletzt auch den Bedürfnisimpuls durch Anspannung der entsprechenden

Muskulatur zu unterdrücken. Freudsche Verdrängung geschieht demnach mit Muskelkraft. Kinder lernen bei entsprechender Versagung, die Luft anzuhalten, Zähne zusammenzubeißen, Schulter hoch und den Bauch einzuziehen, die Knie durchzudrücken, den Hintern zusammenzukneifen, die Kehle zuzuschnüren und anderes mehr, um zu bekommen, was sie so dringend brauchen. Wer viel hält, bewegt sich entsprechend wenig, lernt wenig, hat wenig Emotionen und entwickelt wenig Selbstgefühl und damit Selbstwertgefühl und Selbstvertrauen.
Je weniger davon entwickelt wurde, umso mehr muss er auf ein abstraktes Selbstgefühl, sprich Image, bauen. Er bleibt dann darauf angewiesen, dass ihm andere Menschen dieses immer wieder bestätigen. Die Entwicklung ist dadurch eingeschränkt, weil der Mensch sich nur durch Bewegung entwickelt. Wir bewegen uns in Beziehungen zu Objekten mithilfe der Aggression. Wörtlich aus dem Lateinischen übersetzt: auf etwas zugehen. Es ist die Fähigkeit von Mensch und Tier zur Fortbewegung, entweder auf sie zu, von ihnen weg oder gegen sie. Wir nehmen die innere Bewegung wahr als Empfindung, geben ihr als Gefühl Bedeutung und äußern sie wieder als Emotion, als Herausbewegung auf das Objekt zu. Diese Abwehrmechanismen inkarnieren sich als konditionierte Reflexe. Diese wiederrum behindern oder verhindern gar die Entfaltung des Wesens in der Person. Am besten lässt sich diese Verhinderung nachvollziehen, wenn man mal die Schultern hochzieht und dabei die Umgebung als bedrohlich erlebt. Mit verbissenen Zähnen schauen die Mitmenschen gleich weniger freundlich aus.
Mit durchgedrückten Knien verliert man den Kontakt zum Boden wie zur Wirklichkeit. Die Liebe und Geborgenheit um uns herum kann so nicht mehr wahrgenommen werden. Unsere Abwehrhaltung, mit deren Hilfe wir früher leidvolle Erfahrungen verdrängen konnten, bewirkt jetzt, dass wir uns weiterhin jeder neuen, heilsamen Erfahrung verschließen. So bleibt uns nichts weiter übrig als das alte bekannte Leid zu wiederholen. Tolle nennt es den Schmerzkörper wiederholen. Die Wiederholungsnotwendigkeit entspricht einem Wiederholungszwang und hindert uns an der Entfaltung unseres Potentials.
Es ist die Gewohnheit, uns zu schützen vor den Schmerzen der Kindheit, die es uns verbietet, zu sein wie die Kinder. Sie hindert uns an wesentlicher und gegenwärtiger Erfahrung. Als Kinder waren wir einfach da, im Hier und Jetzt. Auf die Kasperle Frage: "Seid ihr alle da?", konnten wir alle eindeutig zuschreien: "Jaah!" Wir waren offen, neugierig, ganz in der Wahrnehmung, wir waren ängstlich und mutig, stark und verletzlich. Wir kannten und sagten immer unsere Wahrheit und waren noch fähig, mit den anderen Menschen und aller Welt zu verschmelzen. In dem Maße, wie wir dann abgelehnt, missachtet, entwürdigt, bestraft, entwertet und fallen gelassen und verraten wurden, im selben Maß lernten wir, uns selbst zu halten und uns so zu verhalten, wie uns die anderen haben und als normal ertragen wollten. Ein Gedicht über einer

tibetischen Schule bringt schön die Auswirkungen dieser Erfahrungen auf den Punkt:

*„Wenn ein Kind kritisiert wird, lernt es zu verurteilen.*
*Wenn ein Kind angefeindet wird, lernt es zu kämpfen.*
*Wenn ein Kind verspottet wird, lernt es, schüchtern zu sein.*
*Wenn ein Kind beschämt wird, lernt es, sich schuldig zu fühlen.*
*Wenn ein Kind verstanden und toleriert wird, lernt es, geduldig zu sein.*
*Wenn ein Kind ermutigt wird, lernt es, sich selbst zu vertrauen.*
*Wenn ein Kind gelobt wird, lernt es, sich selbst zu schätzen.*
*Wenn ein Kind gerecht behandelt wird, lernt es, gerecht zu sein.*
*Wenn ein Kind geborgen lebt, lernt es zu vertrauen.*
*Wenn ein Kind anerkannt wird, lernt es, sich selbst zu mögen.*
*Wenn ein Kind in Freundschaft angenommen wird, lernt es, in der Welt Liebe zu finden".*

So haben wir gelernt, unser Wesen zu verstellen und uns so lange zu verstecken, bis das Wesen uns nicht mehr finden konnte. Die Konstruktion eines solchen Selbstbildes, eines falschen Selbst ist dann ein Ersatz für das im Wesen wurzelnde Selbstgefühl. Sie führt immer wieder dazu, dass das falsche Selbst sich selbst beweist, aber nicht zu einer unmittelbaren Selbsterfahrung, durch die der Mensch seine Potentiale entwickelt. Eine Metapher von W. Büntig soll das Gemeinte deutlich machen: Boris Becker sitzt im Sessel und schaut sich ein Video: " Becker gegen Stefan Edberg "an. Solange Boris Becker weiß, dass er es ist, der dort im Sessel sitzt, ist er bei sich. Sobald er aber anfängt, sich mit den Bildern, die einmal von ihm gemacht wurden, zu identifizieren. hat er eine Identität und damit keine Möglichkeit mehr, eine direkte Selbsterfahrung mit sich im Augenblick zu machen, weil sein Bild von ihm ihn dabei blockiert. Unser Charakter und unser Selbstbild verstellen uns also den Zugang zu unserem Wesen. Dieser Mangel wird wie das Fehlen von Wasser oder Vitamin C erlebt. Es bleibt ein mahnendes Grundgefühl, dass etwas Wesentliches fehlt. Es macht sich wie ein großer ungestillter Hunger und Sehnsucht bemerkbar.

So bleibt der Hunger nach Wesentlichem in einer undefinierten Sehnsucht hängen. Meistens versuchen wir diesen Mangel vergeblich zu kompensieren: den Verlust eines süßen Lebensgefühl mit der Sucht nach Süßem; den Verlust unseres Selbstwertes durch Geltungssucht: den Mangel an wesentlichen Kontakt durch Beziehungssucht, den Mangel an Lebens- und Verschmelzungslust durch Sexsucht, den Mangel an Selbstwahrnehmung und Selbstgefühl durch Beachtungssucht, den Mangel an sinnvoller Aktivität durch Arbeitssucht, den Mangel an kreativen Ausdruck durch Leistung und den Verlust der inneren und äußeren Stille durch Betäubung.

Fritz Perls sagte, dass durch diese Ersatzhandlungen mit der Zeit Löcher in

unserer Persönlichkeit entstehen, die sich z. B als Depression bemerkbar machen. Diese Leere ist aber gleichzeitig das Tor zur Fülle. Wer hier nicht aus Angst vor dem Loch wieder in unwesentliche Ersatzhandlungen flüchtet- und wer täte das nicht- bei dem beginnt sich die dunkle Leere mit dem zu füllen, woran er sich selbst wiedererkennt. Er wird sich allein, aber nicht einsam fühlen, weil er auf merkwürdige Weise verbunden ist. Er wird Zuversicht und Kraft und Entschlossenheit empfinden, Notwendendes anzupacken.
In diesem Moment wird die Welt für ihn deutlicher, klarer und heller, sodass seine Lippen ein: Ach so! ganz leicht aussprechen.

## 2.4 Polarität in den Naturwissenschaften

Das Elektron und das Licht zeigen sich einmal als Teilchen und ein anderes Mal als Welle. Physikalisch sich ausschließende gegensätzliche Qualitäten: Materie und Licht sind weder Teilchen noch Welle. Niels Bohr und Heisenberg bezeichnen diese Doppelseitigkeit der Elementarphänomene als Komplementarität, welche genau der Charakteristik einer Polarität entspricht. Die Welt ist demnach auch nicht von Grund auf aus isolierten atomaren Einzelklötzchen aufgebaut. Ihr materieller Grund, jenseits der letzten erkennbaren polaren Elementarphänomene, ist dem Blick des naturwissenschaftlichen Intellekts, der auf exakter Unterscheidung beruht, entzogen.
Diese Einsichten der Quantentheorie stimmen voll überein mit der Polaritätsphilosophie Friedlaenders und der Gestalttheorie von Vordergrund/Hintergrund-Dynamik und mit fernöstlicher Spiritualität, die auch eine polare Grundstruktur aufweist und von Fritjof Capra ausführlich thematisiert wird. Auch in der Biologie wird die Zelle als "polar strukturierte und substrukturierte Ganzheit" (Köhne und Vogel zitiert bei F. 305) interpretiert. Selbst der genetische Code, die Doppelspirale der DNS, ist durch eine polare Kombinationsstruktur geprägt. Bemerkenswert hier ist, dass die 64-gliedrige polare Struktur der DNS-Spirale genau den 64 polaren Strukturkombinationen des chinesischen Orakelbuches I-Ging entspricht.
Auch in der Medizin sind die physiologischen Grundfunktionen auf polare dynamische Gleichgewichtsfunktionen zurückzuführen: Systole und Diastole, Sympathikus und Parasympathikus, Inspiration und Exspiration der Lunge, Bewusstes und Unbewusstes, etc.

## 2.5 Polare Doppeldeutigkeit der Sprache

Es gibt sie in vielen Sprachen: Boden bedeutet im Deutschen heute noch das Oberste wie das Unterste im Haus. Einst bedeutet sowohl fernste Zukunft als auch fernste Vergangenheit. Im deutschen „Wider=gegen „ und „wieder=zusammen mit“ ist der gleiche Zusammenhang zu erkennen. Die

Polarität der Sprache ist kein Zufall, denn die Sprachentwicklung ist ein sekundärer Schöpfungsprozess geistiger und kultureller Evolution des Menschen und spiegelt dasselbe polare Entwicklungsprinzip des primären Schöpfungsprozesses wider, auf den sie ja in ihrem Erkenntnisbemühen bezogen ist. Die Bewusstwerdung des Menschen fing mit dem Erfassen polarer Gegensätzlichkeit oder komplementärer Gegensatzzusammenhänge an.

## 2.6 Die Polarität in der christlichen Theologie

### 2.6.1 Die Überpolarität Gottes und Umkehr

Karl Heim, ein christlicher Vertreter des Polaritätsprinzips, findet auch in der Bibel polare Strukturauffassung, besonders in den Schöpfungsberichten: Gott schuf Himmel und Erde, Licht und Finsternis, Sonne und Mond, Fische und Vögel, Mann und Frau (Gen 1 und 2). Er arbeitete heraus, dass dieses umfassende Prinzip auch und gerade für die Ich-Du-Beziehung gilt: "dass ich nicht durch mich selbst Ich werden kann, dass ich nur Ich werde an Dir, ist die tiefste Polarität unseres Daseins." (zitiert bei F. 302). Die Überpolarität Gottes ist seine fundamentale Erkenntnis:
"Das Ur-Sein ist nicht polar... Wenn also Gott nicht polar ist, so trägt er alles, was ist, in sich und ist in allen Dingen gegenwärtig. Es muss von ihm gesagt werden: "in ihm leben und weben und sind wir (Apg. 17,28)“ (K. Heim zitiert bei F. 310). Die Transzendenz Gottes besteht darin, dass er in keinem polaren Verhältnis zu uns steht, sondern in einem radikal neuen, in dem die alten Bezugsstrukturen aufgehoben sind. Dieser Wesenszug der radikalen Transzendenz Gottes nennt Niklaus von Kues Coincidentia oppositorum, den Zusammenfall der Gegensätze. Das Absolute unterscheidet sich vom Relativen durch Nichtunterschiedenheit, d. h die Transzendenz Gottes besteht in ihrer radikalen Immanenz. Das Überpolare, bei Friedlaender Indifferenz oder Geist genannt, steht in keinem polaren Verhältnis zum Relativen: "Der Geist ist Indifferenz seiner polaren Verwirklichung, der Materie. Diese also manifestiert Pole; Materie und Geist sind keine Pole." (Friedlaender zitiert bei F. 312). Dieses Gottesverständnis hat folgende Konsequenz für die spirituelle Praxis: Es geht also um eine fundamentale Umkehr, eine Metanoia, die unser bisheriges Selbst- und Weltverständnis betrifft. Wir müssen aus unseren alten Räumen der Gewohnheit ausziehen in ein neues Land, um die überpolare Wirklichkeit Gottes zu realisieren, also keinen anderen Götter neben ihm haben. Entscheidend dabei ist, die Fixierung auf das eigene Ich loszulassen, die allen Formen der Identifikation zugrunde liegt. Man kann die Wirklichkeit Gottes nicht erfahren, wenn das Ego die Mitte unserer Identität einnimmt.

### 2.6.2 Der Intellekt und die absolute Wirklichkeit Gottes

Wahrnehmen, Erkennen und Denken heißt Unterscheidung in Vordergrund und

Hintergrund. Er kann nie ganz, d. h absolut erkennen, weil immer ein unerkannter Rest, der diffuse Hintergrund bleibt. Der Intellekt ist mit seiner polaren Unterscheidungsfunktion in Bezug auf die Welt polarer Phänomene der angepasste Erkenntnismodus. Was darüber hinaus geht, also überpolar ist, kann er prinzipiell nicht erfassen.

### 2.6.3 Die Personalität der Wirklichkeit Gottes

Nach Paul Tillich bedeutet "Persönlicher Gott" nicht, dass Gott eine Person ist, sondern der Grund alles Personenhaften ist, somit ist er auch der Grund der Struktur des Seins. (Tillich 1977 bei F. 223) . Kuhlmann drückt dies mit einer Proportionalgleichung aus: Gott verhält sich zu uns Menschen ähnlich wie mein Ich sich zu meinen vielen Glied-Ich-Vollzügen verhält. (Kuhlmann 1986, bei F.325).

Gott ist nach diesen theologischen Kernaussagen nicht einfach ein Du, das einem Ich polar gegenübersteht, sondern auch unser tiefstes Ich. Er transzendiert jeden Gegensatz von Ich und Du in eine überpolare Grundwirklichkeit, die man am besten mit der Formel:"Gott, Du unser Ich" (Kuhlmann 1986) bezeichnet.

Dag Hammarskjöld drückt es personenhaft so aus: "Du, der Du auch ich bist" (1965). "Gott, der da wirket alles in allem“ (1. Kor 12,6).

Wenn Gott unser tiefstes Ich ist, folgt daraus nach Kuhlmann keineswegs, dass unser individuelles Ich Gott ist. Solch egoistischer Irrtum ist die Ursache jeglicher Bosheit (Kuhlmann 1977).

Wegen dieser menschlichen Neigung muss es zu einer radikalen Entidentifizierung von der vordergründigen "Mein Ich"-Identität der Egozentrik zu einer befreiten Grund-Identität des "Unser-Ich", in der Gott der tiefste Grund meiner Identität ist, kommen. Die allgegenwärtige, schöpferische Grundwirklichkeit Gott transzendiert unsere gewohnte Subjekt/Objekt-Perspektive und ist von ihr aus betrachtet Nichts.

Erst wenn ich in meiner spirituellen Praxis versuche, diese Nichts als die grundlegende Wirklichkeit zu verstehen und zu erfahren, öffnet sich dem Übenden diese spirituelle Dimension.

### 2.6.4 Jesus, der Christus und das Geschenk der Gotteskindschaft

Angesichts der Naherwartung der Gottesherrschaft ruft Jesus immer wieder zur radikalen Umkehr (Metanoia) auf, d. h von Fixierungen auf Vordergrund-Identitäten loszulassen, seien sie begründet in materiellen oder religiösen Besitz, durch sozialen Status, Geschlecht, Rolle oder Volkszugehörigkeit, um sich die neue freie Identität der Gotteskindschaft von Gott, dem Vater und schöpferischen Urgrund schenken zu lassen. Jedem wird sie geschenkt, der offen und mit leeren Händen, voraussetzungslos gleichsam wie die Kinder (Lk. 18,17) vor Gott steht, empfängt die Grund-Identität der Gotteskindschaft. Das

Gleichnis vom verlorenen Sohn (Lk. 15,11-31) illustriert diese frohe Botschaft am besten: Wer ganz von sich loslässt, gleichsam Nichts wird und sich vertrauensvoll ganz Gott überlässt, erhält eine unzerstörbare Identität im Reiche Gottes als Kind Gottes (F. 332). So werden alle vordergründigen Bindungen, z. B auch an die Eltern, die vermeintlich von konstitutiver Wichtigkeit für die Identität sind, grundsätzlich in ihrer Bedeutung relativiert.

Das Verhaftet-Sein an Besitz wird im NT als Haupthindernis auf dem Weg in die Freiheit gesehen:"Denn wo dein Schatz ist, wird auch dein Herz sein" (Mk. 10,25).

Tod und Auferstehung Jesu sind demnach das bedeutsamste und machtvollste Symbol des spirituellen Befreiungsprozesses, "des Sterbens zum Leben". Für den Glaubenden vergegenwärtigt sich darin die Zuversicht, dass aus der vertrauensvollen und selbstlosen Hingabe, d. h der radikalen Ent-Identifikation, das neue Leben, die befreiende Grund-Identität ersteht. Der frei angenommene, erniedrigende Tod Jesu am Kreuz ist das radikale Loslassen, aus der die neue Christus-Identität der Auferstehung, der neuen Grund-Identität entsteht. Die Kenosis Jesu am Kreuz ist dann der not-wendige Durchgang durch die totale Leere, die als Tod und Vernichtung erscheint und sich dann als tiefster Grund von Leben und Neuschöpfung erweist. Diesen Tiefpunkt markiert Jesus in dem Aufschrei: "Eli, Eli, Lama asabtani?" (Mk. 15,34): "Mein Gott, mein Gott, wozu hast Du mich verlassen?" Jesus ist in diesem Sinne nach Waldenfels die "Gestalt der Leere Gottes" und die "Grund-Gestalt Gottes" (Waldenfels 1976, zit. nach F. 338). Die Auferstehung ist das bestätigende Zeichen der Neuschöpfung durch den Grund. Sein Leben entspricht ganz und gar der schöpferischen Intention und Dynamik Gottes, der Grund-Wirklichkeit, die in ihm zum Ausdruck kommt.

"Jesus Christus ist die repräsentative, gültige, "gute Gestalt", in der die transzendente, überpolare, schöpferische Grund-Wirklichkeit Gottes unter den polaren Gestaltungs-bedingungen der Existenz in Erscheinung tritt", prägnant und offenbar wird. (F 339). Der Heilige Geist bewirkt im Christen, dass er sein egozentrisches Ich loslässt und eine neue Identität, die von Jesus Christus vermittelt bekommt. Die neue Seinsweise Christi tritt an die Stelle der Selbstbezogenheit des homo incurvatus Luthers: "Nicht mehr ich, sondern Christus lebt in mir." (Gal. 2,20). Der Hl. Geist bewirkt also Neu-Schöpfung durch Transformation der Identität des Menschen in der Glaubenserfahrung.

### 2.6.5 Jesus, die heilende homöopathische Gestalt

Das Faszinierende an der Gestalt Jesu ist wesentlich darin begründet, dass in seinem Wesen ein Höchstmaß an Gegensätzen integriert ist, die sich normalerweise ausschließen, d. h. Dualitäten werden zu Polaritäten integriert oder in versöhnte Polaritäten gewandelt.

Einerseits segnet er Kinder (Mt. 19,13-15), andererseits kritisiert er die

Schriftgelehrten scharf (Mt. 23,13 ff). Einerseits heilt er, andererseits wirft er die Händler aus dem Tempel (Mt. 21,12 ff). Einerseits isst und trinkt er mit den Sündern (Mt. 9,10 ff). Andererseits zieht er sich zum Fasten in die Wüste zurück (Mt. 4,1 ff). Einerseits verkündet er Gott als den liebenden und vergebenden Vater (Lk. 15,11-31), andererseits das Gericht (Mt. 24/25). Er versöhnt und vereint und ist andererseits die Ursache für Entzweiung (Mt. 10,34-36). Jesus als Heilungsarchetyp im versöhnlichen Beziehungsgeschehen stelle ich noch tiefer und deutlicher dar am Buch "Durch Verwundung heilen „oder Jesus der verwundete Heiler von Dr. Eckehart Frick. Jesus lebt die menschlichen Wesensmöglichkeiten in ihrer ganzen vitalen Fülle, in ihrer integrierten polaren Flexibilität. Darum rührt er in uns die Sehnsucht nach der eigenen Wesensfülle an. Bei ihm ist frei entfaltet, was bei uns in einer unfreien Identität gebunden ist. Dem neuen Grundvertrauen, Hingabe und Liebe zu Gott entspricht ein neues Verhältnis und Liebe zu sich selbst und dem Nächsten. Selbstloser Altruismus ist darum nicht als Nächstenliebe ohne Selbstliebe miss zu verstehen. Eine solche wäre nur eine verdeckte Ich-Schwäche und Unfähigkeit, liebend für sich selbst zu sorgen, welche man zur religiösen Tugend stilisiert. Am Vorbild des radikal liebenden Jesus ist der Christ frei, sich mit dem Existenzinteresse seines Ichs genauso zu identifizieren, wie mit dem des Nicht-Ichs, auch mit dem des Feindes (Feindesliebe). Wenn wir überleben wollen, müssen wir unsere egozentrische Identität in Richtung auf eine grundlegende Verbundenheit mit allen Mit-geschöpfen transzendieren, d. h. wir brauchen nach Karl Rahner eine Mystagogie (F.394 f).

Dazu brauchen wieder Anschluss an ein Grundvertrauen, was nicht wie das Eriksonsche Urvertrauen sich erst durch die "frühe Interaktion zwischen Mutter und Kind entwickelt, sondern wie Hilarion Petzold meint, schon immer vorhanden ist in der "totalen Verbundenheit zwischen Mutter und Kind im intrauterinen Mikrokosmos, der realen Konfluenz zwischen dem Leibe der Mutter und dem des Kindes. Diese innige Verbundenheit, die mit der Einnistung des Eies beginnt, schafft eine jenseits aller Sprache und Reflexivität liegende Bewusstheit (awareness) auf der organismischen Ebene, dass wir getragen sind, eingebettet, bezogen" sind (H.Petzold, 1980, 231 zit. nach F.393).

Dieses Grundvertrauen, als Bewusstheit einer grundlegenden Koexistenz, ist jedem Menschen mitgegeben und bietet die Basis allen therapeutischen Handelns, denn es ist nicht eine sozialisierte Größe, sondern eine metaphysische Grundqualität menschlicher Existenz (Petzold 232, zit. Bei F.393). Das Wesen der Liebe ist in diesem Sinne, Widersprüche zu versöhnen und zu vereinen in einem kreativen, polaren Wechselspiel. Durch die Agape ist er in der Mitte seiner Identität mit allem und allen verbunden. Paul Tillich versteht sie auch als "Drang zur Wiedervereinigung des Getrennten" (zit. bei F. 395).

2.6.6 Polarität und Trinität:

Wenn man die Polarität Friedlaenders vergleicht mit der theologischen Trinität Gottes kommt man zu folgenden Entsprechungen: Gott, der Vater entspricht seiner schöpferischen Transzendenz der Indifferenz, dem Grund, der dem gegensätzlichen Erkennen völlig entzogen ist. Jesus Christus, der Sohn und der Heilige Geist sind die beiden Pole, als welche der indifferente Grund in Erscheinung tritt, und zwar komplementär. Tritt der eine Pol in den Hintergrund, tritt der andere in den Vordergrund. Von dieser Anschauung her würde das folgende Wort Jesu verständlicher werden:" Denn wenn ich nicht weggehe, wird der Helfer nicht zu euch kommen. Wenn ich aber weggehe, werde ich ihn zu euch senden" (Joh. 16,7). Eine weitere Strukturanalogie mit dem Polaritätsphänomen lässt sich auf der Ebene der Quantenphysik wagen: Dem Teilchenaspekt der Materie oder des Lichts entspricht Jesus, der Christus als historische Konkretisierung Gottes, der Heilige Geist hingegen, der weht, wo er will strukturell dem Wellen Aspekt entspricht. Beides sind polare Manifestationen Gottes.

2.6.7 Polarität, Identität und Evolution

Der Neutestamentler Gerd Theißen schreibt in seinem Buch: "Biblischer Glaube in evolutionärer Sicht" (1984), dass Jesus mit seinem Metanoia-Aufruf zur Transformation eines ich-zentrierten Identitätsbewusstsein zur Grund-Identität den evolutionären Übergang vom Selektionsprinzip zum Solidaritätsprinzip einleitet. Dieser Widerstreit zwischen dem alten und neuen Evolutionsprinzip findet in uns statt. Es ist der Kampf des selektionsorientierten "alten Adam" mit dem "neuen Adam, Menschen", dem "Geist Christi" (Röm. 5,2 ff: 1.Kor 15,44 ff). Die egozentrische, selektionsbestimmte Vordergrund-Identität versperrt uns "das innere Ziel der ganzen Evolution... die Übereinstimmung mit Gott..." (Theißen, S. 216 zit. nach F. 345).

Der Mensch kann sogar ein Stück Ewigkeit und wahren Frieden erfahren, wenn er sich nicht mehr mit den "vergänglichen Konstellationen organischer und kultureller Elemente" (F. 216) identifiziert.

2.7 Polarität, Gestalttherapie und Religion:

Diesem christlichen Selbstkonzept könnte die Gestalttherapie (GT) den Vorwurf der Rationalität machen und behaupten, dass nur der spontane Ausdruck von starken verdrängten Gefühlen heilen kann. Auch hier gilt, dass Denken und Fühlen komplementäre Polaritäten sind, die zusammengehören. Denken ist Verdauung von Erfahrungen und Gefühlen und ermöglicht erst vertiefte Erfahrung. Jede emotionale Erfahrung muss in einem intellektuellen Akt in ihrer Sinn-Bedeutung für den Gesamtzusammenhang der Existenz verstanden werden, um fruchtbar in die Persönlichkeit integriert zu werden. Ansonsten bleibt man in einem emotionalen Ausagieren stecken. Dies könnte der komplementäre Dienst der Religion an die Gestalttherapie sein.

Der Dienst der GT an der Religion könnte sein, dass sie die Wahrnehmung des tatsächlichen Befindens und Empfindens so steigert, dass illusionäre Selbstkonzepte in den Religionen aufgelöst werden können. Zwischen dem religiösen Selbstkonzept und der tatsächlichen, in der Körperlichkeit verwurzelten Selbsterfahrung besteht oft eine große Kluft. Da es nach Jung gerade in der ersten Lebenshälfte um Fragen der Autonomie, der Entwicklung und Stärkung der Ich-Funktionen geht und der Meisterung des materiellen Lebens sollte der Therapeut vorsichtig sein, wenn ein Klient in transpersonale Elemente verstrickt ist oder gar transpersonale Psychotherapie verlangt und eher gestalttherapeutisch daran arbeiten, die persönliche Autonomie und Ich-Integrität zu etablieren, bevor er mit ihm religiöse Selbstkonzepte erarbeitet.

Der Praktische Theologe Richard Riess hat 1975 das Konzept der Homöostase, des flexiblen Fließgleichgewichts als Kriterium für einen heilen ausgeglichenen Gesundheitszustand eingeführt. Psychologie ist außerdem wissenschaftsgeschichtlich gesehen ein Kind der Mystik.

## 2.8 Meditation als Selbsttherapie:

Meditation (M) ist wesentlich eine Einübung in eine wache Geistesgegenwärtigkeit, ins Da-sein. Wenn wir ganz da und offen für die Wirklichkeit sind, dann können wir die Gegenwart des "Ich bin da" (2. Mose 3,14 nach M. Buber), der "alles in allem wirkt" (1. Kor. 12,6) erfahren.

M. ist also eine intensive existentielle Einübung in die Wirklichkeit, eine Forschungsreise nicht in die exotische exstatische Ferne, sondern in eine radikale Nähe hin zu dem, der uns näher ist als wir uns selbst (F. 371). In diesem Sinne geht es also um Freiwerden von Illusionen, um Enttäuschung. Ich übe mich ein im Gewahrsein meiner Gedanken, Gefühle und Empfindungen, was mich zunehmend zum Annehmen und Geschehen-lassen von bisher verdrängten Gefühlen und Persönlichkeitsaspekten befähigt. Grundorientierung der Seelsorge und M. ist, "das Wahrnehmen und Annehmen" dessen, was ist (Stollberg 1978).

### 2.8.1 Christliche Meditation der Hesychasten als Entidentifizierung mit einem Pol in der versöhnlichen Hingabe an Gott

Diese befasst sich insbesondere mit den egozentrischen Leidenschaften, also mehr mit einer psychologischen als theologischen Problematik. Auf der inneren Suche nach dem Ort des Herzens und der Wahrheit galt ihnen das Jesus Gebet als der zentrierende Leitfaden, um sich aus der Ich-Sucht und den Wunschobjekten wie Essen, Sexualität,
materieller Besitz, Ruhm, Stolz und Macht zu befreien. Diese Objekte nehmen

den Vordergrund des Lebensinteresses ein und vermitteln das Selbstgefühl und die Identität.
Ähnlich wie bei den Hesychasten wird im Zen und in der Gestalttherapie das Haften an vordergründige Objekte und an der Ich-Sucht , das zu einem defizitären und desintegrierten Selbstkonzept führt, angesehen als Wurzel aller Unfreiheit. Das Herzensgebet soll in diesem Sinne befreiend wirken, weil es ein psychischer Integrationsprozess ist.
Der Betende soll sich so oft wie möglich auf das Gebet konzentrieren, um sich aufkommenden Gedanken, Gefühlen und Bildern zu entziehen, um sich nicht in ihnen zu verstricken, nicht verdrängen sondern integrieren, indem man den Geist konzentriert und der Zerstreuung der Gedankenflut durch Übung entgegenwirkt.
Das geduldige Dabeibleiben und Annahmen der Krise heilt. Nur wenn das Alte sich auflöst, kann das Neue in Erscheinung treten. Dieses Durchgangserleben wurde sowohl in der Gestalttherapie als auch Zen und Christentum mit dem Motiv des Todes verbunden ( F. 192 ). Hier kann vom Sterben zum Leben oder Einübung in den Tod gesprochen werden. Für den Hesychasten ist es ein Sterben in Christus im Vertrauen auf Gott, durch die Glaubensbeziehung zu Christus glauben sie durch den Tod ins Leben hindurch getragen zu werden.
In der Todeserfahrung stirbt die alte egozentrische Identitätsstruktur der Person, d.h. der Durchbruch zum wahren Person-Sein in der Begegnung mit der Person Gottes in Jesus Christus. Auf diese Art wird auch die Subjekt/Objekt-Struktur des Normalbewusstseins aufgelöst.

Fazit: Wie im Zen und der Gestalttherapie lässt sich der christliche Glaube und Praxis bei den Hesychasten strukturell als ein Prozess der Identitätsbefreiung begreifen. Es geht also um ein radikales Loslassen und Freiwerden von unseren Rollen und Identifikationen, die uns normalerweise unser Identitätsverständnis vermittelt.
Die geschieht in einem spirituellen Prozess des Durchschreitens der Vakuumerfahrung des Todes. So gelangen wir zu unserer wahren Mitte, zu unserer ursprünglichen Identität, die "aus einer von Gott erfüllten Herz-Mitte entspringt" (F. 197).
Dieser transformatorische Prozess ist exemplarisch vollzogen im Leben, Sterben und Auferstehen Jesu Christi. Durch das Jesus Gebet "Jesus Christus, erbarme dich meiner" will der Hesychast an der verwandelnden und befreienden Kraft des Christus teilnehmen.

### 2.8.2 Versöhnliche Hingabe an Gott als christlicher Befreiungsprozess bei Meister Eckhart

Nach Meister Eckhart ist das Sein besser als das Leben. Bei Eckhart Tolle, ein zeitgenössischer Schüler, heißt es, dass Leben besser ist als die Lebensumstände Eckharts Theologie ist Theologie des Einen, des Grundes. Diese kann strukturell als Entsprechung zur Gestalttheorie und zur Indifferenz Friedlaenders verstanden werden. In diesen gestaltlosen Grund kann man nur eingehen, wenn man sich nicht mehr von ihm unterscheidet mit einer eigenen Gestalt, d. h man muss sich ihm hingeben. Er ist mit dem rationalen Erkennen nicht zu erfassen, weil in der Reflexion schon wieder die Struktur der Zweiheit vorausgesetzt ist, d. h die Trennung aus der Einheit. Genauso wie der Grund ist sie also nicht erfahrbar. Der Grund ist die Einheit. Die Hingabe an den Grund bedeutet das Eintreten in ein Identitäts-Vakuum in Bezug auf die bisherige Weise des Identitätsverständnisses. Auf diese Weise werden gestalttherapeutisch Vordergrund-Identifikationen relativiert.

Der Grund ist das Nichts, in dem jeder Gegensatz in die unbegreifliche Einheit aufgehoben ist."Er ist die Indifferenz von Differenz und Indifferenz, das Verneinen des Verneinens" (F. 210). Das Eintreten in den Grund Gottes nennt Meister Eckhart die " Gottesgeburt in der Seele", wenn die Seele sich aller Bindungen entledigt.

Das Lebendig-werden der "Grundtoten", im Grund toten Seele, nennt E. die Geburt des Sohnes in der Seele. In diesem Grundtotsein (Identitäts-Vakuum) erfährt er das Mysterium der Einheit Gottes. Diese befreit ihn dazu aus der Grunderfahrung der Liebe heraus zu leben. In diesem Zusammenhang verwenden wir als Leitmotiv in unserem Kurs eine Aussage von Angelus Silesius:“ Wär Christus tausendmal zu Bethlehem geboren, doch nicht in dir: du wärest ewiglich verloren“. "In seiner dynamischen Auffassung von Gott als dem Einen ist die Geburt des Sohnes nicht nur ein historischer Fakt, der auf Jesus von Nazareth beschränkt ist, sondern Ausdruck der zeitlos liebenden Schöpferkraft Gottes. Gott wirkt, gebiert immer im ewigen Nun" (F. 211). Er ist immer das Allerkonkreteste, das uns näher ist als wir uns selbst.

Die Sohngeburt vollzieht sich immer und bei jedem Menschen, der in den Grund eingeht bzw. sich Gott hingibt und dem Schöpferwirken Gottes Raum lässt. Der Sohn ist wie Mieth, mein Moralprofessor in Tübingen es immer ausdrückte, der theologische Gehalt der ontologischen Form.

Luther, Begründer der Neuzeit, bestätigt in seinem theologischen Fazit nach einem leidvollen Entwicklungsprozess diese Erfahrung, wenn er schreibt, dass die gerechtfertigte Grund-Identität vor Gott nicht durch Eigenleistung des frommen Ich vermittelt wird, sondern unvermittelt aus dem vertrauensvollen Glauben an Gottes Liebe entsteht. Luther sieht die Wurzelsünde des Menschen in seiner selbstverkrümmten Ich-Bezogenheit, der incurvitas in se ipsum.

Die Vordergrund-Identität muss in einem Identitäts-Vakuum sterben, damit die befreite Grund-Identität aufscheinen kann. Das methodische Grundprinzip für diese Befreiung ist der Aufstieg per viam contrarium, d.h die Befreiung durch den Glauben vollzieht sich durch die existentiell akzeptierten Erfahrung des negativen , dunklen Gegenpols unserer erhofften positiven Erwartungen und Sehnsüchten, kurz: des Schattens. Er drückt es so aus: "...wenn Gott lebendig macht, tut er dies dadurch, dass er tötet; wenn er rechtfertigt, tut er dies dadurch, dass er schuldig macht; wenn er zum Himmel emporhebt, tut er es dadurch, dass er zur Hölle führt,... So verbirgt er seine ewige Güte und Barmherzigkeit unter ewigem Zorn, seine Gerechtigkeit unter Ungerechtigkeit." (zitiert bei F. 251). Das soll heißen, dass das wahre überpolare Wesen Gottes verborgen ist unter dem Widerspruch (Dualität). Nur wer ganz den scheinbar negativen Gegensatz erleidet, erfährt die befreiende Einheit und Ganzheit der Polarität des Lebens. Diesen Zusammenhang vom Leben, welches im Tod zu finden ist, werde ich in den folgenden Kapiteln noch deutlicher ausführen, besonders in den archetypischen und christlichen Kapiteln. Im Tod des Nichts stirbt der eigenmächtige Wille, und ein innerer von Gott geschenkter neuer Wille tritt in Kraft, durch das Hineingenommen-Werden in das "Sterben zum Leben" des Kreuzes.

In der christlichen Mystik geht es beim Todesmotiv immer um das Aufgeben der Egozentrik und Selbstbezogenheit, die das eigene Ich absolut in die Mitte des Lebensinteresses setzt. Durch die Erfahrung des "großen Todes" wird die bislang vermiedene Erfahrung der eigenen Vergänglichkeit existentiell akzeptiert und integriert. Auf diese Weise kann das "Große Leben" als die den Widerspruch von Leben und Tod übersteigende polare Einheit erfahren werden. Dieses wird in der christlichen Identität als Mit-Auferstehung mit Christus genannt. Der Große Tod als Mit-Sterben mit Christus verstanden. Hier wird der Unterschied zur rein gestalttherapeutischen Befreiung deutlich. Im christlichen Sinn kann die Befreiung der menschlichen Identität nicht nur in deren Relativierung bestehen, sondern muss sich auch auf eine personale Mitte beziehen, die sie nicht fixierend festlegt oder einschränkt. Diese Freiheit gewährende Mitte wird Gott genannt. Nur Er, "der nicht Objekt unter Objekten, sondern der lebendige, schöpferische Geist der Welt und aller ihrer Objekte ist, kann eine freie Identität gewähren" (F 284).

### ***3.Heilung durch Versöhnung in Facticity***

Dargestellt am Buch von R.E Michaels, mit den Gegensätzen des Lebens tanzen.

Facticity (F) als Therapieform steht dem NLP nahe und beschäftigt sich am unmittelbarsten mit der natürlichen Gesetzmäßigkeit der Polarität und mit den Gegensätzen des Lebens und wie man sie spielerisch und leicht wieder in Einklang bringt. Besondere Aufmerksamkeit erhalten dort auch einseitige sich selbst erfüllende innere Glaubenssätze und deren krankmachende Wirkung in

unserer Seele und wie man sie durch Versöhnung heilt bzw. ausgleicht. Deswegen möchte ich F. auch ausführlicher darstellen. Das grundlegendste Muster des Lebens, was wir alle erleben, ist der Fluss des Lebens, der sich ständig wandelt und bewegt. Auch die moderne Physik weiß, dass die anscheinend feste Materie auf der molekularen Ebene ständig in Bewegung ist. In diesem offenbart sich das Leben, zumindest dem menschlichen Geist, in dualen Ausdrucksformen oder Gestalten, d. h die Formen verändern sich ständig in ihr genaues Gegenteil, vom Tag zur Nacht, von nass zu trocken, von heiß zu kalt, von links nach rechts. Diese Bewegungen scheinen eine wichtige Voraussetzung für das Leben zu sein. Augen müssen ständig in der Bewegung des Schließens und Öffnens sein, genauso wie der Atem ein- und ausströmt.
Die meisten von uns sind davon unbewusst überzeugt, dass wir Glück nur dann erreichen können, wenn wir die dunkle Seite unserer menschlichen Natur losgeworden sind. Nur wenn wir die Schmerzen, den Druck, den Streit und das Unangenehme losgeworden sind, erst dann können wir dauerhaft Glück und Frieden finden. Wir scheinen immer wieder zu vergessen, dass der Frühling aus dem Winter entsteht und dass wir die Schönheit der Sterne erst auf dem Hintergrund der dunklen Nacht sehen können. (S.14-19) Auch wenn nicht nur diese Erkenntnis, sondern sogar auch die Erfahrung uns diese Gesetzmäßigkeit der Polarität ständig vor Augen führt, kämpfen wir weiter darum, entweder die schlechte Seite hinter uns zu verstecken, oder sie ganz und gar loszuwerden. So bleiben wir in dem Unbehagen, das zu Selbstvorwürfen führt wie : "Ich bin offensichtlich nicht gut genug", "Ich bemühe mich wohl nicht genug", "Ich bin nichts wert". Die Schwierigkeit liegt also offensichtlich nicht darin, dass es Gegensätze gibt, als vielmehr in der Art, wie wir zu diesen Gegensätzen stehen. Die Realität der Veränderung erzwingt den Tod jeder einzelnen Erfahrung- ob sie nun angenehm oder unangenehm ist. Unsere gelegentliche Verzweiflung an uns und dem Leben deckt auf, dass wir unbewusst nach wie vor überzeugt sind oder erwarten, dass die dunkle Seite unserer Natur und des Lebens mit all ihren Erscheinungen vielleicht doch irgendwann verschwinden oder ausgemerzt und besiegt werden könnten. F. zeigt schön auf, dass Heilung in der Versöhnung mit meiner unbewussten Stimme besteht. Diese erzeugt immer wieder Dualitäten im Menschen, indem sie an negativen Glaubenssätzen festhält und sie im Leben wiederholt. Da diese in einem personalen biographischen Kontext entstanden und mit seelischem Leid in Verbindung steht, muss Versöhnung auch auf einer personalen bzw. personaltranszendenten Ebene stattfinden.

## 3.1 Was ist Facticity?

F. zeigt, wie es das Leben schafft, die anwesenden Gegensätze rhythmisch und harmonisch zuzulassen, ja mit ihnen gleichsam zu tanzen. Es schafft spielend, die Veränderungen zu lassen, wie sie sind: Die Blätter geraten nicht in

Aufregung, wenn es an der Zeit ist, ihre Farbe zu ändern, sie schreien und brüllen nicht, sie verlangen auch nicht, dass sie eigentlich rot statt gelb sein wollen. Sie lassen die Veränderung einfach geschehen. Tag und Nacht wechseln in einer fließenden Bewegung und nicht in Kampf und Anstrengung (S.24). Das Watt ärgert sich nicht, wenn sich das Wasser zurückzieht und wird nicht nervös, wenn die Flut steigt.

F. ist eine Methode, unserem Unbewussten zu erlauben, seine eigene Erfahrung zu nutzen, damit wir unsere dunkle Seite und all ihre Erscheinungen akzeptieren, um uns so völlig zu entspannen und im Einklang des Lebens zu bewegen. Wir können damit beispielsweise lernen, unseren Zorn als starken Sturm oder Ausbruch eines Vulkans zu sehen, der Druck abbaut und Gleichgewicht wieder herstellt. Wir lassen uns nicht von ihm zerreißen, genießen seine dunkle Schönheit, lassen ihn vorbeiziehen und warten entspannt auf die Wiederkehr der Ruhe. Wenn wir dieses Grundmuster des Lebensflusses verstehen, können wir in der Leichtigkeit des Seins den Lebenstanz wahrhaft entspannt genießen und erreichen damit neue Ebenen der Wahrnehmung und Kreativität (S.19-21). Das traditionelle Symbol für die Unendlichkeit, die liegende Acht, vermittelt dieses Fließen.

"Alles fließt", sagt Heraklit dazu und führt aus: ... in der Veränderung finden die Dinge Ruhe. Die Menschen verstehen nicht, wie etwas, was in sich selbst abweichend ist, mit sich selbst in Übereinstimmung sein kann...." (zitiert nach S. 24).

"...Gott ist Tag und Nacht, Winter und Sommer, Krieg und Frieden, Sattheit und Mangel..." (zit. S. 35). Oft nehmen wir unbewusst an, dass die niederen Dinge den höheren entgegenstehen oder weniger wert sind oder das Gegenteil unserer guten Seite unser Feind ist. Das Unbewusste filtert zunächst automatisch all die überflüssigen Wahrnehmungsreize aus, welche für unser aktuelles Wohlbefinden und Tätigkeit unnötig sind. Ich wäre z.B. nicht fähig, Worte zu lesen, wenn ich gleichzeitig alle Empfindungen und Gedanken in meinem Körper und alle sensorischen Eindrücke wie Farben, Formen, Licht und Schatten, Gerüche und Düfte wahrnehmen würde.

Dieser natürliche Filter verschafft unserem Bewusstsein Ruhe und Freiheit, auf das zu achten, was für uns im Jetzt wichtig ist.

Ein zweiter Filter sortiert und kategorisiert unsere sensorischen Eindrücke und Gedanken, wie wir auf sie reagieren. Es ist ein Richtungsfilter und dirigiert uns entweder zu einer Erfahrung hin (im Allgemeinen hin zu etwas Positiven) oder von einer Erfahrung weg (im Allgemeinen von etwas Negativen). Dieser Filter kann nicht gelöscht oder zerstört werden, weil er uns biologisch das Überleben gesichert hat und sichert. Für dieses ist es wichtig, dass wir weiterhin von angenehmen Dingen angezogen werden und Schmerz meiden. Als unbewusste Verhaltensanweisung entscheidet er über unsere psychologische Fähigkeit, "im

inneren Fluss im Hier und Jetzt" zu leben. "Für den Geist besteht auf der unbewussten Ebene weder die Möglichkeit, die offensichtliche Realität von Gegensätzen als wesentlichen Teil des Lebens zu akzeptieren, noch sich auf sie einzulassen- und zwar als das grundlegendste Muster des Lebens, das wir jederzeit erfahren." (S. 29). Stattdessen arbeiten wir unbewusst daran, die eine Hälfte der Realität bzw. Faktizität, was wir erfahren und für wen wir uns halten, loszuwerden. Die andere Hälfte, was wir für Glück und Wohlbefinden halten, werten wir als dauerhaft, obwohl wir ständig erfahren, dass alles, was ist, sich ständig verändert und verwandelt und oft sogar ins Gegenteil dessen, was vorher war: Liebe in Hass, Mitgefühl in Ablehnung, Freundschaft in Feindschaft, Vergnügen in Schmerz und Leben geht in den Tod über. Wir könnten eine Menge Stress reduzieren, indem wir uns auf die Gegenwart einlassen und zulassen, Dinge zu akzeptieren, die sich nicht ändern können. F. hilft mit der inneren Erfahrung der Gegensätze anders umgehen zu können. Je mehr wir uns dieser real existierenden Gegensätze und deren Ergänzung bewusst werden und lernen sie zu sehen, zu hören und zu fühlen, umso mehr können wir uns ohne Kampf auf uns selbst und das Leben einlassen. Wir verleugnen unser eigenes Erfahrungswissen, weil auf der unbewussten Ebene bestimmte Vorannahmen, Vermutungen und Glaubenssätze gültig sind. Das Unbewusste ist für unser Verhalten und unsere Erfahrungen zuständig und ohne dass es überzeugt wird, findet keine Veränderung statt. Von Geschichten lässt es sich, wie bei sog. primitiven Kulturen deutlich wird, am leichtesten überzeugen, weil die erzählende Sprache beide Ebenen (un/bewusst) des Geistes befriedigt. Die modernsten Techniken sind NLP und Ericksonsche Hypnose (S. 37).
Hier empfehle ich "die Arbeit mit Glaubenssätzen als Schlüssel zur seelischen Weiterentwicklung" von Klaus Grochowiak und Susanne Haag, Darmstadt 2004, 5. Auflage. Ein dritte Methode des F. ist die inhaltsfreie Meditation-bloße Aufmerksamkeit für die eigene sinnliche Wahrnehmung, ohne Bewertung und Beurteilung. Die Sinne sind der wirklichen Lebenserfahrung einen Schritt näher als der Geist, welcher nur über das Leben nachdenkt. Wenn wir in ihnen leben, ist es leichter, den Gleichgewichtspunkt zu finden, wo der Nicht-Geist, Nirwana, Leere oder Christusbewusstsein angesiedelt ist.

### 3.2 Glaubenssätze als Wahrnehmungsfilter und sich selbsterfüllende Prophezeiungen:

In jeder Kultur und Familie bilden sich Glaubenssätze heraus, welche wiederrum unsere individuellen stark beeinflussen. Jedes Individuum bildet auf der Basis von seiner individuellen Lebenserfahrung eigene Glaubenssätze über sich selbst, andere Menschen und die Welt im Ganzen. (Beispiele hierfür siehe Grochowiak S. 47-109). Wenn ich glaube, dass ich nicht liebenswert bin, was die meisten tun, weil ich ohne Partner lebe, blende ich jene Erfahrungen aus, in

denen ich ganz offensichtlich von anderen Menschen geliebt wurde. Diese Erfahrung habe ich zwar gemacht, aber ich anerkenne sie nicht. Ist solch ein Glaubenssatz erst mal gebildet, entstehen rund um ihn neue Glaubensätze. Kommt diese Person nun in die Pubertät, bilden sich neue Glaubenssätze daraus, wie z. B " wenn man mich schon nicht liebt, dann muss man mich aus anderen Gründen mögen,
z. B weil ich hilfsbereit bin, unterhaltsam, u. ä. Geht dann die Beziehung wie viele pubertäre Beziehungen auseinander, geht der Trennungsschmerz tiefer und ist ein erneuter Beweis dafür, dass der ursprüngliche Glaubenssatz wahr ist. Eine Reihe solcher Erfahrungen hat wohl zu dem zynischen Spruch geführt: einem Club, der mich aufnehmen würde, dem würde ich nicht beitreten. Wenn ich glaube, dass das Leben schwer, schwierig und eine harte Erfahrung ist, werde ich kaum bemerken, dass es darin auch Abschnitte gibt, in denen mein Leben glatt und leicht verläuft. Diese Erfahrung wird vom Unbewussten als unwichtig bewertet und nicht berücksichtigt. Wenn ich jedoch daran glaube, dass das Leben sowohl schwierig als auch leicht ist, bin ich offen für beide Erfahrungen und bin offen für beide Arten von Erfahrungen und verfüge über mehr Informationen, um ein angenehmes, ausgeglichenes Leben zu führen. Fast alle GS gründen in tief verborgenen Vorannahmen, die uns dazu bringen die Hälfte unserer Lebenserfahrungen auszublenden und nicht zu respektieren. Hier einige Beispiele:

*Glaubenssätze über mein Verhältnis zu Moral und Ethik*

- Ich handele immer ethisch
- Ich interessiere mich nicht für Moral
- Moralapostel sind mir verhaßt
- Ich lebe nach einem strengen ethischen Kodex
- Ich fühle mich dazu gezwungen, moralisch zu leben
- Nur durch meine Ethik kann ich mich im Leben orientieren
- Moral und Ethik verändern sich mit meinen Bedürfnissen
- Ich bin amoralisch
- Ich muß mich ethisch korrekt verhalten
- Ich versuche mich nach der christlichen Ethik zu richten
- Ich finde, Moral ist etwas Morbides

*Glaubenssätze über mein Verhältnis zu Gott*

- Über Gott weiß ich nichts
- Gott hat mich verlassen
- Gott ist immer bei mir
- Ich glaube nicht an Gott oder etwas Ähnliches
- Ich fürchte Gott
- Ich weiß nicht, ob ich Gott trauen kann
- Für mich sind Himmel, Hölle und alles andere Schwachsinn
- Ich diene Gott mit dem, was ich tue
- Ich suche seit Jahren vergebens nach Gott
- Bisher hat sich Gott bei mir noch nicht gemeldet
- Mich interessiert das Thema nicht

***Glaubenssätze über mein Verhältnis zu Nähe und Intimität***

- Ich will niemanden innerhalb meiner Intimsphäre haben
- Ohne intime Nähe kann ich nicht leben
- Nähe laß ich nicht wirklich zu
- Nähe brauche ich nicht
- Am liebsten würde ich mit meinem Partner verschmelzen
- Intimitäten dulde ich nur bei meinen engsten Freunden
- Ich mag es, mit anderen schnell intim zu werden
- Ich brauche lange, bis ich mich jemandem öffne
- Wenn mir jemand zu nahe kommt, bekomme ich Angst
- Nur der Einsame ist stark
- Wenn ich Nähe will, will sie/er nicht und umgekehrt.

***Glaubenssätze über mein Verhältnis zu Leiden und Glück***

- Ich glaube, ich wurde zum Leiden geboren
- Ich habe noch niemals wirkliches Leiden erfahren
- Wenn ich leide, weiß ich, daß ich lebe
- Ich darf nicht wirklich glücklich sein
- Ich wurde unter einem Glücksstern geboren
- Für mich bedeutet leben, zu leiden und glücklich zu sein
- Ich suche schon fast verzweifelt nach meinem Glück
- Ich kann das Leid in dieser Welt nicht mehr ertragen
- Angesichts des Leids der Welt kann ich nicht glücklich sein
- Ich leide und halte tapfer durch
- Leid macht mich stark

(Alle Beispiele für Glaubenssätze bei Grochowiak S. 47-109).

Ein Glaubenssatz wirkt wie ein Wahrnehmungsfilter, d. h Wahrnehmungen, die den GS zu bestätigen scheinen, werden verstärkt wahrgenommen, die ihm widersprechen ausgeblendet. Dieser Wahrnehmungsfilter bewirkt im konkreten Fall im interaktiven Bereich, dass unser Betroffener auf das liebevolle Verhalten des anderen kritisch, ignorierend, zweifelnd und sarkastisch reagiert, so dass die andere Person ihr liebevolles Verhalten einstellt, was als erneute Bestätigung des GS gedeutet wird. Die Welt dient uns so als Spiegel für unsere unbewussten Vorstellungen über uns selbst und die Welt.
Wollen wir glücklicher, erfolgreicher und gesünder leben, müssen wir diese Veränderung überhaupt für möglich, sinnvoll und erlaubt halten, sonst sorgen die unbewussten GS immer wieder dafür, dass sie zu sich selbst erfüllenden Prophezeiungen werden. Wie irrational wir an GS festhalten, zeigt folgender GS: wenn ich reich und mächtig bin, bin ich auch glücklich. Er wird die Person sicherlich motivieren, reich zu werden, aber er kann nicht verhindern, dass die Person eventuell krank wird, Liebeskummer erfährt od. sein Kind bei einem Verkehrsunfall um Leben kommt. Glaubt er jedoch weiterhin an den GS, bedeutet das nur, dass er noch nicht reich und mächtig genug ist. Jede zu starke Identifikation mit dem eigenen Modell der Welt erzeugt also nur Angst, Wut und Hass, wenn die Grenzen des eigenen Modells der Welt erfahrbar werden. (Groch. S. 11-18)
Bereits mit der Geburt nehmen wir verbale und nonverbale Botschaften auf, die unsere Art prägen, wie wir unsere Erfahrungen auswerten. So werden bestimmte ausgleichende Erfahrungen weggefiltert, wenn sie unseren Glaubenssätzen und Idealen nicht entspricht. So ergeben sich auch immer wieder sich selbst erfüllende Glaubenssätze als Prophezeiungen. Wir alle haben ein angeborenes Wissen und einen riesigen Schatz an Erfahrungen von der Realität der Gegensätzlichkeit, der nur neu anerkannt, wertgeschätzt und genutzt werden muss, damit die

bestehenden negativen Glaubenssätze sanft entwurzelt werden und durch dieses bisher nicht genutztes Erfahrungswissen ersetzt werden, um geistige Gesundheit und ein glückliches Leben zu erlangen. Wenn das Unbewusste das als einen Vorteil versteht, dann lösen sich nicht nur alle anderen Probleme, die in dieser grundlegend verzerrten Wahrnehmung wurzeln, sondern werden auch Energien frei, die für die endlosen Schlachten gegen das, was wir nicht mögen, benutzt haben. Diese Energien können dann für die höchste Form menschlicher Intelligenz benutzt werden, nämlich die kreative Reaktion auf das Jetzt. Wenn die Problemzustände als natürlich und Teil eines Prozesses und " im Augenblick richtig" verstanden werden, wird der Gedanke der Selbstannahme eine einprägsamere und realere Erfahrung. Wenn ich z. B einen alten GS in mir hege, der sagt, dass ich dumm bin, sollte ich meine Erfahrung der Polaritäten so nutzen, dass Intelligenz die Dummheit braucht, weil sie sich wie das Tal den Berg gegenseitig bedingen. Die Intelligenz braucht die Dummheit, um wach und offen zu bleiben für neue Informationen, Eindrücke und Dinge, die ich noch nicht aufgrund meiner Kenntnisse und Erfahrungen weiß (also dumm bin). So könnte dann auch der neue GS bzw. eine Affirmation heißen. Siehe auch die Diamond Fragetechnik. Die pos. Affirmationstechnik sollte nicht neg. Erfahrungen leugnen, sondern die positiven, welche eh weniger wahrgenommen werden, stärken. Es geht ja zunächst vor allem darum, dass ich ihn mit der simplen magischen Frage relativiere: Woher weiß ich das? (Groch. S. 115)

### 3.3 Viabilität von Glaubenssystemen

Parallel zu der Theorie lebender Systeme sind Glaubenssysteme des Menschen innere Modelle seiner Umwelt. Diese Modelle beschreiben nicht die Wirklichkeit, sondern dienen dem Organismus sich in seiner Umwelt so zu orientieren, dass er überlebensfähig ist. Diese Fähigkeit nennt man Viabilität. In diesem Sinne sind die schamanischen, naturwissenschaftlichen und die monotheistischen Weltbilder als viable Modelle zu verstehen, obwohl sie sich in vielen Punkten widersprechen. Die Viabilität eines Modelles sagt nichts über deren Wahrheitsgehalt aus, sondern eher für das Entwicklungsniveau einer Gesellschaft und muss für das Individuum praktikabel sein. Glaubt ein Sechsjähriger daran, dass die Kinder vom Storch kommen, ist das variabel und praktikabel. Für einen Gynäkologen jedoch weder variabel noch praktikabel. Veraltete GS müssen über Bord geworfen werden, um für neue Erkenntnisse Platz zu schaffen, denn sie haben nur die Funktion Nichtwissen durch Glauben zu ersetzen. Es gibt noch Menschen, die daran glauben, dass die Diagnose "Krebs im Endstadium" ein Todesurteil ist, obwohl es nicht wenige Krebspatienten gibt, die wieder völlig metastasenfrei wurden. GS haben maßgeblich Einfluss darauf, wie leicht und schnell wir Neues erlernen können. Sie können im Inneren alles Notwendige aktivieren, um ein Ziel schnellstmöglich zu realisieren.

Sie wirken wie Wahrnehmungsfilter und Handlungsanweisungen, sowohl auf der bewussten als auch unbewussten Ebene in die Richtung, dass das Geglaubte eintrifft. Der bekannteste Bereich ist wohl der Placeboeffekt. Aus hundertausendfach gemachten Untersuchungen weiß man, dass er 30 bis 70 Prozent der Wirkung ausmachen kann. Dies ist wohl der schlagendste Beweis dafür, dass unsere Erwartungshaltung und unser Glaube sich direkt auf unsere seelische und körperliche Verfassung und Gesundheit im positiven wie im negativen auswirkt .Ein schönes Beispiel für die Wirkung interaktiver Vorannahmen ist folgendes Experiment in den USA: Man testete eine Klasse mit einem gängigen Intelligenztest. Die IQ´s der einzelnen getesteten Schüler ordnete man genau umgekehrt zu, d. h die schlechtesten bekamen das beste IQ-Ergebnis, die besten den schlechtesten IQ und teilte dies den Lehrern so mit. Am Schuljahrsende hatten die Schüler mit den vermeintlich höchsten IQ die besten Zensuren und die mit dem vermeintlich schlechtesten IQ die schlechtesten Zensuren. Das Experiment zeigt, dass die Erwartungshaltung der Lehrer einen enormen Einfluss auf das Verhalten der Schüler hat. Analoges gilt auch in Familien und Unternehmen.

### 3.4 Die Diamond-Fragetechnik zur Entpolarisierung der einseitigen Bedeutung von Glaubenssätzen (S. 203-211)

In unserem Alltagsbewusstsein haben wir oft sehr rigide Vorstellungen davon, was gut, richtig, angemessen und wünschenswert ist. Mit dem D. (Diamond) kann man diesen unbewussten Bedeutungsraum erkunden, um sich so aus der Fixierung auf eine Bedeutung zu befreien. Die Grundform des D. besteht aus vier Fragen, demonstriert am GS: "Ich brauche in meinem Beruf Begeisterung". I. Frage: Was ist dein Problem? Begeisterung = A. Die Frage nach B lautet: II. Frage: Was ist für dich das Gegenteil von Begeisterung? B= "Langeweile" III. Frage des sowohl- als- auch: Was haben A und B für dich gemeinsam? "Traurigkeit". Dann wäre Begeisterung der Versuch, Traurigkeit nicht zu spüren. In der Langeweile zeigt sich die Angst, sich der Traurigkeit bewusst zu werden. IV Frage: Weder-noch-Frage: was wäre für dich jenseits davon, weder Problem noch Gegenteil? "Leben", d. h alle lebendigen Emotionen ohne dass die eine der anderen vorgezogen wird. So hat sich die Bedeutung des Ausgangsatzes relativiert und es wurde eine entpolarisierte Perspektive gewonnen. Kommen wir zur zweiten Runde, in der zu allen vier Punkten zwei Fragen zu A und B gestellt werden: Zu A: 1. „Was wurde durch A ermöglicht?"- " Dadurch wurde ich erst richtig gut im Beruf." 2. "Was wurde durch A verhindert?"- "Die Wahrnehmung, dass ich in der Betriebsamkeit vor etwas weglaufe." Zu B: 1. "Was könnte A ermöglichen?"- "Ich könnte etwas sehen, was in der Betriebsamkeit untergeht." 2."Was könnte B verhindern?" Sie verhindert, wenn sie anhält, dass ich weitermache. III. "Sowohl-als-auch-Frage": 1. "Was würde durch das Spüren von

Trauer ermöglicht?"- "Ich könnte sie annehmen, ausdrücken und aufarbeiten." 2. "Was würde sie verhindern?"- "Funktionieren.". IV. "Weder-noch-Frage": 1. "Was würde dir Leben ermöglichen?"- " Zu dem zu kommen, was mein eigenes ist." 2. "Was würde Leben verhindern?"- "Nichts." Nach dieser zweiten Rund geht man nochmals zurück zum Ausgangssatz: " Ich muss in meinem Beruf Begeisterung erleben". In der Regel findet jetzt eine zweite Distanzierung, Relativierung und Perspektivierung dieses Satzes statt. Jetzt kann man nach einem neuen Satz fragen, der nach dieser Distanzierung gelten könnte. Zum Beispiel:" Ich wünsche mir Freude an meiner Arbeit als Ausdruck meiner eigenen Kreativität und Lebendigkeit." Dieser Satz wäre zunächst als Lösung zu betrachten. Im nächsten Durchgang würde man den Problemsatz:" Ich muss in meinem Beruf begeistert sein " zu A machen und den neuen Lösungssatz zu B, um damit nochmals durch den Diamond zu gehen. Dadurch entsteht das, was als Einsteinsches Diktum (S. 36) gilt, nämlich, dass die Lösung eines Problems nicht auf der gleichen logischen Ebene wie das Problem selbst liegen kann. Es entsteht das, was wir die Auflösung des Problems nennen, d. h wir bekommen auf diese Art Distanz zum Problem als auch zur Lösung, die mehr ist als nur der Kompromiss zwischen beiden (S. 205).

Um zu Lösungen zu kommen muss das Bedeutungsnetz der jeweiligen Antworten von Ermöglichung und Verhinderung mithilfe der Diamond-Fragetechnik weiter gesponnen werden, um bei mir tiefere Schichten meiner Art und Weise, wie ich der Welt Bedeutung gebe, zu entdecken. Auf diese Art gewinne ich mehr Freiheit und Unabhängigkeit gegenüber meinen eigenen Bedeutungskonstruktionen über die Welt, die Menschen und meine Emotionen. Viel wichtiger jedoch als diese Art der Selbstbefragung ist das Erlebnis des Übergangs von einem emotionalen Wert in den anderen. Jeder Punkt des Netzes ist ja in seiner Bedeutung vierfach begründet. Dieses Erlebnis nennt NLP das Emotionssurfen.

### 3.4.1 Arbeit mit Submodalitäten:

Diese Arbeit bewirkt schnelle und anhaltende Veränderung. Submodalitäten sind die feinsten für uns wahrnehmbaren Unterschiede wie Helligkeit, Lautstärke und Temperatur. Sie fungieren in unserem subjektiven Erleben wie eine Programmiersprache. In ihnen ist die Bedeutung einer Repräsentation codiert. Sie kann damit maßgeblich die Wirkung, die innere Bilder, Klänge und Empfindungen auf uns haben, beeinflussen (S. 207). Auch Glaubenssätze werden in Form von Bildern, Klängen und Empfindungen in unserem Inneren repräsentiert. Dieses jeweilige Set von Submodalitäten bestimmt die Wirkung eines GS. So gibt es ein Set von Submodalitäten für "ist möglich" und eines für "ist nicht möglich" oder macht Angst oder Vertrauen. Die Art und Weise wie ein Bild vor unserem inneren Auge aufgebaut ist, hat in der Regel größeren Einfluss auf unsere Gefühle, als das, was darin inhaltlich abgebildet ist. Wenn wir z. B an

einen Menschen denken, in dessen Gegenwart wir uns bisher ängstlich und unsicher gefühlt haben, im inneren Auge vorstellen, wie sehen wir ihn da? Müssen wir nach oben oder unten schauen. Erscheint sie direkt vor uns oder links oder rechts seitlich? Ist er farbig oder schwarzweiß? Ist er weit weg oder nahe? Ist er groß oder klein? Welche Körperempfindungen löst er aus?
Nun die Veränderung: Wir sehen jetzt den Mann in einem kleinen Schwarzweiß-Fernseher, links unten in einigen Meter Entfernung. Welches Gefühl entsteht jetzt? Normal lösen sich alle unangenehmen Empfindungen vollständig auf. Bei der Erforschung der Submodalitäten wurde deutlich, dass das subjektive Erleben bei jedem Menschen nach einer bestimmten Struktur organisiert ist. Verändert man die Submodalitäten verändert sich Bedeutung und Gefühl mit. Welche Submodalität welche Bedeutung hat ist in der Regel von Person zu Person verschieden. Findet man das heraus, kann man auf sein Gefühlsleben gezielt Einfluss nehmen. Verborgene GS und Vorannahmen müssen auf diese Weise eindeutig benannt und in Frage gestellt werden, um das Unbewusste so zu befreien, dass es all seine Kräfte und Fähigkeiten auf seinem Weg hin zu voller Selbstakzeptanz und Präsent-Sein einsetzt. Wir können unseren Geist befreien, um geistig gesund gelassen und voller Freude kreativ aus der vollen Präsenz zu leben. Wenn der Geist gelernt hat diese ursprüngliche und tiefe Erfahrung von der Anwesenheit der Gegensätze zu akzeptieren und mit ihr in Gelassenheit zu leben. So entsteht eine neue Beziehung zum Geist und schafft genug Raum, um alle Begrenzungen und Widersprüche menschlichen Seins zu erfassen und die Fähigkeit, dass wir uns der Erfahrung des Augenblicks vertrauensvoll hingeben können (S. 59). Wenn wir verstehen, sehen, hören und fühlen, wie unser Geist arbeitet und unsere Handlungen bestimmt, leuchtet uns eher ein, dass er nicht mit unserer Person, die wir sind, gleichzusetzen ist. Wir können ja nicht gleichzeitig sein, was wir beobachten, hören und fühlen. Wir müssen die Identifikation mit unserem Geist auflösen. Dies gelingt am besten mit der Fähigkeit mit all unseren Sinnen in der Gegenwart lebendig zu sein. Wenn das Leben als sinnliche Erfahrung gelebt wird, kann der Verstand an seinen rechtmäßigen Platz verwiesen werden als ein Teil, der eine Rolle spielt, aber garantiert nicht die Direktorenrolle. Wie können wir uns der Erfahrung des Augenblicks vertrauensvoll hingeben, wenn die "Unfähigkeit zu vertrauen" erlernt ist. Den meisten Menschen fällt es schwer, sich selbst und den eigenen Erfahrungen zu vertrauen, weil den meisten von uns beigebracht wurde, dass die Bestätigung darüber, ob wir in Ordnung oder auf dem rechten Weg sind, von außerhalb kommt. Damit wir unsere GS grundsätzlich hinter uns lassen können, brauchen wir das Vertrauen, dass wir als Menschen alles haben, um uns dem Leben öffnen zu können, so wie es wirklich ist. Indem wir wieder und wieder die gegebenen Gegensätze erfahren, entwickeln wir langsam Vertrauen in diese geordneten und kreativen Muster der Gegensätzlichkeiten im Leben und in das Vorhandensein eines Prozesses, von

dem auch wir ein Teil sind. So können wir uns vertrauensvoll dem Leben öffnen mit einer neuen Haltung zum Forschen und Lernen. Wir beginnen dem Lebensfluss zu trauen, weil wir erfahren haben, dass es nichts bringt, gegen das Leben zu kämpfen (S. 100-105). Es gibt hier keinen bestimmten Weg für diese Veränderung, nur den eigenen einzigartigen, der das eigene Unbewusste so überzeugt, dass es die Einstellung zum Leben ändert. Sie entscheidet darüber, ob wir ein leichtes oder unbehagliches anstrengendes Leben führen.

## 3.5 Trennung der Realitäten: Körper, Geist und Seele

Die Mystiker aller Religionen betonen, dass "Ganzheit" die eigentliche Realität sei und dass "Dualität" die trennende Realität des Körper-Geist-Systems widerspiegle. NLP zeigt auf, wie unsere spirituellen Erfahrungen von den Erfahrungen und Überzeugungen, d. h den GS des Geistes beeinflusst und gefärbt werden, wenn sie in den Geist bzw. Dualität gelangen. Das ist der Grund dafür, dass wir alle spirituelle Erfahrungen machen, aber ganz unterschiedlich davon berichten. Durch Facticity wird uns immer mehr bewusst, dass die unbewussten Filter des Geistes jede spirituelle Ganzheits-Erfahrung aufspalten muss, weil er unweigerlich nur Geteiltes (Dualität) wiedergeben kann. Die Stille ist für die Mystiker der Weg, wie man durch den Geist und über ihn hinaus wandern kann F. unterscheidet zwischen Landkarte und dem Gebiet. Genauso hat jeder von uns eine mentale Karte, um leichter durch das Gebiet des Lebens zu reisen. Sie ist aber nicht wirklich das Gebiet unseres Lebens. NLP und F. helfen uns, unsere Aufmerksamkeit von bestimmten Reaktionen, Überzeugungen und Einsichten, die uns nicht förderlich und nützlich sind, abzuziehen und damit Platz zu schaffen für Einsichten auf einer höheren Ebene. Diese helfen uns weiter, dass wir unseren Geist übersteigen zu den sinnlichen Erfahrungen des Augenblicks auf dem echten Gebiet unserer Natur und dabei mental gesunden. Die meisten Anleitungen zur Meditation liegen deshalb falsch, wenn sie verkünden, dass Ruhe des Geistes entsteht, wenn wir speziell alle negativen Gedanken loslassen, anstatt anzunehmen, dass Stille automatisch entsteht, sobald wir die Dinge und den Geist loslassen. Der Geist lässt sich nicht anhalten, indem wir schlechte Gedanken wegschieben und gute kultivieren. Wenn man sich hingegen auf den Fluss der sowohl guten als auch schlechten Gedanken einlässt, kommt man schnell und automatisch in wirkliche Meditation. Inhaltsfreie Meditation erhöht tatsächlich die Wahrnehmung und verlangsamt den Geist. In ihr üben wir unseren Geist im Dienste der tiefsten Erkenntnis unseres Seins (S. 118)

## 3.6 Dualität der äußeren Form-jetzt sichtbar, jetzt unsichtbar

Die westliche Logik baut auf die aristotelische Denkweise auf, wonach A nur A sein kann und nicht B und B kann nur B sein und nicht A. Die östliche

Denkweise glaubt hingegen, dass A sowohl A als auch B sein kann. Das ist für den westlichen Verstand natürlich eine Zumutung. F. arbeitet daran, mithilfe der Polaritätenvereinigung den östlichen Zugang zur Wirklichkeitserschließung mit dem westlichen zu integrieren, indem es aufzeigt und bewirkt, dass diese anscheinend gegensätzlichen Wirklichkeiten einander real ergänzen und gegenseitig stützen.

"... In der dualistischen Ausformung einer Gestalt sind nie beide Welten gleichzeitig sichtbar; wenn Du die eine sehen willst, musst du die andere vergessen" (Hier zitiere ich Osho auf S. 119). Unten stehende Illustrationen, wie ich sie aus der Gestaltausbildung kenne, machen dies deutlich. Man kann in der ersten Illustration die alte Hexe und das schöne Mädchen nie gleichzeitig sehen.

Erst wenn man länger hinschaut, schiebt sich der Hintergrund in den Vordergrund, sodass das Gegenbild erscheint. Eine jede bleibt hinter der anderen verborgen, sobald sich die eine zeigt. Diese Erfahrung spiegelt das grundlegende Dilemma des Menschseins wider. Wir erfahren täglich, dass beide Dimensionen unserer Natur vorhanden sind (die spirituelle und materielle, die innere und äußere), aber scheinen von unserem Wesen, zumindest von unserem psychologischen, nicht in der Lage zu sein, beide gleichzeitig zu erfahren. Wir scheinen irgendwie gezwungen, eine der anderen vorzuziehen, da der biologisch wichtige Richtungsfilter des Geistes darauf ausgelegt ist, unbewusst dauernd einen Bereich dem anderen vorzuziehen. Die westlichen Gesellschaften haben traditionell den äußeren dem inneren vorgezogen. Die östlichen umgekehrt. Beide leiden an einem krassen Ungleichgewicht.

Wenn das Unbewusste jedoch in seiner ihm eigenen Intelligenz und Sensibilität erkennt, wie vorteilhaft es ist, sich selbst angesichts natürlich vorhandener Gegensätze zu entspannen, kann es seine Leitlinien zum Handeln und Reagieren kreativ und entspannt verändern.

Durch die Methoden des F, NLP und Eriksonsche Hypnotherapie erkennen und lernen wir, statt uns vom Gewissen , welches meist den Lehr- und Glaubenssätzen von Mama, Papa, Verwandte, Pfarrer und Lehrer entspricht, von aufgewecktem Bewusstheit und eigenen Erfahrungen leiten zu lassen. Diese Erfahrungen zeigen,

dass das Leben und die Welt immer sowohl logisch als auch unlogisch ist.
Erkennt das Unbewusste nun, dass Gegensätze das grundlegendste Muster im Leben sind, reagiert es intelligent und sensibel auf einer höheren Ebene mit einer Veränderung des Bewusstseins.

3.7 Linguistische Fallen und sprachliche Einschränkungen (S. 128-134)

Die Sprache scheint dafür großenteils verantwortlich zu sein, dass für Körper und Geist die Dualität erfahrbar bleibt. Tatsächlich kann man kaum etwas mit Worten mitteilen ohne gleichzeitig einen Mechanismus in Gang zu setzten, der die Dinge vergleicht. Ein Vergleich setzt immer voraus, dass die Dinge unterschiedlich sind. Licht hat keine Bedeutung, ohne dass ein Bezug zur Dunkelheit hergestellt wird. Ein Himmel ohne Hölle hat wenig Bedeutung.
Der Verstand stellt den Bezug zu beiden Extremen her im Sinne des entweder/oder- und das führt dazu, dass wir eine Wahl treffen. F. kann die treibende Kraft des geistigen Richtungsfilters so einsetzten, dass sie uns nicht mehr nur zu einer Erfahrung hin oder von ihr weg bewegt, sondern dass sie uns zu der spezifischen Erfahrung führt, in der wir beide Teile akzeptieren, also im Grunde uns nicht entscheiden für das eine oder andere, weil beide gleichwertig sind. So kann die Sprache, welche die Erfahrung der Dualität bewahrt, auch so eingesetzt werden, dass sie uns neue Wahlfreiheit ermöglicht, z. B durch die hypnotische Sprachtechnik der Apposition, also der Beifügung der Gegensätze: eine kühle Wärme, ein schreiendes Schweigen oder eine laute Stille. Diese Technik und andere hypnotische Sprachmuster, wie auch die Diamond Fragetechnik helfen beim Ausbalancieren von anscheinend entgegengesetzten psychologischen Erfahrungen, sodass das Unbewusste seine Energien und Bestandteile neu organisiert und kreativ für eine neue Option bereitstellt.

3.8 Über die Dualität des Geistes und des Körpers (S. 134-138)

Aus Untersuchungen wissen wir, dass das Nervensystem dazu in der Lage ist, weil in seiner Struktur ein Ausgleichmechanismus eingebaut ist, der zwischen gegensätzlichen Systemen wirksam wird. Durch diese Techniken wird also auch eine natürliche Reaktion des Nervensystems gestärkt, die selbst immer wieder das Gleichgewicht herstellt. Diese Reaktion kann so genutzt werden, dass das Unbewusste sich veranlasst fühlt, paradoxe Erfahrungen zu sammeln. In diesem Verlauf werden immer mehr Erfahrungen zugänglich, bei denen wir bloße Aufmerksamkeit und Bewusstheit einsetzten ohne zu urteilen oder automatisch zu reagieren. Auf allen Ebenen der Wirklichkeit zeigt sich, dass Vergleichen eine lebensnotwendige Grundstrategie von Körper und Geist ist. Selbst die Zellen eines wachsenden Embryos wissen irgendwie, welches das passende Gewebe oder Organ ist und entwickeln sich entsprechend.
Alle Regulationssysteme des Körpers (und der Computer) nutzen Formen der

Anpassung und der Nichtanpassung, d. h sie wählen zwischen Ähnlichkeit und Unähnlichkeit. Um eine Homöostase zu regulieren, müssen sie Zustände des Gleichgewichts und des Ungleichgewichts erst erkennen und unterscheiden können. Man kann sagen, dass Vergleich und Unterschiede erforderlich sind für das Funktionieren von Körper und Geist. Das Dilemma besteht nun darin, dass Urteile und Vergleiche die Hauptursache für die meisten emotionalen und geistigen Probleme sind. Ein Geist jedoch, der versteht, wie seine Einsichten zustande kommen, ist imstande, seine Intelligenz, Kreativität und Sensibilität dahingehend zu nutzen, dass er sie transzendiert. Je mehr er die Natur und Struktur unserer geistigen Funktionen erkennt, kann er sie sein lassen, wie sie sind und kreativ und entspannt seinen Weg zu geistiger Gesundheit und spiritueller Einsicht gehen.

3.9 Grundlegende Gegensätze des Lebens (S. 144-152)
Aus psychologischer Sicht ergeben sich die meisten Probleme aus der Art und Weise, wie wir mit folgenden Gegensatzpaaren umgehen.

1. Sicherheit-Unsicherheit: Jeder wünscht sich auf seiner individuellen Landkarte einen Zustand von Dauer ohne Veränderung. Unsere Erfahrung lehrt aber, dass Unsicherheit der Zustand des Lebens ist. Es bleibt jedoch die Sicherheit der Unsicherheit, welche ich akzeptieren kann.

2. Leben-Tod: Das Unbewusste ist im Grunde aus biologischer Notwendigkeit immer nur für das Leben und gegen den Tod. Die Natur demonstriert uns unaufhörlich das Phänomen, dass Leben und Tod zu einem natürlichen Kreis der Vollendung gehört. Dieser macht es möglich, dass sich der Prozess des Lebens immer wieder erneuert. Auf die psychologische Ebene übertragen, könnte man sagen, dass im Tod Körper und Ich sterben, um den Beginn des höheren Selbst zu ermöglichen.

3. Vergnügen-Schmerz: Wenn wir die gewöhnlich gemiedenen Erfahrungen von Druck und Schmerz als wertvoll erachten, können wir ihnen mit Lernbereitschaft, Neugier, Entspannung oder Meditation begegnen.

4. Alleine-Gemeinsam: Das Dilemma des menschlichen Herzens schon im Mutterschoß ist das Bedürfnis, mit der Mutter bzw. anderen verbunden zu sein und auf der anderen Seite in die Unabhängigkeit und Freiheit wachsen will, d. h einzigartig sein möchte. Die meisten von uns sind entweder mit dem Alleinsein als Weg zum Glück identifiziert oder dem Zusammensein. Die einen können den Wert des Alleinseins nicht sehen, da wo man erst die eigene Einzigartigkeit und Freiheit mit vollem Bewusstsein spüren kann. Die sich mit dem Alleinsein

identifiziert haben, können den Wert der Verbundenheit als menschliches Grundbedürfnis und Vorbedingung zum Menschsein nicht sehen. Mit F. lernt man, beide Bedürfnisse als gleichwertig und zusammengehörig zu schätzen.

5. Gleichgewicht-Ungleichgewicht: Gleichgewicht ist ein Prozess, der sich selbst ständig selbst neu erschafft, also ein Gleichgewicht in der Bewegung. Ungleichgewicht ist ein Teil des Gleichgewichtsprozesses. Gestalttherapie nennt es "Fließgleichgewicht".
6. Vertrauen-Zweifel: Der Wert von Zweifel besteht darin, dass er uns auffordert, Erfahrungen und Wissen zu suchen, die unser Vertrauen stärken.

7. Nützlichkeit-Nutzlosigkeit: Der Wert der Nutzlosigkeit kann man am Beispiel einer Hand verdeutlichen, die ständig geschlossen ist, weil sie etwas Nützliches, z.B. einen Stift oder Gabel in der Hand hält. Diese verkrampft sich leicht und wird dann nutzlos. Eine geöffnete kann spontan vielerlei Dinge entgegen nehmen, die eine geschlossene Hand nie ergreifen könnte.

8. Bewusstsein-Nichtbewusstsein: Die meisten Menschen glauben, dass ein erleuchtetes Bewusstheit erworben werden muss. Für große Erleichterung sorgt häufig die Erkenntnis, dass Nichtbewusstsein die notwendige Voraussetzung für die Erweiterung unserer bewussten Wahrnehmung ist.

9. Selbst-Nicht-Selbst: Viele spirituelle Lehrer sprechen von der Selbstaufgabe. Das kann auf Menschen lähmend wirken, weil das Unbewusste den "Tod des Ego" als gefährlich einstufen könnte und dann verweigert. Wenn wir ihm jedoch mit F. die Möglichkeit eröffnen, dass es sich wie ein Tropfen als Teil in den Ozean des Ganzen fallen lassen kann und das Ganze damit größer als die Summe seiner Teile ist, wie auch die Gestalttherapie sagt, kann es die Angst vor Gefahr loslassen und entspannen.

### 3.10 Die eigene Identität als Ausgangspunkt für den Weg jenseits des Geistes (S. 153-186)

Aus der Sicht der Psychologie scheint es unterschiedliche Ebenen der Veränderung zu geben, die unser Verhalten beeinflussen können. Ausgehend von der Annahme, dass ein Problem nicht auf der Ebene gelöst werden kann, auf der es entstanden ist, erscheint es logisch, dass Veränderungen auf übergeordneten Ebenen automatisch Verschiebungen auf unteren Ebenen bewirken, während das umgekehrt nicht der Fall sein muss. Diese Stufen von oben nach unten sind:

-Spiritualität (Geistige Zugehörigkeit)
-Identität (wer)

-Überzeugungen und Werte
-Fähigkeiten (wie)
-Verhalten (was)
-Umgebung (was)
-Umgebung (wann/wo)

Beantworten wir die Frage nach dem Wer? nicht auf der Identitätsebene im Sinne von
"ich mache Psychotherapie, also bin ich Psychotherapeut", sondern auf der höheren spirituellen Ebene, ziehen wir erfahrungsgemäß eine starke Reorganisation und neue assoziative Verknüpfungen nach sich, was häufig als Bekehrung oder Erleuchtung bezeichnet wird.
Die Vorstellung des "Ich" setzt ein "Du" voraus und somit eine Trennung. Das Unbewusste glaubt, dass diese Trennung wahr ist und beginnt den Prozess einer Lebensreise zu einer Sache zu verfestigen. Dieses Konzept vom Ich ist allerdings notwendig, um in unserer Umwelt zu kommunizieren, zu bewegen und zu arbeiten. Ohne dieses starke Gefühl von Ich mit eigenen Bedürfnissen und Interessen, lassen wir es zu, dass andere auf uns rumtrampeln und uns ausnützen können. Wenn wir auf der anderen Seite unser "Ego" nicht zurückstellen können, hindert es uns daran, uns weiter zu entwickeln, geschmeidig zu lernen und zu fließen. Wir erkennen so, dass Gewinn und Schönheit darin liegt, sowohl wenn "niemand zuhause ist", als auch wenn "jemand zuhause" ist. Manchmal ist der Wunsch recht zu haben so stark, um unser Selbstwertgefühl zu nähren, dass wir bereit sind, bis zum bitteren Ende zu kämpfen. Ein Problem für viele spirituell Suchende besteht darin, dass das "Ego" psychologisch noch nicht gefestigt ist und wo noch kein stabiles Verständnis seines eigenen Selbst da, kann man es auch schwerlich zurück stellen. Es ist sogar eine psychologische Überforderung, darauf zu vertrauen, dass ein Teil im Ganzen aufgehen wird ohne die erfahrene Gewissheit, dass er wirklich ein Teil dieses Ganzen ist und trotzdem einzigartig. Hat man diese erfahrene Gewissheit, ist die Auflösung dann wirklich eine Erweiterung und Erfüllung, statt Tod und Leere.
Von der Idee des Geistes, dass hier ein Ego ist, abzulassen, braucht es einen Vertrauenssprung, um über unseren psychologischen Wahrnehmungen hinaus zu Wahrnehmungen einer anderen Ebene zu gelangen. Ähnlich war es bei den Seeleuten im Mittelalter, die bei ihren langen Seefahrten die Erfahrung machten, dass die Erde rund ist, obwohl die Erfahrung der Schwerkraft zeigte, das die Erde eine Scheibe sein muss. Die mittelalterlichen Astronomen mussten auch einen Vertrauenssprung wagen, um sich gegen das mittelalterliche geozentrische Weltbild durch zusetzten. Wir müssen unsere psychologisch Wahrheit, dass da jemand ist, für dessen Überzeugungen wir kämpfen und den wir verteidigen müssen, loslassen und die Dinge sein lassen ,

wie sie sind, um dann innerlich glücklich und entspannt zu werden.
Menschen, die das Gleichgewicht zwischen den psychologischen Realitäten von selbst und Nicht-Selbst halten können, finden auch leichter durch kreativ fließende Prozesse zu ihrer Identität auf der spirituellen Ebene. Durch inhaltsfreie Meditation kann so der Prozess, der zur Schaffung des "Ich" geführt hat, aufgedeckt werden und das Nicht-Selbst vom Geist in Betracht genommen werden. Das Bedürfnis des Geistes, allem Erfahrenen eine Bedeutung zu geben, zwingt ihn regelrecht dazu, die neue spirituelle Erfahrung durch diesen Prozess der Bedeutungsfindung zu schleusen und ihr damit zu einer soliden mentalen Repräsentation zu bringen. Je öfter wir uns also durch gesunde Dis-Identifikation vom Geist frei machen, desto deutlicher können diese Prozesse in jedem Augenblick erfahren und verstanden werden, d.h. frei werden für die kreative sinnlichen Erfahrungen im Hier und Jetzt. Kreativität entsteht nur dann fließend, wenn das Ich aus dem Weg ist und eine innere Umgebung geschaffen ist, die meine Kreativität frei fließen lässt. Bei allem ist wichtig zu sehen, dass wir nicht direkt mit der spirituellen Ebene arbeiten können, sondern nur indirekt in der Körper-Geist Dynamik."... Suche nicht nach der Wahrheit; höre nur auf, Meinungen zu pflegen... (Sengsten zit. auf S. 186)

3.11 Bewusstsein und Meditation im Facticity (S. 186-198)

NLP betrachtet das Bewusstsein als ein Nebenprodukt der menschlichen Erfahrung und abhängig von der Gehirntätigkeit. F. jedoch schließt sich an die Betrachtungsweise östlicher und westlicher Mystik an, wonach Bewusstsein nicht an Körper, Geist oder Erfahrung gebunden ist. Die Basis der Mystik war immer, dass Bewusstsein durch die Biologie weder Anfang noch Ende hat. Transpersonale Psychologie untersucht außergewöhnliche Bewusstseins-zustände und kann deren Potential für Heilung und Veränderung nachweisen. Egal, ob wir unser komplettes Leben verändern wollen oder nur kein Kaffee mehr trinken wollen, ohne die Zustimmung des Unbewussten findet keine Veränderung statt. Der Meditierende kennt den Wert wahlfreier Bewusstheit und kann durch NLP erfahren, dass es diesen Zustand durch neue Reaktionsmuster schneller erreichen lässt. Dann müssen wir nicht gegen etwas sein oder genauso wenig für etwas. Wir sind einfach nur. Inhaltsfreie Meditation ermöglicht Erfahrungen, die über die Ressourcenarbeit des NLP weit hinausgehen. NLP arbeitet vorwiegend mit der Form und der Struktur von Erfahrungen, während die herkömmliche Therapie mehr Wert auf den Inhalt unserer Erfahrung legt. Weder Herz noch der Geist alleine werden unsere Welt oder uns selbst verändern, sondern ein Therapeut der beides hat bewirkt die umfassende Heilung beim Klienten. F. möchte beide Fähigkeiten beim Therapeuten vereinigen. Ein gespaltener Therapeut, der nur einen herausragenden Geist ohne Herz hat, kann nur in die Irre führen. Einer, der nur Herz ohne Geist hat, erreicht nie die Klarheit, um den modernen Menschen aus seinem Irrgarten herauszuführen.

## 4. Heilung durch Versöhnung in der Wahrnehmung und Erkenntnis der Vernetzung und Verbundenheit aller Individuen

Dargestellt am Artikel von Siegfried Essen: Spirituelle Aspekte in der systemischen Therapie, erschienen in: Transpersonale Psychologie und Psychotherapie, 2/1995, 41-53. Dieser lag mir als Download aus seiner Homepage: „ siegfriedessen.com „ vor.

Auch bei Essen wird klar, dass Heilung dann geschieht, wenn man die Polarität in einem Familiensystem versöhnt und damit die Trennung und Ausschließung von Mitgliedern eines Systems überwindet bzw. sie integriert. Wie bei Colin Tipping in einem späteren Kapitel deutlich wird, entsteht Leid aus Trennung. Überwindung der Trennung durch Versöhnung muss also auch Aufhebung des Leids bzw. Heilung bewirken. Auch der systemische Ansatz stellt sich auf die Basis des holistischen Heilungsprinzips: Alles durchdringt alles und alles ist mit allem verbunden. Alles ist in einem enthalten und Versöhnung ist das Instrument dieses holistischen Heilungsprinzips.

### 4.1 Leid aus systemischer Sicht

Im vielen Kapiteln meiner Arbeit wird beschrieben, wie Spiritualität und Psychotherapie sich wechselseitig erklären, vertiefen und befruchten. Systemische Therapie (ST) nun formuliert in profaner und wissenschaftlicher Begrifflichkeit wesentliche Elemente aus der spirituellen Welt in der Sprache der Psychotherapie. Zum Beispiel können die zentralen Konzepte der ST wie Konstruktivismus, Ressourcenorientierung und Vernetztheit auch als spirituelle Konzepte gelesen werden.

Der Konstruktivismus in das religiöse Element des Leidens übersetzt würde lauten: Leiden ist eine Konstruktion des Geistes und kann nur durch die Metanoia des Geistes aufgehoben werden. Die Nottherapie setzt hier an und beschreibe ich in einem späteren Kapitel.

Unter dem Konzept der Ressourcenorientierung entsteht Leiden aus der Leugnung des Selbstentfaltungsprozesses, welcher in jedem Menschen stattfindet und die Gestalttherapeuten organismische Selbst-regulation oder -entfaltung nennen. Neue quantenpysikalische, neurophysiologische, philosophische und kybernetische Erkenntnisse haben das neue Paradigma formuliert. In diesem werden die zeitliche Linearität (frühe Traumata verursachen spätere Symptome), als auch räumliche Linearität (Symptome haben ihren Ort und sind an der Person zu behandeln, die leidet) in Frage gestellt.

Diese Nichtlinearität betrifft auch die Kommunikation zwischen KlientIn und

TherapeutIn. Die Kybernetik zweiter Ordnung formuliert, dass es keine Objektivität in der Wahrnehmung des Leidens geben kann. Auch der Therapeut und Arzt ist Mitglied des therapeutischen Systems und entwickelt sich mit ihm.
Er steht nie außerhalb. So muss auch im medizinischen Denken eine lineare Abfolge von Analyse, Diagnose und Therapie aufgegeben werden. Dies fordert E. Frick als Arzt und Psychotherapeut ebenfalls. Nur so kann eine tiefergehende Veränderung und Transformation des Denkens stattfinden. So ist nicht nur Symptombeseitigung oder Problembeseitigung möglich, sondern tiefe Heilung. Auch der systemische Ansatz stellt sich auf die Basis des holistischen Heilungsprinzips:

Alles durchdringt alles und alles ist mit allem verbunden. Alles ist in einem enthalten und Versöhnung ist das Instrument dieses holistischen Heilungsprinzips.

## 4.2 Konstruktivismus oder wie unserer Geist sich seine Wirklichkeit erschafft

Wir erschaffen uns die Welt, die wir wahrnehmen und auf die wir reagieren, in jedem Moment neu. So dass auch jedes Symptom und Problem letztlich von unserem Geist konstruiert ist, je nach Bewusstseinszustand und Identifikationen. Die Wirklichkeit an sich ist dem Menschen nicht über die Sinne zugänglich, sagt der Konstruktivismus. Diese Ich-Funktion des Sich-Identifizierens ist eine freie innengesteuerte kreative Möglichkeit des Menschen, eine Autopoiese, d. h der Geist ist frei, sich selbst, sein Denken, sein Fühlen und Handeln so oder anders zu beschreiben oder zu bewerten. Konkret wird dies an einer kleinen Parabel: Ein Mensch kam zu einem Bauwerk, an dem viele Arbeiter beschäftigt waren. Er fragte einen von ihnen, was er da tue, und bekam zur Antwort: " Ich behaue Steine." Er fragte einen anderen, und der sagte:" Ich verdiene hier mein Geld." Der dritte antwortete ihm: "Ich ernähre meine Familie." Und der vierte sagte: "Ich baue mit an einem Dom zur Ehre Gottes."
In jeder Therapie und Alltag darf es letztlich nicht allein um die Konstruktion von immer besseren Lösungen gehen und damit meiner automatisierten Gewohnheit zu konstruieren nachgeben, sondern um das ständige Loslassen meiner immer wieder neuen Konstruktionen, Schöpfungen und Identifikationen. Das Loslassen kann auch hier wieder die Nebenwirkung einer Neukonstruktion sein, auch eines spirituellen. So ist Spiritualität kein Zustand, sondern ein Werden, d.h. ein ständiges Transzendieren und Fallenlassen von allem, worin ich mich eingerichtet habe zu bleiben, zu haben, zu besitzen. Dies bedeutet in der Praxis ein radikaler Verzicht auf alle Identifikationen und ein dem Neuen ausliefern, dem Überraschenden und Unvorhersehbaren, dem Augenblick. Dies gilt für alle Arten von Bewusstseinszuständen, dem Handeln, Wahrnehmen, Fühlen und Denken. Jesus spricht vom Leben (Ego), welches er verlieren muss, um wahres Leben zu

gewinnen. Seine zentrale Botschaft und Anliegen ist die Umkehr (Metanoia) = Transformation des Menschen. Ziel der Meditation ist demnach nicht das Erreichen neuer oder besserer Bewusstseinsinhalte, sondern die Bewusstheit der jeweils auftretenden Bewusstseinszuständen. Gemeint ist ein Prozess, der oszilliert zwischen der Schau und dem Loslassen der Schau. Es ist die Bereitschaft, jede erreichte Ebene wieder zu transzendieren. Die ST stellt hier eine nichtreligiöse Sprache und Methode zur Beschreibung eines spirituellen Prozesses zur Verfügung. Dieses Loslassen auf der Ebene der ST heißt Musterunterbrechung. Biologische Systeme und Menschen im besonderen werden von ihrer eigenen inneren Struktur (ihrer biologischen neural-endokrinen Vernetzung und ihrer Sozialisation) weit mehr determiniert als von äußeren Einflüssen. Was von außen kommt ist meistens nur ein Anstoß innerer rekursiv vernetzter Reaktionen. Es geht also um eine innere Veränderung, die wir aber nicht zielgerichtet steuern können. Dies entspricht dem gestalttherapeutische Grundsatz, dass das "Wie", d.h. der Prozess wichtiger als das "Was" bzw. das Ergebnis ist.

Wir können nur die leiderzeugenden Muster unterlassen oder unterbrechen. Als Therapeuten können wir uns darauf verlassen, dass das Selbst des Klienten, welches weit mehr Ressourcen bereitstellt als das Ich oder sein Verstand, kreative Lösungen findet. Sobald diese dann zu sanften Ruhekissen werden, sollen auch diese unterbrochen werden. So lernt der Klient allmählich das Umdenken und Umlernen und darin die wirkliche Befreiung.

Man muss aber auch sehen, dass jede heilsame Lösung wesentlich kontextbezogen ist und in einem anderen Kontext ihre Stimmigkeit verlieren kann. Systemische Intervention möchte dem Klienten immer deutlich machen, dass seine Problematik einer selbstgewählten Einstellung oder Perspektive entsprungen ist. Dies macht sie konkret mit dem zirkulären Fragen, welches der Veränderung des Wahrnehmungsstils dient, z. B. bei einem Depressiven: "Wie sehen Sie die Entstehung ihrer Depression? Wer sieht dies ganz anders? Wer leidet am meisten, wenn Sie depressiv sind? Wer am wenigsten? Wie unterschiedlich würden diese reagieren, wenn Sie geheilt würden?" Die Frage bei einer Familie: "Streiten Ihre Kinder stärker, wenn Ihr Mann zuhause ist oder weniger?" soll deutlich machen, dass die Reaktion der anderen und ihre Sichtweise des Symptoms konstitutiv für die Problematik zu sehen ist. Es gilt also die Tatsache zu erkennen, dass wir nur Landkarten haben, die wir selber machen und verändern - je nach Bedürfnis, Zweck und Standpunkt und niemals das Land selbst. Auch die ST betont wie Frick und die GT auch, dass Heilung ein versöhnliches Beziehungsgeschehen ist.

Durch das zirkuläre Fragen werden Ohnmachtsmythen und Opfer/Täter-Aufteilungen und ihre linear-kausalen Prämissen hinterfragt. Bei diesem Fragen wird jedem deutlich, dass es nicht um Inhalte und richtige Antworten geht,

sondern um die Wichtigkeit von inneren Bedeutungsgebungen, von Glaubenssystemen und Sichtweisen auf das jeweilige Leiden. Auf diese Art und Weise wird es in die Kompetenz und Verantwortung aller Beteiligten gestellt. Voraussetzung beim Therapeuten ist, dass er den Klienten als kompetent und ausgestattet mit allen Heilungsressourcen ansieht. Er muss fähig sein, dem Glauben an Mangel, Opfertum und Ohnmacht, der allen menschlichen Glaubens- und Problemsystemen immanent und konstitutiv ist und in den verschiedensten Formen kommuniziert und praktiziert wird, zu widerstehen. Er darf sich nicht in die Problemhypnose des Klienten einlullen lassen. S. Essen nennt diese Therapie eine Therapie der Metanoia, eine Therapie des Umdenkens und des Standortwechsels. Dabei ist die Distanzierungsfähigkeit des Therapeuten genauso wichtig wie die der Empathie. Zuviel Empathie führt zur Identifikation als Anhaftung, welches hilfloses Helfertum fördert. Die Distanzierungsfähigkeit als Deidentifikation oder Selbstverleugnung wie es Jesus nannte, fördert die Entwicklung von Mitgefühl und bedingungsloser Liebe.
Eine weitere typisch systemische Frage ist die Wunderfrage von Steve de Shazer: "Angenommen, es geschehe über Nacht ein Wunder und ihr Problem wäre verschwunden, wer würde das zuerst merken und woran?... Woran Sie selbst?... Wie würde sich Ihr Alltag verändern, Ihre Zeiteinteilung, Ihre Beziehung zum Partner und zu Ihren Kinder?... Wem würde das sogar welche Nachteile einbringen?"... Solche Fragen machen deutlich, welche Personen durch das Symptom als Kommunikationsmittel vernetzt sind.
Leid basiert aus systemischer Sicht immer auf der menschlichen "Fähigkeit", selbstgemachte Unterscheidungen als Wirklichkeit auszugeben, um sich dadurch Identität und Orientierung zu verschaffen. Es ist allerdings eine Orientierung, die nur so lange als solche gelten kann, als man glaubt, vom anderen getrennt zu sein oder glaubt, dass man durch Geben verliert und durch Nehmen gewinnt. ST gibt uns ein Werkzeug in die Hand, tiefsitzende Wirklichkeits-konstruktionen, wie das Mangeldenken und den Glauben an Getrenntheit und Leid, als Konstruktionen zu entlarven, zu begreifen und natürlich zu verändern. Förderlich für diese Veränderung sind religiöse Praktiken wie Meditation, Gebet, Übungen wie Joga usw.
Therapeuten, die wissen, dass alles, was sie über den Klienten denken, einschließlich Diagnose, selbst konstruiert ist, können keine schulkonforme linear-objektivistische Therapie mehr machen. Sie werden demütig.

### 4.3 Ressourcenorientierung oder die vertrauensvolle Hingabe an den Fluss des Seins

Der Konstruktivismus sagt, dass wir uns unsere Welt immer wieder erschaffen. Zutreffender müsste man sagen, dass wir uns unsere Welt immer wieder aus altbewährten Konzepten reproduzieren. Dieser Vorgang ist höchst redundant, oft neurotisch und verbraucht vor allem sehr viel Energie zur Aufrechterhaltung und ständigen Wiederholung unserer Identifikationen und Abgrenzungen und Unterscheidungen in Form von Vorurteilen, klischeehaften Begriffsbildungen, Denk- und Gefühlsmustern, die allein der Ich-Vergewisserung dienen. Dies geschieht an der Kontaktgrenze zum Anderen, wo wir uns der Eigenständigkeit, der Unabhängigkeit und letztlich der Trennung vom Anderen zu vergewissern versuchen. Dies dient dem Ego in erster Linie zur Abwehr von Verschmelzungsängsten unter Verleugnung der immerwährenden Einheit und Vernetzung aller Dinge und Menschen. Das Konstrukt eines getrennten Ichs, sagt Esser, ist ein "kostspieliger Luxus" (Download S. 5), weil er viel Energie verbraucht. Er kommt dem Versuch gleich, auf dem Fluss des Seins eine feste Konstruktion zu errichten, an der man sich festhalten kann. Dies geht natürlich nur mit ständigen gedanklichen Stützaktionen des Egos. Dieser kostspielige Energieaufwand könnte eingespart werden, wenn wir uns dem Fluss des Seins in uns und um uns als Ressource anvertrauen würden, ihn also als eigentliche Wirklichkeit anerkennen würden, statt ihm mit großem Energieaufwand ständig festen Boden abtrotzen zu wollen. In einer spirituellen Praxis geht es also darum, von einer Sysiphos-Anstrengung des Mangel- und Getrenntheitsdenken sich einzuüben in ein Denken der Fülle und der Gnade. Auch Tolle und Tipping propagieren ganz praktisch diesen Lebens- Denk- und Gefühlsstil.

Im Christentum heißt es: Christus hat schon alles für uns getan. Hier formuliert für mich als Theologe die ST die wesentlichste christliche Grundbotschaft in profaner Sprache: Vertrau Dich dem Urgrund Gott an. Er meint es gut mit Dir, wie eine gute Mutter, Vater oder Hirte und höre endlich auf, Dich in Misstrauen und Feindschaft von anderen abzugrenzen. Liebe Deinen Nächsten wie Dich selbst. Siehe Bick, Einführung ins Thema.

Hinterfragt man nun, inwieweit die Gestalttherapie diesem beschriebenen befreienden Prozess der ST unterstützt oder sogar blockiert, lässt sich aus meiner Sicht als Theologe und Gestalttherapeut sagen: Die scharfe Abgrenzung im Gestaltgebet: "Ich bin Ich und Du bist Du" würde zunächst anscheinend dem Glauben an die Wirklichkeit der Trennung folgen. Andererseits sagt GT: "Beziehung entsteht an der Grenze". So verstanden könnte man sagen, dass GT zunächst den allgemein verbreiteten Glauben an die Trennung sprich Grenze aufnimmt, dort andockt, um dort eine Beziehung zu fördern, die dem meist in sich verkrümmten Klienten hilft, wieder an seine Verbundenheit mit den Menschen zu glauben.

Ob Gestalttherapeuten bei ihren Klienten nun den Glauben an die Trennung oder an die Verbundenheit fördern, hängt wohl im Sinne des systemischen Konzeptes ganz auch von den Erfahrungen, Einstellungen und dem Glauben des behandelnden Gestalttherapeuten ab.

Für den therapeutischen Prozess bedeutet dies, dass selbst das Bekämpfen unserer

Krankheit und Flucht vor unserem Schatten als Teil unserer Heilung und unseres Trans-formationsprozesses anzusehen ist. Man kann sogar sagen, dass dieser Prozess immer und an jedem Ort in uns stattfindet. Der Therapeut, der das akzeptiert, wird geduldig, gelassen und bescheiden. Systemische Therapeuten bieten deshalb dem Klienten keine Lösungen an, sondern fragen immer durch zirkuläres Fragen nach konkretem Verhalten, Einzelheiten und seinen Zusammenhängen bis jeder Schritt, jeder Gedanke, jedes Konzept und jedes Gefühl als in seinem Kontext sinnvoll gesehen werden kann. Was zunächst als oberflächlich erscheinen mag, hat tiefgehende Folgen. Zum Beispiel macht schon allein die Frage: "Wenn Sie sich entscheiden würden, bis Mittag im Bett zu bleiben, würde sich Ihre Mutter dann mehr oder weniger um Sie kümmern?" den Glauben bewusst, der hinter unserem Verhalten steht, sodass ich mich nicht mehr als Opfer sehen kann, sondern in jedem Augenblick für meine Passivität Verantwortung für ihre Folgen übernehmen muss. Meine radikale Verantwortlichkeit bringt mir dann auch meine radikale Freiheit ins Bewusstsein und nur in dieser Freiheit geschieht Transformation. Der erste Schritt der Transformation wäre also die Übernahme der radikalen Verantwortung für die Unterscheidungen, die wir ständig treffen und natürlich auch die Anerkennung des Bewusstseins, Autor unserer Welt zu sein, dass alle Dinge in uns geschehen und nicht objektiv sind. Der zweite Schritt ist das Aufgeben des Glaubens an die objektive Wirklichkeit der Unterscheidungen, der Dualität, wohl gemerkt nicht der Polaritäten. Dann ist es nur noch ein kleiner Schritt, ein Willensakt der Distanzierung und des Loslassens dieser selbstgemachten Gedankenbildung. Dieser Schritt geschieht nicht ohne den menschlichen Willen, allerdings auch nicht durch ihn. Man könnte Esser ergänzen, indem man hier den Begriff der Gnade einsetzt. Diesen Willensakt der Distanzierung sollte man auch als Therapeut einer bestimmten Psychotherapierichtung machen. Es sind Wege und Metaphernsysteme, die unsere Erwartungen und Behandlungen lenken. Solange wir denken, können wir dem nicht ausweichen, aber wir können sie verändern. ST tut dies v. a mit einem therapeutischen Kontrakt, der die geistigen Konzepte über Heilung, Therapie und Transformation, d. h konkret Erwartungen und Vorstellungen über Verlauf, Dauer, Ergebnis der Therapie, von wem er diese Vorstellungen übernommen hat, wer eventuell andere hätte usw., einbezieht. So können Klient und Therapeut gleichermaßen ihre inneren Programme bewusst machen und damit auch verändern. Das Ziel dieser Veränderung wäre die Selbstverwirklichung in dem Sinn, einfach das zu sein, was man immer ist und schon immer war, also eine Versöhnung mit sich selbst.

Wir brauchen nur die Gewohnheit aufgeben, etwas sein zu wollen, was wir nicht wirklich sind. Der systemische Therapeut arbeitet also an der Unterbrechung der Gewohnheiten des eigenen Denkens wie auch der seiner Klienten. Bei diesen Formulierungen werde ich an den Satz der Veränderung in der Gestalttherapie erinnert: "Be what you are and you will change" (Arnold Beiser) ST wirft auch ein neues Licht auf das Gesundheits- bzw. Krankheitsbild im psychotherapeutischen Prozess auf dem Hintergrund moderner Systemtheorie, die besagt, dass die Welt als Prozess begriffen werden muss. Alles ist der Veränderung unterworfen, alles Statische und Zustände sind Illusionen. Gerade organismische Systeme wie der Mensch unterliegen einer ständigen Veränderung. Seine Gesundheit demnach auch. Wachstum und Transformation geschehen immer, weil Systeme sich von selbst verändern. Hier erkennt man eine spirituelle Grundhaltung wieder, die in Beziehungen heilt und wie ich sie in den ersten Kapiteln beschrieben habe und zwar im Tun des Nichttuns. Auf einen Satz gebracht: Veränderung geschieht, wenn man wird, was man ist, nicht wenn man versucht, etwas zu werden, was man nicht ist. Siehe den oben schon erwähnten Veränderungssatz der Gestalttherapie.

Krankheit und Redundanz geschehen durch Machen. Gesundheit, Wachstum und Transformation geschehen durch Hingabe. So formuliert es auch Tolle und der christliche Glauben. In der ST ist der Glaube des Therapeuten daran, dass die notwendigen Ressourcen und Lösungen schon im Klienten vorhanden sind, Voraussetzung für Veränderung im Klienten. Dieser Glaube drückt sich in folgenden Methoden aus:

Im Fragen nach Lösungsansätzen und Ausnahmen: "Wann haben Sie sich selbst zum letzten Mal gut verstanden?... wie waren die Umstände?...was haben Sie dazu beigetragen?... welche inneren Sätze, Bilder, Vorstellungen oder Gefühle sind dabei in Ihnen aufgetaucht?.. usw...."

2) Erinnerung an Ressourcen, d. h an die Erfahrung von Kraftquellen, Kraftplätzen, und -zeiten, ihm dabei helfen, sie wieder zugänglich zu machen in Zeiten des Leids.

3) Unterbrechung der Problemschilderung bzw. der Problemhypnose, indem man intensiv nach Zielen und Wünschen fragt und sie so konkret wie möglich im Kontext sichtbar, hörbar, fühlbar macht und mit folgenden Fragen eine Übernahme der Verantwortung fördert: "Was brauchen Sie, um Ihr Ziel zu erreichen?... woran müssen Sie glauben?... was müssen Sie tun, um es mit Sicherheit nicht zu erreichen?" Dann müssen Gewinn und Kosten beim Erreichen des Zieles abgefragt werden: "Was müssen Sie aufgeben?... wie wird sich Ihr Leben verändern?... wie reagieren die anderen?... was soll so bleiben, wie es ist?" Manchmal genügt eine gute Zielarbeit für die Bewältigung eines Problems. Dies gelingt umso besser, je bereiter ein Therapeut ist, den Glauben aufzugeben, dass immer ein Zurückgehen und Durcharbeiten notwendig ist.

Der Buddhismus empfiehlt, Anhaftungen an selbstgemachte geistige Konstruktionen einfach fallen zu lassen ohne Analyse und Regressionsarbeit. Auch Tolle und Tipping vertreten diesen Standpunkt.

## 4.4 Versöhnung,Verbundenheit und Vernetzung

Die grundlegende Entdeckung und damit die Geburtsstunde der Familientherapie war die Vernetztheit jedes Symptoms. Genauso wie Verhalten ist auch das Symptom Kommunikation, d. h sowohl ein Beziehungsangebot als auch eine Reaktion darauf. Jeder Symptomträger ist Täter und Opfer zugleich. Jede Kommunikation ist nichtlinear und rekursiv, d. h beruht auf einem Rückkoppelungszusammenhang. Diese Eigenschaften beziehen sich v. a auf alle Ursache-Wirkungs-Beziehungen, wie z.B. Traumata und Symptom, Therapeutenverhalten und Klientenreaktion, Charakter und Verhalten, Mensch und Umwelt, Natur und Geist, usw. ST sollte immer zur Aufhebung des Glaubens an Trennung und Absonderung (=Sünde) einladen. Die Aufhebung der Linearität in der ST. bezieht sich auf Zeit und Raum. Unser Denken, was vorher war, ist die Ursache von dem, was später kommt, wird aufgehoben durch Fragestellungen wie: "Angenommen, Sie wollten Ihre Depression mal wieder hervorrufen, damit Ihr Mann sich mehr um Sie kümmert, an welche Zeit müssten Sie sich dabei besonders erinnern?... welche Erinnerungen würden Ihnen helfen, wieder aus ihr herauszukommen? Die Familienrekonstruktion Satirs und die Aufstellungsarbeit Hellingers heben die räumliche Linearität bzw. Getrenntheit auf, indem sie die Verbundenheit und gegenseitige Abhängigkeit in räumlichen Metaphern darstellen und erfahrbar machen. Die Familienaufstellung lädt jedes Systemmitglied dazu ein, sich wieder im Zusammenhang wahrzunehmen und ihm zuzustimmen, gerade dann, wenn er vorher geleugnet oder ausgestoßen war (Abgewertete Persönlichkeitsanteile, vgl. hierzu auch die von mir im 9. Kapitel besprochene Schattenseite und die dunkle Polarität bei C.G Jung, ausgeschlossene Elternteile, abgetriebene Kinder, Sündenböcke, Minderheiten, Vertriebene, etc.). Alle Teile werden als Rollenspieler oder Symbole solange zurechtgerückt oder rücken sich zurecht, bis Friede einkehrt. Dieser entsteht, wenn jeder seinen Platz hat und sich gewürdigt fühlt. Sobald ein Mensch sich im Zusammenhang sieht, ist er bereit, seinen Platz im System auch wahrzunehmen und zu akzeptieren und auch den anderen ihren zu lassen. "Religio" ist die Rückbindung in den größeren Zusammenhang. Wenn der Mensch sich als Teil eines Ganzen erfahren kann, tritt er nicht nur in Kommunikation mit den anderen Teilen, sondern erfährt sich auch in Beziehung zum Ganzen, ohne die Ebenen zu vermischen. Die Namen, die er hier für das Ganze wählt (Gott, Brahma, Universum, Mutter Erde usw.) sind nur Hinweis auf die Möglichkeit nichtdualer Wahrnehmung und nichtlinearer Erkenntnis der "Einheit", der "Leere", des "Grundes", "Gottes". Diesen Hinweis bespreche ich ausführlicher in späteren Kapiteln.

Esser umschreibt Spiritualität als Einstimmen in den Zusammenhang. Das Bewusstsein dieses Zusammenhangs hebt Leid auf, die Leugnung bzw. der Glaube an die Trennung (=Sünde) erzeugt Leid. Siehe Tolle und Tipping. Diese

Konstruktion ist eine verantwortende Entscheidung des Menschen. Sie erzeugt die individuellen und kollektiven Symptome. Therapie und Heilung vom Leid hat also unmittelbar etwas mit dem Wiederwahrnehmen und sich Einfügen ins Ganze zu tun, also mit religio=Religion.
Esser behauptet am Ende seines Artikel, dass das assoziative Denken, das Herstellen und Wahrnehmen von Beziehungen zwischen den Dingen und Ereignissen und den Menschen, eine natürliche Neigung des menschlichen Geistes ist, die ihm im Laufe seiner Sozialisation ausgetrieben wird. Geniale und kreative Denker wachsen seiner Meinung nach in einem Milieu auf, in dem die Wahrnehmung der Verbundenheit aller Dinge gefördert statt unterdrückt wurde. Wahre Ich-Stärke entsteht dann nicht durch Einübung der Abgrenzung zwischen Ich und Du, Selbst und Umwelt, Vordergrund und Hintergrund (Hier wäre v. a wieder die Gestalttherapie angefragt, wie sie die Beziehung als Heilungsfaktor an der Grenze fördert oder hemmt), sondern durch eine spielerische Wahrnehmung der Verbundenheit und Vernetzung aller Dinge. Spirituelle Traditionen glauben, dass diese Verbundenheit die eigentliche Wirklichkeit ist, die wirklich wirkt (Lies dazu Johannes-Evangelium: Ich und der Vater sind eins). Wir dagegen üben uns ein in die Abgrenzung zwischen uns und der Welt und glauben schließlich an die Wirklichkeit des Getrenntseins. ST ist so ein praktischer Schritt zum spirituellen Umgang mit Symptomen und Leiderfahrungen und kann somit nicht in Konkurrenz mit den Weisheitslehren und Übungen der großen spirituellen Traditionen stehen.
Für mich wird aus dem Ansatz von Esser deutlich, wie wichtig bei christlicher Versöhnung der personale Charakter ist: Um mich wieder eins zu fühlen, muss ich mich mit den Personen meines Systems versöhnen bzw. mit dem personalen Ganzen, sprich Gott versöhnen.

## 5. Heilung durch Versöhnung als liebendes Bewußtsein im Quantenfeld

Dargestellt am Buch „was heilt“ von Dr.med. Klaus-Dieter Platsch.

### 5.1 Das neue Paradigma der Medizin des 21. Jahrhunderts

In seinem Buch ist der Mediziner Platsch genauso wie Frick auf der Ebene der Archetypen auf der Suche nach der neuen Dimension für eine heilende Medizin des 21.Jahrhunderts, die den Menschen in all seinen Aspekten, sowohl in seinen systemischen als auch kosmischen würdigt und alle Möglichkeiten eines Heilungsprozesses ausschöpft. Hier spricht die Quantenphysik von einem Meer an Möglichkeiten. Heilung ist in diesem Sinne aber nicht machbar, sondern geschieht im heilenden Feld, welches die Qualität einer über das Persönliche hinausgehende Liebe hat, die sich auf das tiefere Wesen des Menschen bezieht- eine Ebene, wo es keine Trennung zwischen Arzt und Patienten gibt. Es ist jedoch bei ihm transpersonalisiert. Diese Erfahrung der Allverbundenheit versöhnt die Gegensätze und fördert die Heilkräfte. Das Gefühl von Trennung ist eine der stärksten Wurzeln von Kranksein und Krankheit. Was heilt ist immer das, was die Gegensätze verbindet bzw. versöhnt. Arzt und Patient können durch ihre Ausrichtung auf den heilen Kern des Menschen dazu beitragen, einen solchen Heilungsprozess zu entfalten. Dieser heile Kern ist auch bei schwerster Krankheit existent, weil er aus der Dimension des universellen Bewusstseins stammt, welches auf allen Ebenen Gesundheit neu schaffen kann, sofern sich der Mensch mit seinem Herzen diesem öffnet ( S. 9-14).

Sein Ansatz ist wohl ein transpersonaler, stellt aber wissenschaftlich heraus, dass Liebe das Energieprinzip ist, welches alles zusammen führt und zusammen hält. Er ist für mich eine Hinführung bzw. Brücke zu meinem personaltranszendenten Ansatz.

Durch dieses liebende Bewusstsein entsteht das neue Paradigma der Medizin des 21. Jahrhunderts. Krankheiten haben meist in Lebensbedingungen und im Lebensumfeld der Patienten ihre Ursache. Den Krankheitsvorgang verstehen und mit der eigenen Lebenssituation und seinen Gedanken in Verbindung setzten zu können, erweist sich meist als eine zentrale Hilfestellung in der Krankheitsbewältigung, da jeder Mensch ein tiefes Verlangen nach Selbstdeutung hat. Ich glaube jedoch nicht, dass ein transpersonalisiertes Feld für den Menschen, der Person ist, so heilend durch Versöhnung sein kann. Auch Frick spricht meiner Meinung nach vom heilenden Geist oder Feld in der Medizin des 21. Jahrhunderts, aber in einer personalisierten Form der Archetypen.

Die Vorstellung des Newtonschen-cartesianischen Paradigmas von einem festen, unveränderlichen Körper, von einem unveränderlichen Körper, von der unveränderlichen Materie und damit auch von unveränderlichen Krankheiten ist auf dem Hintergrund des neuen quantenphysikalischen irreführend.

Wir wissen, dass sich in jedem Moment alle Atome unseres Körpers und des ganzen Universums austauschen, mit jedem Atemzug allein 10 hoch 22, d. h eine Zehn mit 22 Nullen. Da alle Prozesse im Organismus nach dieser Vorstellung fließen, sollte man besser von Homöodynamik statt Homöostase sprechen (S. 53). Auch die Gestalttherapie sollte diesen Schritt mitgehen und statt einer Homöostase von einer Homöodynamik sprechen.

## 5.2 Positive Gesundheitsfaktoren

In einer prospektiven Studie untersuchte Ronald Grossarth-Maticek Positivfaktoren und deren Bedeutung für die Gesundheit. Der stärkste Abfall war bei einer fehlenden positiven Rückbindung im spirituellen Bereich zu verzeichnen. Fehlte dieser Faktor erreichten nur noch 23,8 Prozent von 35 000 untersuchten Personen ein hohes Alter in Gesundheit. Die sonst so im Vordergrund stehenden Risikofaktoren wie Cholesterin, hoher Blutdruck,

Rauchen, oder Alkoholkonsum oder genetische Faktoren hatten keinen Einfluss auf die Gesundheit. Eine andere Studie machte es noch konkreter. Fehlten im nahen Umfeld Liebe und Unterstützung, dann steigt das Risiko ernsthaft krank zu werden, um das 3-5 fachen des Normalen. Dazu gehört ein erhöhtes Risiko für Herzinfarkt, Schlaganfall, Infektionskrankheiten, Krebs, Allergien, Tuberkulose, Erkrankungen des Immunsystems, Alkoholismus, Medikamenten- und Drogenmissbrauch oder Selbstmord. Verschiedene Studien weisen darauf hin, dass es wichtig ist für die Gesundheit nicht nur geliebt zu werden, sondern auch selbst zu lieben und zu geben, d. h ein Leben zu führen, das angstfrei, erfüllt und sinnvoll ist, wo Liebe sich im Nehmen und Geben äußert.

### 5.3 Feldbegriff ersetzt den Materiebegriff

Moderne Physik weiß spätestens seit Max Planck, dass es keine materiellen Bausteine gibt: „Es gibt keine Materie, sondern nur einen hinter ihr wirkenden intelligenten Geist" (aus: Max Planck Vortrag über das Wesen der Materie, zitiert S. 72).

Der wesentliche Bestandteil des Universums und jeder Materie ist leerer Raum. Dieser wird Quantenvakuum oder Quantenfeld genannt. In diesem Feld gibt es eine unendliche Menge von kohärenter Wellenfunktionen. Es handelt sich dabei nicht um Energie, sondern um Information. Kohärent bedeutet gleichschwingend mit anderen Wellen. Kommt es dann durch unser Bewusstsein oder unsere Sinnesorgane durch Beobachtung oder Betrachtung zu einer Interferenz mit kohärenten Wellen, so werden sie dekohärent und konkretisieren sich in einer Form. Sie kristallisieren aus und werden von unserem Bewusstsein erkannt durch Tasten als Form und Gestalt, durch Riechen als Geruch, durch Schmecken als Geschmack, von der Psyche als Gefühl und vom mentalen Bewusstsein als Gedanke. Es sind also unsere Sinnesorgane, die aus dekohärent gewordener Energie etwas abbilden. Durch die Sinnesorgane wirkt sie wie ein fester, solider Körper oder wie ein Gefühl oder Gedanke, aber in der Essenz handelt es sich um In-formationen aus dem Quantenfeld, die die Sinnesorgane dekodieren. Man kann diesen Vorgang mit einem PC vergleichen. Er übersetzt im Grunde einen binären Code aus Einsen und Nullen in Ton, Bildpunkte, in Zahlen und logische Zusammenhänge, sodass die binäre In-formation für unsere Sinne und unseren Verstand erfahrbar wird. Im Quantenfeld befinden sich unendlich viele Wellenfunktionen, die auch unendlich viele In-formationen auskristallisieren und damit auf der dualen Ebene manifest und erfahrbar werden. Das Quantenfeld ist ein Meer der Möglichkeiten, aus dem sich je nach Interferenz eines beobachtenden Bewusstseins Materielles und Immaterielles formt. In gewisser Weise erschaffen wir uns unsere Welt selbst. Dass sich die Welt jeden Augenblick wieder so erschafft, wie wir sie kennen, liegt an unserer Erinnerung, also eine Information, die sich immer wieder in der gleichen Weise wiederherstellt. In der Konsequenz heißt das auch, dass wir unsere Lebensumstände, unser Glück und Unglück, Gesundheit und Krankheit usw. durch unsere Konditionierungen und gewohnheitsmäßigen Sichtweisen stets wiederholen und neu kreieren. Der Baum vor meinem Fenster ist deshalb immer wieder der gleiche Baum, weil ich ein konditioniertes Bild vom Baum in mir trage. Hier zeigt sich, welche großartige Möglichkeit ich da habe durch eine Änderung meines Bewusstseins meine Lebensumstände, Wohlbefinden, mein Glück und Gesundheit bzw. Krankheit zu beeinflussen. Das darf aber nicht dazu verleiten, dass wir meinen, wir könnten uns unsere Welt nach Belieben manipulieren. Auf einer sehr tiefen Ebene stehen tatsächlich alle Möglichkeiten des Universums offen, d. h im Quantenvakuum, im Raum der bedingungslosen Liebe, im Reich des Göttlichen, was keinen Namen trägt. Auf der relativen Ebene der Welt aber, in der wir uns erleben, unterliegen wir wesentlich festgelegten Bedingungen, weil jedes Ereignis Spuren im Bewusstsein hinterlässt, die sich erinnern und binden. Wir können uns also nicht willentlich aus dem Meer der Möglichkeiten Gesundheit und Reichtümer schaffen. Was aber möglich ist, dass wir das Meer der Möglichkeiten, das Göttliche einladen, indem wir uns von bindenden Vorstellungen trennen und grundsätzlich alles in Raum und Zeit für möglich halten. Wir können religiös gesprochen, unseren Focus im Gebet oder Lobpreis Gottes auf die tiefere Wirklichkeit unseres Seins lenken und so die Relativität des täglichen Lebens besser wahrnehmen und zu innerem Frieden gelangen.

### 5.4 Das in-formierte Universum:

Wellenfunktionen breiten sich mit einer bestimmten Geschwindigkeit im Raum aus. Informationen hingegen viel schneller im ganzen Universum als reine Lichtgeschwindigkeit. Information im Universum unterliegt also nicht der Zeit und nicht dem Raum, d. h transzendiert die Raum-Zeit-Dimension. Wie kann sich dann Information im Quantenfeld, das als leer gilt, ausbreiten? Man weiß inzwischen, dass es mit einer äußerst dichten supraflüssigen und reibungslosen Medium angefüllt ist, in dem Information stattfindet. Jedes Partikel (dekohärente Wellen) im Universum kann aufgrund magnetischer Spin-Eigenschaften kleinste Magnetfelder wie Miniwirbel verursachen, die quasi Wellen und kleinste Spuren im Vakuummedium hinterlassen. Mehrere Partikel verursachen entsprechend viele kleine Wirbel, die, wenn sie aufeinander treffen, zu Interferenz (Überlagerung von zwei oder mehr Wellen) führen. Sie löschen sich dabei nicht aus, sondern integrieren die gemeinsame In-formation. Diese breitet sich dann unendlich schnell im reibungslosen Medium auf den ganzen Raum aus. Diese Wechselwirkung von Teilchen wird also dem gesamten Universum unmittelbar mitgeteilt. Wir haben also einen total informierten Raum, weil jede Wechselwirkung Spuren hinterlässt, die wie ein Gedächtnis bestehen bleiben.

Vergleichbar mit Schiffen, die auf dem Meer kreuzen und deren Wellen Muster auf der Wasseroberfläche erzeugen, die noch einige Zeit bestehen bleiben. Anders im Vakuummedium, wo diese Spuren nicht gelöscht werden. Das ganze Universum ist so voll von sich selbsterinnernder Spuren. Die Wechselwirkung der Teilchen, deren Spuren sich unmittelbar überall ausbreiten, hat Folgen für andere Teilchen und Wellen. Diese Wechselwirkung selbst ist In-formation, das heißt beeinflusst Struktur, Gestalt und Form gleichzeitig an anderen weit entfernten Orten. Das vermag viele Phänomene der Fernwirkung von Heilung oder auch die bewusstseinsmäßige Beeinflussung von Materie erklären, d. h. auch im Heilungsprozess Veränderungen und Umstrukturierungen in den physischen, psychischen und mentalen Aspekten des Menschen. Versöhnung ist für mich der Anstoß einer neuen Information, die eine solche heilende Umstrukturierung im Menschen bewirkt, weil sie den Liebesfluss wieder herstellt.

5.5 Das Feld allumfassender Liebesschwingungen (S. 78-89 )

Wir befinden uns in einem erkenntnistheoretischem Paradigmenwechsel, nachdem der Materiebegriff und das alte atomistische Weltbild durch die moderne Quantenphysik relativiert wurde. Nach dieser gibt es keine Materie im herkömmlichen Sinne, sondern nur ein Quantenfeld als ein Meer von unendlich vielen Informationen. Heilung geschieht in diesem Feld unpersönlich allumfassender Liebeschwingungen, wo sich die Arzt-Patienten Begegnung diesem Feld öffnet.

5.6 „Ich glaube nur das, was ich sehe",

ist ein oft zitierter Satz von sog. Realisten. Eigentlich müsste er umgekehrt lauten: „Ich sehe nur das, was ich glaube". Der menschliche Verstand und unsere Wahrnehmung ist durch und durch konditioniert und funktioniert nur selektiv. Die Dinge an sich können wir nie ganz erkennen. Wir haben immer nur eine Abstraktion davon im Kopf, welche zu einer selektiven Wahrnehmung führt. Da diese von unseren Konditionierungen, Voreinstellungen und Glaubenssätzen abhängen, sehen wir immer mehr nur das, woran wir glauben. Jedes Tier und der Mensch hat eine völlig andere Wahrnehmung der Wirklichkeit und zeigt nur Fragmente einer größeren Wirklichkeit. Die Fledermaus als Ultraschall Echo, die Schlange Infrarotstrahlung, etc. Für den Menschen nenne ich eine uralte Parabel vom Elefanten, welche die Menschen erfassen wollten. Je nachdem, wo sie im Dunklen hin fassten, kamen sie zu einer selektiven Wahrnehmung. Der das Bein berührte, meinte, ein Elefant sei so etwas, wie ein großer Baumstamm, einer erwischt das Ohr und meint, er sei ein dickes Papier, ein anderer den Schwanz und meint, er wäre ein dickes langes Seil. In diesem Sinne ist jede medizinische oder therapeutische Intervention oder Diagnose eine vorgefasste therapeutische Meinung und Konzept, die sein Denken und Handeln bestimmen. Auf diese Art

kann sich im heilenden Feld keine neue heilsame In-formation konkretisieren, weil Diagnose und Therapie des Patienten bereits durch unser medizinisches Konzept im Bewusstseinsfeld festgelegt sind, besonders wenn wir mit unserem Körper identifiziert sind, entsteht viel Leid. Gerade wenn er unter Schmerz leidet, wird er dann selbst zum Schmerz. Hier aus der Identifikation mit dem Körper heraus zu treten, indem ich bzw. der innere Beobachter ihn als Leib wahrnehme und den inneren Körper spüre, heißt schon im religiösen Sinne den Schmerz transzendieren und meine innere Ganzheit und unverbrüchliches Heilsein erfahren, auch eine tiefe Freude und Lebendigkeit jenseits des Schmerzes. Dies käme in meinen Begriffen einer Versöhnung mit meinem Leib gleich.
Nicht selten versucht der Körper sich durch Schmerz und Krankheit auf sich aufmerksam zu machen. Dann bedeutet eine ganzheitliche Behandlung auch die Frage zu stellen: wann und wie habe ich die Bedürfnisse meines Leibes vernachlässigt? Habe ich zu viel gearbeitet, mich überfordert, zu viel Verantwortung für andere getragen?

## 5.7 Das physische Bewusstseinsfeld

Womit identifiziere ich mich eigentlich, wenn mein gesamter Körper innerhalb eines Jahres einschließlich des Erbgutes in Form der DNA ausgetauscht ist?
Er reproduziert sich ständig in eigener Regie. Die Frage ist nur, warum sich der Körper auch physische Krankheiten reproduziert, wenn doch die Zellen und Moleküle immer wieder ausgetauscht werden? Durch die Theorie der Quantenphysik lassen sich heutzutage diese Vorgänge erklären. DNA Moleküle sind so gesehen auch nur kondensierte, dekohärente Informationen im Quantenfeld. Damit ist sie kein Ding, sondern das Leben selbst in Form eines in-formierten Vakuumfeldes oder abstrakten Bewusstseinsfeld, welches durch Impulse die DNA und damit unseren physischen Körper bildet (S. 99). Nur mit diesem Körperbewusstseinsfeld lässt sich erklären, wie und woher unsere Stammzellen wissen, in welche spezialisierten Zellarten des Körpers sie sich entwickeln sollen. Woher weiß z. B die Magenschleimhauzelle, dass sie eine Magenschleimhautzelle sein soll und dass sie sich im Magen und nicht im Gehirn bilden soll? Der Biologe Rupert Sheldrake spricht von morphogenetischen Feldern, übergeordnete Energie- und Informationsfelder, die dafür sorgen, dass jede einzelne Zelle weiß, in was sie sich differenzieren soll, wo sie das tun muss und wie sie sich mit anderen Zellverbänden austauscht, um zusammen eine gemeinsame Organstruktur und äußere Form des Organismus zu bilden. So weiß z. B der nach einem Unfall abgetrennte Finger, wie er nach der Operation wieder zusammenwächst.

## 5.8 Das Bewusstsein des Menschen kreiert den Körper

Unsere subjektive Wahrnehmung oder ein Gedanke führt zur Interferenz (= Überlagerung von zwei oder mehr Wellen) mit den kohärenten Wellen im Quantenfeld, wodurch es durch Dekohärenz, der In-formation zur materiellen Konkretisierung kommt. Es ist also das eigene Bewusstsein, das den physischen Körper in seiner Erscheinungsform kreiert. Der eigene Gedanke, krank zu sein, kann z. B dazu beitragen, die Krankheit zu unterhalten. Gedanke ist hier zu verstehen als eine prägende In-formation des Bewusstseins, die in der Regel unbewusst ist und mehr einer Haltung und einer in Fleisch und Blut übergegangene Überzeugung entspricht. Auch die Gedanken der Ärzte über die Schwere und das Ausmaß der Krankheit, reproduziert sie auch. Es ist sozusagen das eigene Bewusstsein, das aus dem Meer der Möglichkeiten immer wieder die kranke Information abruft und jede Vorstellungskraft über den gesunden Zustand verliert. Die Manifestation der Krankheit selbst verändert wiederrum das Bewusstseinsfeld, indem es Erinnerungsspuren hinterlässt, die wie in einem Teufelskreis die Reproduktion des krankhaften Prozesses unterhalten.

Diese Information „krank", die die vorherige In-formation „gesund" überdecken kann, prägt ein neues physisches Reproduktionsmuster. Enthält umgekehrt das mentale Bewusstsein In-formationen „gesund", dann kann das im physischen Feld mit der Bildung gesunder Zellen und Gewebe beantwortet werden. Die Änderung im Krankheitsverlauf geschieht dabei in einem einzigen Moment. Es ist wie das Stellen einer Weiche. Es geht nicht um positives Denken, sondern darum, sich mit seiner Krankheit auszusöhnen, um zur Ganzheit zurückzufinden, schreibt Platsch auf S.106. Da das physische Bewusstseinsfeld die Matrix des physischen Körpers ist, liegt auch in ihm ein großes Heilungspotential. Eine therapeutische Technik, die sich dieses Potential zu eigen macht, ist die von Dr. Richard Bartlett weiter entwickelte zwei-Punkte-Methode. Diese neue heilsame In-formation konkretisiert sich nicht durch Gedankenkraft oder Willensanstrengung, sondern folgt nur der Einladung unseres Herzens in einer Gebetshaltung des Vater-Unsers im Sinne des dein Wille geschehe. Platsch nennt es die höchste „universelle Intelligenz". Ich frage ihn aber, wie soll sich das menschliche Herz mit einer universellen Intelligenz verbinden können, wenn Gott sich nicht personal manifestiert. Er nennt es auch das namenlose Geheimnis aller Schöpfung jenseits des denkenden Verstandes, in einem Raum des Formlosen, in dem alle Form als Möglichkeit existiert.

## 5.9 Das emotionale Bewusstseinsfeld

Wenn ein Wesen zu fühlen beginnt, ist das ein weiterer Bewusstseinsschritt, eine höhere Lebensform als Materie. Bestimmte Traditionen (siehe Tipping) nennen das emotionale Feld auch Astralfeld oder Astralkörper. Es erweitert und durchdringt sich mit dem physischen. Zwei emotionale Felder können gleichzeitig den gleichen Raum einnehmen, zwei Körper können das nicht.

Gefühle haben eine lebenswichtige Funktion. Das Unterdrücken von Gefühlen führt häufig zum Verlust von Lebensenergie und lösen oft eine Störung der Befindlichkeit wie Stress, Unzufriedenheit, Schlaflosigkeit, Energiemangel, Kopfschmerzen, Rückenschmerzen, Verdauungsprobleme und vieles mehr aus. Bleibt die Grundproblematik bestehen, können ernsthafte chronische Erkrankungen daraus werden. Gefühle werden je nach Gesellschaft und Sozialisation bewertet. Freude, Liebe und Glück meistens positiv. Trauer und Angst eher als Ausdruck von Schwäche. Die prägendsten Wertungen kommen natürlich aus der Kindheit, wo die meisten auf brav und tapfer konditioniert wurden. Automatisch waren damit Wut und Trauer schlecht. Das Kommen-Lassen von Wut und Trauer ist nicht das Problem, sondern das Wieder-Gehen-Lassen. Wie sehr können wir uns tagelang über eine Bemerkung verletzt fühlen, obwohl der Anlass längst vorbei ist. Die Chinesen sprechen über das Gefühlsleben, dass es sein soll wie der Bambus im Winde. Ist der Wind vorüber, kehrt wieder Stille und Seelenfrieden ein. Wir sind wieder in unserer Mitte. Statt wie ein Bambus auf negative Gefühle zu reagieren, reagieren wir oft wie eine alte deutsche Eiche, die eher bricht als dass sie sich dem Winde beugt. Gerade unversöhnliche Gefühle rühren oft aus tiefen Kernverletzungen des Ichs in der Kindheit. Diese unbewussten Gedanken (sog, Kernüberzeugungen oder Glaubenssätze, siehe bei Grochowiak), welche mit den Gefühlen verknüpft werden, schreiben oft die emotionalen Reaktionen fest und kultivieren sie.

Aus unzähligen Untersuchungen wissen wir, dass die Psyche über bestimmte chemische Botenstoffe des Nervensystems auf die Immunzellen wirkt. Nerven- und Immunzellen sind artverwandt und haben oft die gleichen Botenstoffe und Rezeptoren. Entscheidend für das gute Funktionieren unseres Immunsystems sind weitgehend unsere Lebensbedingungen und Faktoren wie Zufriedenheit, Geborgenheit, Freude und Liebe. Angst und Depression schwächen das Immunsystem eklatant und nachhaltig mit Auswirkungen auf die Entstehung von vielen Krankheiten wie Infektionen, Allergien oder auch Krebs. Eine Krebserkrankung entsteht erst da, wo das Immunsystem die normal anfallenden Krebszellen nicht mehr aussondern und bewältigen kann. Diese vermehren sich dann unkontrolliert. Die entarteten Zellen ordnen sich dann nicht mehr in den normalen Zellverbund ein. Sie nehmen auch nicht mehr an den gemeinsamen Aufgaben und Stoffwechsel teil und entwickeln sich stattdessen autonom und radikal ohne Rücksicht auf Gewebe und Zellverbände. Sodann vermehren sie sich ungehindert und zerstören so den gesamten Organismus. Angst und Depression schwächen das Immunsystem und tragen so zum letalen Verlauf einer Krebserkrankung bei. Viele Untersuchungen zeigen, dass Heilung am leichtesten stattfindet, wenn jede Behandlung eingebettet ist in eine Atmosphäre von seelischer Zuwendung oder Liebe.

## 5.10 Das mentale Bewusstseinsfeld

Es durchdringt und umhüllt die Felder des Körpers, des physischen und emotionalen Bewusstseinsfeld. Die größte Identifikation haben wir mit unserem Verstand. Auch unsere aufgeklärte moderne Zivilisation schätzt ihn am meisten. Descartes bezieht in seinem berühmten Satz: „Cogito ergo sum- ich denke, also bin ich“ die ganze Existenz und Identität des Menschen auf seinen Verstand. Er meinte den logischen, linearen und dualen Verstand, der immer eine Trennung zwischen Subjekt und Objekt herstellt. Neben diesem Denken ist der Mensch auch zu einem nicht-linearen Denken fähig. Das ist ein synthetisches, ganzheitliches Bewusstsein, welches nicht trennt und aussondert, sondern die Unterschiede in einem größeren Zusammenhang sieht. Auch Krankheit gehört zum Ganz-Sein. Erst, wenn wir sie als eine momentane Facette unseres Seins betrachten, bleiben wir selbst ganz und unverbrüchlich heil (S. 123). Ganzheitliches Denken sieht die Einheit in der Vielfalt.

Es ist die tiefe Erkenntnis, dass kein Wesen, nichts im Universum allein und isoliert existiert, sondern alles steht miteinander in einer raumlosen und zeitlosen Beziehung. Der größte Fehler im Newton-Cartesianischen Denken war, dass es von einer räumlichen Trennung zwischen Sender und Empfänger ausging. In der Quantenphysik sind Sender und Empfänger weder räumlich noch zeitlich getrennt, sondern nehmen den gleichen Raum ein. Auch Bewusstsein ist nicht lokalisierbar auf Verstand oder Gehirn. Es existiert auch außerkörperlich. Klinisch bereits tote Menschen, die ins Leben zurückgekehrt sind, beschreiben außerkörperliche Bewusstseinserfahrungen, beispielsweise welche Maschinen im Nachbarraum war oder der Anästhesist dort gesagt hat. Auch Komapatienten erinnern sich an die liebevolle Zuwendung und Ansprache von Seelsorgern und Verwandte, die sie am Leben erhalten haben, weil sie ihnen das Gefühl gaben, noch immer ein Mensch zu sein. Auch das Gehirn ist wie jede andere Materie eine Kondensation von Information aus dem Quantenfeld. Es repräsentiert nur den stofflichen Aspekt eines viel umfassenderen Bewusstseinsfeldes, das auch ohne und außerhalb des Gehirns existiert. Es denkt ca. 60 000 Gedanken pro Tag. 95 % davon sind alte Gedanken, Erinnerungen, die sich nur wiederholen und Spuren im Energiefeld hinterlassen, welche als erinnerbare Informationen raum- und zeitlos existieren und sich durch Interferenz jeden Tag aufs Neue realisieren. Unser Verstand ist also zu einem großen Teil eine Reproduktionsstätte alter Konzepte und konditionierter Reflexe. Unzählig viel unserer Gedanken hatten also zu einer ganz anderen Zeit ihre Gültigkeit. Gedanken, die sich immer auch auf den Körper auswirken und in die Zukunft projiziert werden. Wenn z. B das Muster " es geht schief" im Bewusstseinsfeld abgespeichert ist und in Interferenz kommt, d. h in die Überlagerung zweier oder mehrerer Informationswellen kommt, dann konkretisiert sich diese Information in Raum und Zeit und führt im Sinne einer sich selbst erfüllenden Prophezeiung zu dem erwarteten Ergebnis (S. 128).

## 5.11 Das heilsame beobachtende Bewusstsein

Die andauernde, zufällige Gedankentätigkeit ist vergleichbar mit einem inneren Radio, der wahllos von Sender zu Sender springt. In einem Augenblick der Stille kann man dies mit seinem beobachtenden Bewusstsein wahrnehmen. Da es den Verstand beobachtet ist es größer und weiter als dieser. Wenn man sich also darin übt, die Gedankenströme der Vergangenheit und Zukunft einfach dahinziehen zu lassen wie Wolken am Himmel, gibt man ihnen keine Energie mehr. Wenn man dann stattdessen sein Bewusstsein auf das fokussiert, was im Augenblick gerade ist, geschieht ganz von alleine Heilung. Wir haben kein anderes Leben als immer nur diesen Augenblick, das Jetzt.
In diesem Bewusstseinsfeld gibt es keine Identität mit einem Ich, das sagt „ich bin so und so" oder „ich bin dies oder jenes". Das Ich weitet sich so in den universellen Raum, wo alles jetzt ist, zeitlos und alles im Universum ist zu jeder Zeit immer überall. Wir teilen unsere Gefühle in einem gemeinsamen, sich überlappenden und durchdringenden emotionalen Feld. Jeder Mensch könnte sich mit diesem universalen Bewusstseinsfeld verbinden und natürliche Begabungen wie Intuition, Inspiration, Hellsichtigkeit, Präkognition oder Telepathie aktivieren. Nah verbundene Menschen kennen das plötzliche Gefühl, sofort zuhause anrufen zu müssen, weil man spürt, dass etwas passiert ist. Das Ich des Therapeuten muss lernen sich seiner Konditionierungen, Prägungen, Ecken und Kanten bewusst zu werden, um sie nicht dem Patienten anzulasten und sich bewusst machen, dass wir immer ungetrennt existieren mit der Quelle allen Seins, aus der heraus uns allen Heilkraft, Wissen und Liebe zum Menschen unbegrenzt zur Verfügung stehen. Achtsamkeit, Schweigen, Meditation, Gebet, Traumarbeit und Wissensvermittlung gehören deshalb zu seiner Ausbildung.

## 5.12 Der Mensch als Holon:

Ein Holon ist Teil eines Ganzen, das die In-formation des Ganzen in sich trägt und reproduzieren kann. So enthält beispielsweise eine einzelne Muskelfaser oder Hautzelle die Informationen über den ganzen Menschen in seiner physischen, emotionalen und kognitiven Qualität. Viele Wissenschaftler gehen davon aus, dass jedes biologische System, ja sogar das ganze Universum in dieser holografischen Weise existiert. Bereits das kleinste Teilchen der niedrigsten Organisationsstufe enthält die Information des ganzen hochorganisierten Gebildes wie z. B der Organismus. Bereits das Atom enthält das Molekül, welches wiederrum das Organ und dieses den ganzen Organismus.

## 5.13 Heilung geschieht in der Annahme dessen, was ist

Das Leben und tiefste Heilung geschieht aus dem non-dualen Raum des Nichts, welches die Fülle ist. Gott ist die ewige Verbindung von Einheit und Vielfalt, Nondualität und Dualität, d, h Polarität. Solange der Mensch aber Ich sagen kann, solange wir von Gott, von Bewusstseinsfeld oder Seele sprechen können, bewegen wir uns noch im Bereich der Dualität-ich und das, wovon ich spreche. David Bohm spricht hier von der expliziten Ordnung, wo sich die duale Welt der Phänomene in Raum und Zeit entfaltet. Auf dieser Ebene dehnt sich die lineare Zeit aus, der chronos. In der impliziten Ordnung existiert alles eingefaltet in der Dimension der Einheit. Die Wurzel des Universums aber ist zeitlos implizit. Kairos ist die implizite Zeit, die außerhalb von Dualität und Linearität besteht.
Paulus drückt es so aus: Wir sind in der Welt, aber nicht von der Welt. Colin Tipping schreibt: Wir sind spirituelle Wesen, die eine irdische Erfahrung machen. Ein Bild dafür könnte das Meer, die Welle und das Ufer sein, geometrisch im gleichschenkligen Dreieck dargestellt. Die Dreiheit, die sich aus Einheit und Dualität zusammensetzt. Sie bilden die drei Seiten eines gleichschenkligen Dreiecks. Als Christ assoziiere ich die Dreieinigkeit Gottes damit. Das Wesen jeder Heilung besteht in der Annahme dessen, was ist, auf jeder Ebene. Das, was ist, ist das Leben. Zu bekämpfen, was ist, heißt das Leben zu bekämpfen. Das gilt auch für die Krankheit. Der Kampf gegen den Ist-Zustand nimmt fortwährend Lebenskraft, die in das Nicht-Akzeptieren, d. h Kämpfen fließt. Kampf verstärkt meistens nur die Krankheitssymptome. In der personalen christlichen Sprache würde ich sagen, sich mit dem Leben so versöhnen, wie es gerade ist und sich in seiner ganzen Fülle entfaltet. Manchmal ist es Schmerz, Hunger, Regen und Sehnsucht, manchmal auch Freude, Lust und Sonnenschein.
Der menschliche Geist beeinflusst alles, selbst Maschinen (S. 165). Die Studie mit der höchsten Signifikanz hierfür ist die PEAR Studie. Die Fragestellung war, ob der Mensch durch seinen Geist Maschinen beeinflussen kann. Ein Computer mit Zufallsgenerator produziert laut Wahrscheinlichkeitsrechnung Nullen und Einsen mit 50:50 Wahrscheinlichkeit. Was passiert, wenn sich ein Mensch vom PC mehr Einsen als Nullen wünscht? Er produziert signifikant mehr Einsen und zwar je zugewandter, je entspannter, je offener und freudiger er dem PC gegenüber gestimmt war. Wenn zwei Menschen den Versuch gemeinsam machten und eine Herz-zu-Herz-Beziehung hatten, erhöhte sich die Wahrscheinlichkeit nochmals um das Siebenfache. Liebe verursacht eine der harmonischsten Muster in den Wassermolekülen. Liebe scheint die Grundsubstanz allen Lebens und des ganzen Universums zu sein, wie im

Hauptgebot Jesu auch schon formuliert wurde. In dieser Liebe scheint nichts unmöglich zu sein.
Viele hunderte wissenschaftliche Gebetsstudien beweisen die Heilwirkung des Gebets bei Aids Erkrankungen genauso wie bei Herz-Kreislauf-Erkrankungen, erhöhtem Blutdruck, Allergien, aber auch heilende Effekte auf Enzyme, Zellen, Pilze, Hefen, Bakterien, Samen, Pflanzen und Tiere. Daniel J. Benor hat darüber 150 Studien beschrieben. Auch Fernheilungen durch Gebet sind belegt. Die Heiler kannten nur Vornamen und ein Foto des Kranken. In keiner Studie spielte es eine Rolle, welcher Religion die Heiler oder Betenden angehörten. Erfahrene Heiler wissen auch, dass nicht ihre Worte oder das Tun für die Heilung entscheidend sind, sondern geschieht mit dem Blick auf das ewig gesunde Wesen hinter Fassade von Krankheit und schwierigen Lebensbedingungen, auf das ewige Gesicht aller Schöpfung, auf den namenlosen Urgrund der Schöpfung selbst. Heilung geschieht, wenn das Bewusstsein des Heilers im formlosen universellen Bewusstsein aufgeht. Dann reorganisiert sich das organisch oder psychomental Kranke aus dem Formlosen in die neue gesunde Form.
Im Bewusstsein, dass nicht ich bewirke, sondern es bewirkt (S.165-185). Heilung hat denselben Wortstamm wie „heil" und „heilig", ganz und unversehrt- ein Zustand, der uns von Natur aus gegeben ist. Auch Krankheit gehört zur Ganzheit.

## 5.14 Heilung im heilenden Feld zwischen Patient und Therapeut

In diesem gilt das gleiche wie für das Quantenfeld, wo es keine Hierarchie- oder Kompetenzunterschiede gibt, sondern beide eins sind im Nehmen und Geben. Der Therapeut gibt sich in seiner Ganzheit hinein. Es ist ein Feld unzähliger Informationen in einem potentiellen Zustand. „Je nach dem, welche Informationen sich im heilenden Bewusstseinsfeld von Patient und Arzt durch den Fokus auf das Gesunde und Heilsame, durch den Fokus auf das grenzenlose Potential der Heilung durchsetzen, können ganz konkret Prozesse in Gang kommen" (S.198), die zur Erholung, Regeneration oder Gesundung des Organs führen. Konkretisiert sich die In-formation, dass es keine Möglichkeit der Gesundung gibt, setzt sich das in Form und Gestalt um. Metaphysisch ausgedrückt ist es ein Feld universeller Liebe, das alle In-formationen zur Heilung in sich trägt und jedem Menschen zugänglich ist. Je nach Gelingen der Arzt-Patienten Begegnung verstärkt sich das heilende Potential darin mit einer ungemeinen Kraft und Dynamik. Sie ist jedoch nicht machbar, man kann nur in Demut das Namenlose einladen zu helfen und sich selbst für diesen Dienst bereithalten im stillen Gebet und der Bitte, dass sein Wille geschehe (S. 207). Liebe ist eine Haltung dem Leben gegenüber und hält sie zusammen. Sie meint das tiefste Wesen jeder Existenz und die Verbundenheit des Einzelnen mit allem und wirkt da heilend, wo sich der Arzt seinem Patienten gegenüber nicht getrennt, sondern in Liebe verbunden fühlt. Diese Liebe bezieht sich auf sein tieferes, göttliches Wesen: insofern ist sie unpersönlich und unbedingt, schreibt Dr. Platsch.

Er schreibt: "wenn sich der Mensch geliebt fühlt, ist er zu allem fähig", Liebe versetzt Berge und ist die höchste heilende Dynamik, sie heilt mich und den anderen.

Als Theologe und Christ füge ich hinzu ohne ihm wiedersprechen zu wollen, sie braucht ein personales, persönliches Gewand, sonst kann sich der Mensch nicht von ihr umarmen und umfangen lassen bzw. sie umarmen. Die christliche Dreieinigkeit ist personal definiert, sonst könnte ich keine Beziehung zum Numinosen, was keinen Namen und kein Gesicht hat, aufbauen.

Das ständige Ringen um die Liebe der anderen und unser ganzes Leben dreht sich darum. Es hört jedoch auf, wenn ich erkenne, dass ich selbst Liebe bin. Ich habe also das, wonach ich mich sehne, selbst in mir. Wenn ich meine wahre Natur erkenne, schreibt Platsch, fange ich an, selbst Liebe auszustrahlen und anderen zu geben, aber nicht, weil sie andere nicht hätten, sondern um sie wieder an ihr wirkliches Sein zu erinnern.

Das ist nicht nur die Aufgabe von jedem Arzt und Therapeuten, sondern jedes Menschen. Jeder Mensch beginnt zu heilen, wenn er sich wieder in seinem wahren Wesen erkennen kann. Liebe ist ein fundamentales Ja zu dem, was ist. Nicht das, was ist, ist für meine Enttäuschung verantwortlich, sondern meine Erwartungen, also meine Konzepte über das, was das Leben mir schuldig ist. Die Liebe umarmt alles und ist Ausdruck des Einen, der Ganzheit, in der ich nicht getrennt bin vom anderen (S. 235).

## 5.15 Die heilende Kraft der Versöhnung

Heilarbeit versöhnt die inneren Gegensätze. Jeder Moment des Annehmens ist Versöhnung und erlöst gebundene Lebenskraft, die dann wieder dem Heilungsprozess zur Verfügung steht. Jeder Moment des Nicht-Annehmens raubt Lebenskraft und bereitet der Krankheit den Boden. Versöhnung ist in erster Linie eine Haltung und

Vorgang in uns selbst. Erst in zweiter Linie kann es sich ergeben, dass sie ausgedrückt werden muss nach außen. Sich mit seiner Krankheit versöhnen, ist ein heilsamer Akt des Annehmens, d. h der Liebe und eine Wende in Richtung Heilung. Man kann sogar sagen, dass wir im Akt der Versöhnung unsere eigene göttliche Natur, jenseits von Krankheit und Leiden, erkennen und anerkennen Ein Haupthindernis für innere Versöhnung sind Schuldzuweisungen und Schuldgefühle, an denen ich meist unbewusst, z. B gegen die Eltern festhalte. Versöhnung und Vergebung jedoch bedeuten Loslassen, vor allem alte, unnütze Denkmuster. Wir sind Teil der vollkommenen Schöpfung, die nur dadurch vollkommen und ganz ist, dass sie sich auch in der Unvollkommenheit erkennt. Man kann nichts vom Göttlichen wegnehmen, denn alles im Universum ist sein

Ausdruck. Das ist ein mystisches Paradox, was Jesus in seinem Leben und seiner Person vollkommen zum Ausdruck bringt, füge ich als Theologe hinzu. Wenn wir die Menschen so sehen wie sie sind und wie Jesus sie angeschaut hat, sind wir im Begriff, Vergebung zu üben. Wenn wir lernen hinter der Fassade des Menschen sein Wesen zu sehen und nicht so sehr sein konditioniertes Ich und mit ihm die Sprache der Liebe sprechen, dann setzt ein tiefer Heilungsprozess und damit Versöhnung auf der tiefsten Ebene in uns selbst und im anderen ein (S. 242).

5.16 Arzt/Therapeut im neuen Paradigma

Im neuen medizinischen Paradigma wächst ein Bewusstsein der alles durchdringenden Einheit. Für Ärzte und Therapeuten, die im Einklang mit diesem Bewusstsein arbeiten wollen, bedeutet das,

-sich selbst kennenlernen, um sich ihrer eigenen wahren göttlichen Natur, ihrer Konditionierungen und Prägungen, Projektionen und der Ungetrenntheit von allem anderen bewusst zu sein.

- Vertrauen in die Selbstheilungskräfte der Patienten haben;

- sich von fixen Vorstellungen und Bildern über Krankheitsverläufe und Prognosen lösen und grundsätzlich alles für möglich halten im Sinne der biblischen Aussage, dass Gott nichts unmöglich ist.

-Achtung vor dem Wesen des Patienten haben;

-das, was ist, annehmen und auf die Richtigkeit und Vollkommenheit des Lebens vertrauen;

-die Willensanstrengung aus dem Heilungsprozess herausnehmen, denn was heilt ist letztendlich nicht der Arzt, sondern Gott, der nicht verfügbar ist. Heilung ist nicht machbar:

-den Patienten ganz lieben und annehmen und ihm von Herz zu Herz begegnen;
-dem Patienten mit dem dritten Ohr und Auge zuhören und wahrnehmen, um in seinen Worten, Mimik und Körperhaltungen die verborgene Botschaft im übertragenen Sinn zu erfassen;

-ihn als kranken Menschen begreifen und nicht nur die Krankheit behandeln wollen;

-Vorurteile gegenüber Komplementärmedizin abbauen, denn alles hat seine Berechtigung im neuen Paradigma. Auch da gibt es keine Trennung. Das heilende Feld wirkt immer und überall;

-auf eine liebevolle und schöne Atmosphäre in unseren Kliniken und Praxisräumen und liebevollen Umgang der Mitarbeiter untereinander achten, denn in all dem drückt sich die heilende Liebe Gottes und des namenlosen Heilsamen aus.

-Krankheit und Tod als eine Seite menschlichen Lebens akzeptieren lernen und Heilung darüber hinaus definieren als Heil, was der Mensch im tiefsten immer ist, eventuell auch im biblischen Sinne.

-für Patienten beten

-und meditieren, um sein Bewusstsein zu weiten, um so beständig wie möglich auf den namenlosen Gott zu fokussieren;

*Für Patienten gilt Ähnliches:*

-Entdecken ihrer göttlichen Natur, über die sie mit Allen und Allem verbunden sind;

-ein Ende von Einsamkeit und Isolation, Ursache der meisten Krankheiten;

-Heilung auch in schwerer Krankheit für möglich halten;

-Fragen nach dem, was Sinn, Lebensfreude und Kraft verleiht;

-Lernen, sich nicht länger mit Krankheit und Beschwerden zu identifizieren und sich von Vorstellungen erlernter Krankheitsverläufe und Prognosen zu trennen;

-versuchen, die Sprache der Krankheit zu verstehen;

-sich mit der Krankheit auszusöhnen, falls sie einhergeht mit Unversöhnlichkeiten, Schuldzuweisungen und Schuldgefühlen, was oft der Fall ist;

-Aussöhnung mit sich selbst und seinen ungeliebten Eigenschaften und seiner Schuld, indem man sie z. B begleicht. Aussöhnung, innerer Friede und Liebe gehören zusammen und haben das größte Heilungspotential;

-Vertrauen in die eigenen Selbstheilungskräfte. Ärzte und Therapeuten sind nur Hebammen dafür;

-lernen, sich selbst zu lieben und zu achten;

-ein Bewusstsein zu entwickeln für die eigene Geschichte, seine Konditionierungen, Projektionen, Vorurteile und Konzepte über sich und die Welt um dafür Verantwortung zu übernehmen und sie abzubauen;

-Komplementärmedizin einbeziehen;

-immer mehr lieben lernen und sich auf das Wesentliche im Leben auszurichten;

- um Hilfe beten;

-zu meditieren (S. 247).

An dieser Stelle beschreibt Dr. Platsch eine einfache, aber sehr wirksame und tiefgehende Meditationspraxis, die Dhyana-Meditation (S. 249 f): Körperhaltung spielt keine Rolle, 30-45 Minuten an einem festen ungestörten Ort in der Wohnung, möglichst täglich. Wir setzen uns, schließen die Augen und gehen mit der Aufmerksamkeit nach innen. Nach einem tiefen Atemzug sich selbst spüren, z.B. Sitzknochen, auf dem wir sitzen. Wir sinken tiefer und tiefer. Versuchen, das Gefühl von Liebe zu spüren-Liebe zum Göttlichen, was keinen Namen hat. Am Anfang ist es hilfreich, sich eine Situation, in der man starke Liebe gefühlt hat, sich in Erinnerung zu rufen, z.B. in der Begegnung mit einem Partner, Kind, einem Tier, die Natur, Sonnenuntergang usw. Wichtig ist, die Liebe nicht zu denken, sondern zu fühlen. Wir versinken dann von Kopf bis Fuß in diese Liebe. Nichts bleibt außerhalb. Wenn die Gedanken kommen, lassen wir sie in die Liebe sinken, bis alles still ist und nur die Liebe bleibt. In ihr kann sich alles ändern. Letztlich geht auch sie.

5.17 Die Stille des leeren Raumes heilt in der Fülle:

Wenn man die Materie physikalisch erforscht, stellt man fest, dass 99,9999999 Prozent aus leerem Raum besteht. Die verbleibenden 0,0000001 Prozent erscheinen letztendlich nur als fest und solid, sind aber ebenfalls leerer Raum. Dieser kann man sich nur wissenschaftlich nähern, aber nicht mit unseren ungeübten Sinnen. Wenn wir uns aber zum Meditieren hinsetzten und unsere Gedanken still werden lassen, dann begegnet uns ein Stück weit dieses Phänomen der Leere. Die tiefste Erfahrung ist die der Leere, welche auch paradoxerweise auch die höchste der Fülle ist, denn in und aus ihr heraus entfaltet sich das ganze Universum. In dieser Fülle des leeren Raumes wirkt das intelligente universelle Prinzip, die unendliche Schöpferkraft aller Wesen und Dinge des gesamten Universums. Es ist eine einzige universelle Intelligenz, an die wir uns in der Stille anschließen. Stille, die hier gemeint ist, ist nicht die Abwesenheit von Lärm und Geräuschen, sondern das vollkommene Einverständnis mit dem, was ist. Sie bedeutet, dass das Ich schweigt und es bleibt ein Lauschen und offenes Gewahrsein. Überlassen wir unsere Fragen und Entscheidungsschwierigkeiten diesem stillen Gewahr sein ohne Erwartungen, fertigen Vorstellungen und Vorurteilen, erwächst oft eine weise Antwort aus dieser universellen Intelligenz, welche ich als Christ die Dreieinigkeit oder Heiliger Geist nenne. In diesem Raum der Stille erfahre ich mich als Therapeut und den Patienten in seinem Wesen von Herz zu Herz ohne Urteile und Wertungen. Auf der relativen Ebene kann er viel für die Patienten tun und hilfreich sein. In dem Wissen jedoch, dass wir nicht wissen, können wir die Verantwortung für die Lebens- und Sterbensprozesse getrost an den Willen der universellen Intelligenz abgeben: Möge sein Wille geschehen.

## 6. Heilung durch Versöhnung der Zeitdualität

Dargestellt am Buch von Eckhart Tolle, Leben im Jetzt.

Ego, Zeit und Angst gehören zusammen und halten den Menschen in einer krankmachenden Zeitdualität. Tolle beschreibt die Zusammenhänge und wie ich mich durch Versöhnung mit der Zeitpolarität daraus lösen kann. Wenn wir über die erdachten Gegensätze der Zeit hinausgewachsen sind, werden wir zu einem tiefen See. Der Egoverstand hat seine Daseinsberechtigung durch den Urschmerz, den wir alle in einer tiefen Verlassenheit erleben. Er hält auch den Schmerzkörper aufrecht. Das Leid zu akzeptieren ist eine Begegnung mit dem Tod. Wenn wir diesen Tod wie Jesus in der Nachfolge gestorben sind, wird uns klar, dass es gar keinen Tod gibt, dass es nichts zu fürchten gibt. Nur das Ego stirbt. Das Sein und die Liebe bleiben.

„Hier und jetzt“ ist für die Gestalttherapie der entscheidende Therapiemodus. Für Meister Eckhart ist das „Hic et nunc“ der Modus, in dem ich Gott erfahre. So personalisiert Tolle zum Schluss die Heilung der Zeitdualität auch im Heilungsarchetypen Jesus Christus. Meiner Ansicht nach versucht Tolle auch die Versöhnung der Zeitdualität personaltranszendent auszurichten, wenn er sie auf den „Personalmythos Jesus Christus“ (meine Prägung) hinauslaufen lässt.

### 6.1 Der Ursprung der Angst (S. 28 ff)

Angst scheint zunächst viele Ursachen zu haben. Wir haben Angst vor Verlust, vor Verletzungen, vor dem Versagen, vor der Zukunft, usw. Letztlich aber ist wie Tolle meint, jede Angst die Angst des Egos vor der Vernichtung, vor dem Tod. Wenn wir uns mit unserem Denken identifizieren, nimmt die Angst Einfluss auf

jeden Aspekt deines Lebens, weil das Ego den Tod und Vernichtung stets in nächster Zukunft wittert.
Auch bei dem oft zwanghaften Bedürfnis, in einem Streit Recht zu behalten, geht es um die zwanghafte Verteidigung der Geisteshaltung, mit der wir uns identifizieren. Dieses ist durch die Angst vor dem Tod des Egos begründet. Unrecht haben heißt für das Ego also Sterben. Daran entzünden sich nicht nur Kriege, sondern zerbrechen auch tagtäglich zahllose Beziehungen. Sobald wir aufhören, uns mit unserem Denken zu identifizieren, spielt es für unser Selbstgefühl keine Rolle mehr, ob es im Recht oder Unrecht ist.
Für das Ego haben nur Vergangenheit und Zukunft Geltung, der gegenwärtige Augenblick existiert nicht, obwohl es dort keine Angst und keine Probleme gibt. Die Fülle des Lebens ist da, wo ich der Gegenwärtigkeit Gottes begegne.
Wenn ich mit meinem Denken identifiziert bin, geh ich also der Zeit auf den Leim und gebe dem Drang nach, fast ausschließlich in Erinnerungen und Erwartungen zu leben. Dadurch sind wir unentwegt mit Vergangenheit und Zukunft beschäftigt und nicht bereit, den gegenwärtigen Augenblick geschehen zu lassen, ihn anzunehmen und zu würdigen, obwohl das jetzt das Kostbarste ist, was es gibt. Nur das Jetzt hat Lebenswirklichkeit. Die Vergangenheit gibt es nicht mehr und die Zukunft gibt es noch nicht. Die ewige Gegenwart ist der Raum, in dem sich mein ganzes Leben vollzieht und entfaltet. Das Jetzt ist der einzige Zugang zum zeit- und formlosen Bereich des Seins

<u>6.2. Der Zugang zur Kraft des Jetzt in der beobachtenden Präsenz (S. 34 ff)</u>
Gesteigerte Präsenz ist da erforderlich, wenn ich in bestimmte Lebensumstände gerate oder bin, die stark aufgeladene Reaktionen bei uns auslösen, z.B. eine Herausforderung in unserem Leben Angst einflößt, wenn alles schief geht oder ein emotionales Problem aus der Vergangenheit hochkommt. In solchen Situationen agieren wir nur noch unbewusst aus der Reaktion heraus. Wir rechtfertigen uns oder greifen den anderen an. Nicht mehr wir sind aktiv, sondern unsere Reaktionsmuster, d. h unser Denken in seinem gewohnten Überlebensmechanismus. Dann ist es wichtig in die beobachtende Präsenz zu gehen, d. h die Neigung unseres Denkens zu beobachten, wie es gewohnheitsmäßig vor dem Jetzt flieht. Wenn es praktische Aufgaben im Leben gibt, sollen wir lernen Zeit für sie zu gebrauchen. Aber danach sofort wieder zur Präsenz im gegenwärtigen Augenblick zurückkehren, damit sich keine "psychische Zeit" ansammelt, also keine gewohnheitsmäßige Identifikation mit der Vergangenheit mehr stattfindet. Ebenso sollte man damit aufhören, ständig zwanghaft in die Zukunft zu projizieren. Schätzen wir das Jetzt zu gering, ist unsere Lebensreise kein Abenteuer mehr, sondern nur noch geprägt von dem zwanghaften Bedürfnis, anzukommen, es zu erreichen oder es zu schaffen. Dann nehmen wir nicht mehr die Schönheit der Natur noch das Wunder des Lebens wahr, weder die Blume

noch ihren Duft. Unserem Leben fehlt dann die Frische, das lebendig Pulsierende und v. a das kindliche Staunen- Können. Glauben wir denn wirklich mehr Erfüllung zu finden, unser Selbstwertgefühl zu heben oder unsere Psyche zu stärken, wenn wir mehr leisten oder anhäufen? Warten wir immer noch auf einen Traumpartner, der unserem Leben Sinn gibt? Durch die "Identifikation mit den mentalen Funktionen, sind die Kraft und die unerschöpflichen kreativen Möglichkeiten, die im Jetzt verborgen liegen, völlig verdeckt durch die psychische Zeit" (S. 39 f). Unser festgelegtes Drehbuch im Kopf, was uns eine gewisse Identität, aber ein falsches Selbst geben, verdeckt die Wirklichkeit des Jetzt. Nach diesem agieren sich unsere alten Denk-, Emotions-, Verhaltens-, Reaktions-und Wunschmuster in endlosen Wiederholungen aus.

6.3 Das Leben unter der Oberfläche der Lebensumstände entdecken (S. 41 f)

Was wir unser Leben bezeichnen, müsste eigentlich unsere "Lebensumstände" heißen. Diese bestehen aus "psychologischer Zeit", aus Vergangenheit und Zukunft. Gewisse Dinge sind in unserer Vergangenheit nicht so gut gelaufen, wie wir sie uns gewünscht haben. Wir sträuben uns jedoch meistens, gegen das, was in unsrer Vergangenheit geschehen ist und widersetzen uns jetzt dem, was ist. Jesus sagt: Suche nach der "engen Pforte, die zum Leben führt". Dein Leben spielt sich jetzt ab. Lebensumstände sind an unser Denken gebunden, unser Leben spielt sich nur im Jetzt als Wirklichkeit ab. Es ist ein krankes Denken, was uns schwächt und die Erde zerstört.

6.4 Alle Probleme sind Einbildung (S 43 ff):

Im Jetzt gibt es kein Problem und keine Angst. Eine Situation erfordert es entweder, dass man sich mit ihr im Jetzt auseinander setzt oder sie hinnimmt. Dann ist es keine Reaktion mehr, die der vergangenen Konditionierung unseres Denkens entspringt, sondern eine intuitive und spontane Antwort auf die betreffende Situation. Lösungen ergeben sich immer spontan, Kraft und benötigte Mittel werden sich ergeben, wenn sie gebraucht werden, nicht früher und nicht später. Warum ein Problem daraus machen? Das eigentliche Problem ist der Verstand, der Probleme liebt, weil wir glauben, dadurch so etwas wie Identität zu erhalten. Wenn wir also genug von unserem Leiden haben, müssen wir nur die Entscheidung treffen, uns keine Probleme mehr zu schaffen. So verschmutzen wir nicht länger unsere schöne Erde, unsere Innenwelt und die kollektive Seele mit der Negativität des Probleme-Aufwerfens.

6.5 Freude des Seins (S. 45 f)

Eine einzige Frage an uns selbst, kann uns zeigen, ob wir der psychischen Zeit verhaftet sind: Tun wir das, was wir gerade tun leicht, unbeschwert und voller Freude? Es genügt das "Wie" zu ändern, denn "Wie" ist immer wichtiger als das

"Was". Dies tun wir, wenn wir achtsamer uns auf unser Tun konzentrieren, statt immer an das Ergebnis zu denken, was wir damit erreichen wollen. Wir spüren in unserem Tun Bedeutung, Sorgfalt und Liebe und in uns Präsenz, Stille und Frieden in dem Augenblick, in dem wir unsere Aufmerksamkeit dem Jetzt zuwenden. Dann suchen wir nicht mehr länger nach Befriedigung, Erfüllung und Erlösung in der Zukunft. Infolgedessen fixieren wir uns nicht mehr auf Ereignisse des Erfolgs oder Misserfolgs und haben dann keine Macht mehr darüber, unseren inneren Seins-Zustand zu erschüttern. Dann haben wir unser Leben hinter unseren Lebensumständen gefunden und beziehen unser Selbstgefühl statt aus der persönlichen Vergangenheit aus dem Sein heraus. Dann verschwindet auch das Bedürfnis, jemand anders zu sein als wir bereits sind. Es fehlt uns in dieser tieferen Dimension des Seins schon jetzt an nichts mehr. Wir fühlen und sind heil und ganz.

<u>6.6 Die Unbewusstheit aufheben (S. 50 ff)</u>

Wir sollten es uns zur Gewohnheit machen, unseren emotionalen und mentalen Zustand durch Selbstbeobachtung zu überwachen:" was geht gerade in uns vor, fühle ich mich in diesem Augenblick wohl? So können wir auch das Hintergrundrauschen unserer gewöhnlichen Unbewusstheit und Unzufriedenheit wahrnehmen und wie selten wir wirklich innerlich unbekümmert sind.

<u>6.7 Total da sein, wo man ist (S. 53ff)</u>

Stress entsteht, wenn wir "hier" sind, während wir eigentlich dort sein möchten, wenn wir in der Gegenwart sind, uns aber nach der Zukunft sehnen. Wenn unsere Gedanken oft in der Vergangenheit sind und Schuldgefühle, Stolz, Widerwillen, Wut, Reue oder Selbstmitleid auslösen, stärken sie nicht nur unser falsches Selbstgefühl, sondern tragen auch dazu bei, dass unser Körper schneller altert, weil sich in unserer Psyche die Vergangenheit akkumuliert. Zum "kleinen Warten" gehört das Warten in der Schlange vor dem Bankschalter, im Verkehrstau, auf die Ankunft am Flughafen, auf den Feierabend, usw. Zum "großen Warten" gehört das Warten auf den nächsten Urlaub, auf eine bessere Arbeit, das Erwachsenwerden der Kinder, auf Erfolg, auf eine gute Beziehung, mehr Geld, Ansehen und Erleuchtung. Viele Menschen warten ihr Leben lang darauf, dass es endlich anfängt.
Warten ist eine Geisteshaltung, die die Gegenwart verachtet und Zukunft mit ihren Projektionen ersehnt. Im Sein zu verweilen ist der einzige wahre Wohlstand, den es gibt, denn nur hier erfahren wir die Fülle des Lebens im jetzigen Augenblick. Wahrer Wohlstand liegt in der Dankbarkeit für den gegenwärtigen Augenblick und die Fülle des Lebens im Jetzt. Drum sollen wir das Warten aufgeben, ja sogar uns herausreißen. Wenn wir gegenwärtig sind, besteht nie ein Grund auf jemanden zu warten. Wenn das nächste Mal, sich

jemand bei uns für sein Zuspätkommen entschuldigt, können wir darauf antworten: "Ich hab nicht gewartet, ich hab einfach hier gestanden und mich gefreut". Je mehr wir uns darin üben, unseren inneren mental-emotionalen Zustand zu überwachen, umso schneller merken wir, wenn wieder einmal unbewusst der Vergangenheit oder Zukunft auf den Leim gegangen sind und aus dem Traum der Zeit in die Gegenwart erwachen. Dieses Erwachen bedeutet den Tod des Egos, des falschen Selbst, weil es von Zeit lebt. Deshalb wird es alles tun, um uns aus dem Jetzt herauszuholen. Eine ständige Übung zur Heilung unserer Vergangenheit wäre also unsere Aufmerksamkeit auf unser Verhalten, unsere Reaktionen, Stimmungen, Emotionen und Wünsche zu richten, sowie sie in der Gegenwart auftauchen und sie dann beobachten ohne sie zu werten oder zu analysieren. So löst sie sich durch die Kraft unserer Gegenwärtigkeit auf.

### 6.8 Schönheit erblüht in der Stille unserer Gegenwart

Gegenwärtigkeit ist nötig, um die Schönheit und Heiligkeit der Natur zu erkennen. Dafür muss der Geist still sein. Jenseits dieser äußeren Schönheit liegt noch etwas Unbeschreibliches verborgen: "ein tiefinnerstes heiliges Wesen". Alle Schönheit leuchtet aus diesem inneren Wesen. Als Theologe nenne ich es Gott. Es offenbart sich nach Tolle nur, wenn man ganz gegenwärtig ist. Er vermutet, dass Gott und Gegenwärtigkeit ein und dasselbe sind. Dazu fällt mir die alttestamentliche Stelle ein, wo sich Gott Abraham offenbart als der: „Ich bin der Ich bin". Um im täglichen Leben gegenwärtig zu bleiben, hilft es am meisten, wenn ich tief in meinem inneren Körper verwurzelt bin, sonst reißt uns der Gedankenstrom wie ein rauschender Fluss in unsere Vergangenheit oder Zukunft. Wir müssen das innere Energiefeld unseres Körpers spüren können. Dieses Körperbewusstsein hält unsere Gegenwärtigkeit wach und verankert uns im Jetzt. Es geht also darum, unsere Aufmerksamkeit vom Kopf abzuziehen und ins Innere des Körpers zu lenken, wo wir sogleich das Sein als unsichtbares Energiefeld spüren können, welches dem Körper sein Leben gibt. Als Theologe würde ich dieses Energiefeld mit dem alttestamentlichen Wort für Heiligen Geist und Atem vergleichen, das hebräische Wort:" ruach". Je mehr Aufmerksamkeit wir diesem Energiefeld zuwenden, umso klarer und stärker wird es.

Wenn unser Bewusstsein nach außen gerichtet ist, drehen sich unsere Geistesaktivitäten um die Welt. Wenn es nach innen gerichtet ist, erkennt es seinen eigenen Ursprung im zeit- und formlosen Nichtmanifesten, eine Wirklichkeit, die "nicht von dieser Welt" ist, wie Jesus Pilatus antwortet, als dieser ihn nach seinem Königreich fragt.

### 6.9 Den Schmerzkörper auflösen (S. 77-90)

Der überwiegende Teil menschlichen Schmerzes ist unnötig, da er immer eine Form des Nicht-Annehmen-Wollens, des unbewussten Widerstands gegen das, was ist, bedeutet. Er ist selbst verursacht, solange wir unser Leben vom unbeobachteten Verstand regieren lassen. Auf gedanklicher Ebene äußert sich der Widerstand in Form von Beurteilung, auf emotionaler als Negativität. Je intensiver der Schmerz ist, umso intensiver ist der Grad des Widerstandes gegen den gegenwärtigen Augenblick. Manche spirituelle Lehren bezeichnen ihn deshalb als Illusion.

Der Schmerzkörper wird leicht aktiviert, besonders ein Schmerzmuster aus der Vergangenheit, das eine vertraute Saite an ihm zum Klingen bringt. Eine unschuldige Bemerkung einer nahestehenden Person reicht meistens schon aus.

Er mag es nicht, wenn man ihn unter die Lupe nimmt. In dem Augenblick, in dem wir ihm Aufmerksamkeit schenken und sein Energiefeld in uns spüren, ist die Identifikation mit ihm sofort aufgehoben. Wir sind jetzt der Beobachter und Zeuge unseres Schmerzkörpers. So kann er uns nicht mehr ausnützen, indem er vorgibt, mit uns identisch zu sein. So kann er sich in uns auch nicht weiter erneuern und wir finden wieder in unsere eigene innerste Kraft.

Manche sind zwar unangenehm, aber relativ harmlos, wie ein Kind, das ständig quengelt. Andere sind heimtückische, zerstörungswütige und dämonische Monster. Sie wenden teilweise physische und emotionale Gewalt an gegen uns Nahestehende, Umstehende oder gegen uns selbst, ihrem Gastgeber. Krankheiten und Unfälle kommen dann häufig zustande. Manche treiben ihren Gastgeber auch in den Selbstmord. Der Schmerzkörper kann wie das Ego nur überleben, wenn es uns dazu bringt, dass wir uns unbewusst mit ihm identifizieren, denn so lebt er weiter. Er ernährt sich von seines gleichen, von Ärger, Hass, Gram, Hysterie, Gewalttätigkeit und sogar von Krankheit. Hat er uns einmal in der Hand, will er mehr Schmerz. Dann werden wir entweder Opfer oder Täter und wollen entweder Schmerz zufügen oder Schmerzen leiden, manchmal auch beides. Im Grunde besteht auch kein großer Unterschied dazwischen. Der Schmerzkörper ist der dunkle Schatten, den unser Ego wirft. Sein Überleben hängt davon ab, dass wir uns unbewusst mit ihm identfizieren und von unserer unbewussten Angst, sich ihm zu stellen. Wenn wir uns ihm nicht stellen, werden wir ihn immer wieder erleben. Achten wir darum auf jedes Anzeichen von Missmut, Gereiztheit, Ungeduld, schlechte Laune, Wut, Ärger, Beziehungsdrama. Das könnte der erwachende Schmerzkörper sein. Wenn Wut die vorherrschende energetische Schwingung unseres Schmerzkörpers ist und wir wütende Gedanken hegen, packt uns der Schmerzkörper und wird zu uns. Hinter der Wut lauert immer der Schmerz. Die unablässige Beobachtung unseres Schmerzkörpers, d. h. seine Anerkennung durchtrennt die Verbindung zwischen ihm und den Denkvorgängen und löst damit einen Umwandlungsprozess aus, ähnlich wie in der esoterischen Alchemie, wo sich unedle Metalle in Gold, Leid in Bewusstsein wandeln sollte. Lassen wir also das Gefühl nicht zum Gedanken werden. So kann der Schmerz sogar noch die Flamme unseres Bewusstseins nähren. Er bildet ein unglückliches falsches Selbst; wir identifizieren uns damit und halten diese Erfindung unseres

Verstandes für uns selbst. Nun haben wir unbewusst die Angst, unsere Identität zu verlieren. wodurch einen starker Widerwillen entsteht, diese Identifikation aufzugeben. Leiden wird dann für uns leichter, als den Verlust des vertrauten unglücklichen Selbst zu wagen. Beobachten wir einmal, wie wir am Schmerz festhalten, das zwanghafte Bedürfnis, daran zu denken oder darüber zu sprechen. Solange wir uns dann über den Schmerz definieren, können wir uns nicht von ihm frei machen. Solange wir unser Selbstgefühl aus ihm beziehen, wird jeder Befreiungsversuch unbewusst vereitelt. Er ist ein Energiefeld, sozusagen eine eigene Wesenheit, die sich vorübergehend in unserem Innern festgesetzt hat. Wenn wir uns weiterhin über die Vergangenheit definieren, schlüpfen wir in eine Opferrolle, in der die Vergangenheit mehr Macht über uns hat als die Gegenwart. In dieser Opferrolle machen wir auch andere Leute dafür verantwortlich, was sie uns angetan haben, für unseren jetzigen Zustand, für unseren emotionalen Schmerz und für die Unfähigkeit, wir selbst zu sein. Weitere Ausführungen zu diesem Thema findet man bei Collin C. Tipping, ich vergebe.
Der Apostel Paulus hat dieses universale Prinzip treffend zum Ausdruck gebracht: "Das alles wird offenbar, wenn´ vom Licht aufgedeckt wird; denn alles, was offenbar wird, das ist Licht“. Für den Christen ist Christus das Licht, der mit seiner Person den Menschen diese Erleuchtung gebracht hat.
Gegen den Schmerzkörper kann man genauso wenig ankämpfen, wie gegen den der Dunkelheit. Man schafft damit nur innere Konflikte und noch mehr Schmerz. Beobachten und anerkennen in dem Augenblick, wo er da ist, genügt. Tolle meint hier wohl auch wie in der Gestalttherapie und anderen spirituellen Ansätzen, dass es darum geht, Schattenseiten zu akzeptieren und integrieren statt sie zu bekämpfen.

### 6.10 Von abhängigen zu erleuchteten Beziehungen (S. 91-106)

Wenn unser Schmerzkörper aktiv ist, betrachten wir den Partner als die Ursache unseres Schmerzes, d. h wir projizieren nach außen und greifen den anderen mit der brutalen Gewalt an, die Teil unseres Schmerzes sind. Unserem Partner macht dieser Angriff seinen eigenen Schmerz bewusst, sodass er zur Gegenwehr übergeht. Dein Ego hofft unbewusst noch immer, dass sein Angriff bzw. Manipulationsversuch ausreicht, um den Partner zu einer Verhaltensänderung zu bewegen, damit er wieder der eigenen Schmerzbetäubung dienen kann. Jede Abhängigkeit und Sucht entspringt einer unbewussten Weigerung, sich mit dem eigenen Schmerz auseinanderzusetzten und ihn durchzustehen. Immer benützen wir etwas, um unseren Schmerz zu betäuben: den Partner, andere Personen, Alkohol, Essen oder Drogen. Die Sucht fördert lediglich den Schmerz und den Kummer zutage, der bereits in uns ist.
Aus dem Widerstand gegen das, was ist, gegen unseren Urschmerz, nicht um unserer selbst willen geliebt worden zu sein (siehe mein web Text zur christlich

orientierten Psychotherapie), entstehen Konflikte, Dramen und neue Schmerzen. Wenn wir beginnen, den Schmerz und das was ist, zu akzeptieren ohne zu urteilen, sind wir frei vom Denken und haben endlich Raum für Liebe, Freude und Frieden. Zuerst hören wir auf, uns zu beurteilen, sodann den Partner. Dann ist es vorbei mit mentalen Spielchen und suchthaften Anklammern. Dann gibt es keine Opfer und Täter, keine Kläger und Beklagte mehr. Liebe ist ein Seinszustand, sie ist nicht außerhalb unserer selbst, sondern tief in unserem Inneren. In der Stille der Gegenwärtigkeit kannst du die form- und zeitlose Wirklichkeit als das nichtmanifestierte Leben fühlen, das deine physische Gestalt beseelt. Dasselbe Leben kannst du auch tief innen in jedem anderen Geschöpf spüren. Du durchschaust den Schleier von Form und Getrenntsein. Das ist die Verwirklichung des Eins-seins. „Das ist Liebe." (S. 96). Beziehung kann zu einer spirituellen Übung werden, wenn wir immer im Wissen um unsere innere Befindlichkeit sind, was in ihr vor sich geht. So kann es zur Erlösung kommen. Wir sollen also froh sein, wenn sie nicht funktioniert und uns wahnsinnig macht. So wird das Unbewusste ans Licht gebracht. Machen wir uns unsere Wut, Eifersucht, Rechthaberei, Streitlust oder unser inneres Kind, welches Zuwendung fordert, bewusst und verweilen darin. Mehr ist nicht nötig, um in eine innere Wandlung zu kommen. Wir können nichts dafür tun, wir können uns nicht selbst verwandeln, schon gar nicht unseren Partner. Wir können für sie nur einen Raum schaffen, in den die Liebe und der Frieden Einlass finden kann. Wenn wir z. B wissen, dass wir nicht im Frieden sind, wird eine räumliche Stille erzeugt, die unseren Unfrieden liebevoll und zärtlich umhüllt und schließlich Unfriede in Friede verwandelt. Beziehungen sind nicht dafür da, uns glücklicher, sondern bewusster zu machen. Was wir im Partnerstreit sein können, ist das Erkennen zu sein und nicht etwa die Reaktion oder das Urteil. Es schafft einen klaren Raum, in dem alle Dinge und Menschen so sein können, wie sie sind. Vergessen wir nicht, dass das Ego Problem, Dramen, Konflikte und "Feinde" braucht, um das Gefühl von Getrenntheit zu verstärken, da von ihm seine Identität abhängt. Liebe geht immer mit der Erkenntnis einher, dass wir mit allem, was ist, eins sind. Das Leben in Fülle beginnt für uns da, wo wir keine Beziehung mehr zu uns haben, sondern wir selbst sind. Wenn wir eine Beziehung zu uns haben sind wir immer zweigeteilt: Ich und mein selbst, Subjekt und Objekt. Diese Dualität ist vom Denken geschaffen, ist eine durch die Selbstreflexion des Bewusstseins bewirkte Spaltung und bewirkt all die unnötigen Probleme und Konflikte in unserem Leben, der Fluch ist aufgehoben. Wenn wir selbst sind, beurteilen und bedauern wir uns nicht mehr, wir lieben und hassen uns nicht mehr, sind einfach nur eins mit uns und damit mit der Welt und allen Menschen.

## 6.11 Akzeptanz und Hingabe (T 109-152)

Ein Gedicht von Tolle fasst nochmals alles zusammen:

*Wenn du dich dem hingibst, was ist*
*und auf diese Weise vollkommen gegenwärtig bist,*
*verliert die Vergangenheit all ihre Macht.*
*Dann erschließt sich dir das Reich des Seins,*
*das vom Denken bisher verborgen wurde.*
*Plötzlich erfüllt sich eine tiefe Stille,*
*ein grenzenloses Gefühl des Friedens.*
*Und in dieser Freude ist Liebe.*
*Und in ihrem innersten Kern ist das Heilige,*
*das Unermessliche, das Namenlose.*

Für eine spirituelle Entwicklung ist es wichtig, Tiefen durchlebt zu haben. Meistens öffnen wir uns der spirituellen Dimension erst, wenn wir schweren Verlust oder Versagen erlebt haben. Erst wenn wir auf der Ebene der Form Misserfolg, Scheitern, Verlust und Versagen erfahren, erkennen wir die polare Struktur des Lebens, nämlich, dass in jedem Erfolg der Misserfolg angelegt ist und umgekehrt. Jede Leistung ist irgendwann einmal umsonst. Alle Erscheinungsformen sind vergänglich. Erst dieses Erkennen ermöglicht uns die polare Indifferenz nach Salomon Friedländer.

Wir sind wohl weiterhin aktiv und schaffen neue Formen und Umstände oder lassen entstehen, aber wir identifizieren uns nicht mehr mit ihnen. Wir brauchen sie nicht mehr für unser Selbstgefühl. Es sind nur unsere Lebensumstände, nicht unser Leben.

Das zwanghafte Verhalten und dieses Neigung, unser Selbstwertgefühl und Identität über äußere Faktoren wie Leistung zu definieren, sind unvermeidliche Illusionen, solange wir mit dem Verstand identifiziert sind.

Solange unser Verstand einen Zustand als "gut" beurteilt, sei es eine Beziehung, ein Besitz, eine soziale Funktion, ein Ort oder unser physischer Körper, heftet er sich daran und identifiziert sich auf diese Weise damit. Das macht uns glücklich, hebt unser Selbstgefühl und wird sogar Teil, was wir zu sein glauben. Doch in dieser Dimension, wo laut Bibel Motten und Rost alles zerfressen, endet oder verändert er sich oder verkehrt sich ins Gegenteil.

Die gleichen Umstände, die uns vor einiger Zeit noch glücklich gemacht haben, machen uns dann unglücklich. Auf eine glückliche Hochzeit folgt eine unglückliche Ehe oder Scheidung. Unser Verstand klammert sich an das Vergehende und widersetzt sich jeder Veränderung. Wir empfinden es so, als würde uns ein Bein oder Arm ausgerissen. Wenn wir dem Leben keinen Widerstand mehr entgegensetzten, leben wir in einem Zustand der Anmut und Leichtigkeit, in dem Gleichmut der Indifferenz. Ignatius von Loyola und Salomon Friedländer sind sich hier einig. Dieser Zustand ist unabhängig davon, wie die Dinge sind oder laufen, ob erfolgreich oder nicht, ob gut oder schlecht.

Oft geschieht dann etwas für unseren Verstand ganz paradoxes: Wenn wir innerlich nicht mehr von äußeren Formen abhängig sind, verbessern sich meist auch unsere Lebensumstände und Gegebenheiten erheblich. Dinge, Menschen und Umstände, die wir für unser Glück zu brauchen meinten, fallen uns nun zu, ohne dass wir uns um sie bemühen oder kämpfen müssten und wir können uns frei an ihnen freuen, solange sie andauern. Sie sind natürlich vergänglich, wie die Zyklen, die kommen und gehen. Diesmal aber ohne die frühere Abhängigkeit. Es gibt keine Verlustangst mehr, das Leben kann unbeschwert fließen im Fließgleichgewicht. Das Sein trägt uns über die polaren Gegensätze des Verstandes hinaus und befreit uns aus der Abhängigkeit der Formen. Selbst wenn alles um uns herum zusammenstürzen würde, wären wir trotzdem im tiefsten Innern im Frieden mit uns und der Welt. Wir wären vielleicht nicht glücklich, aber im Frieden.

### 6.12 Negativität nutzen und dann aufgeben

Innerer Widerstand wird immer als Negativität in der ein oder anderen Form erfahren. Negativität ist immer Widerstand. Sie reicht von Gereiztheit und Ungeduld bis heller Wut, dumpfen Groll, bis hin zu selbstmörderischer Verzweiflung. Manchmal aktiviert der Widerstand unseren emotionalen Schmerzkörper aus geringfügigem Anlass, um starke Negativität wie Wut, Depressivität oder tiefen Gram auszulösen. Unser Ego glaubt, durch Negativität die Wirklichkeit manipulieren zu können, um das zu bekommen, was es haben will oder einen unerwünschte Zustand aufheben zu können. Tatsache ist, dass sie nichts bringt, sie stärkt nur das Ego. Haben wir uns mit einer bestimmten Form von Negativität identifiziert, sträuben wir uns davon abzulassen, auch gegen jede Veränderung zum Positiven. Dadurch würde nämlich unsere Identität als depressiver, zorniger oder übel gelaunter oder behandelter Mensch gefährdet werden. Also sabotiert es lieber das Positive in unserem Leben. Das ist reiner Irrsinn. Lernen wir also lieber das Sein von Pflanzen und Tieren. Sie akzeptieren, das, was ist und geben sich dem Jetzt hin, dem Leben und dem Sterben. Wie sollen wir mit ihr umgehen?

Wann immer wir sie aufsteigen spüren heißt es: Hier und Jetzt, raus aus dem Denken.

Wenn wir sie nicht loswerden, akzeptieren wir das Gefühl und schenken ihm Aufmerksamkeit und stellen uns vor, für den äußeren Anlass, z. B das plötzliche Erschrillen einer Autoalarmanlage und unsern Ärger darüber durchlässig zu werden. Das Schrillen verliert seine materielle Festigkeit und trifft bei uns nicht länger auf eine Wand im Innern, sondern lässt Anlass und Ärger darüber hindurchgehen. Fangen wir mit kleinen Dingen zum Üben an, dem Kindergeschrei, Hundegebell oder Verkehrsstau. Wenn uns jemand beleidigt oder verletzt, reagieren wir nicht mit Gegenangriff, Abwehr oder Rückzug, sondern lassen es einfach durch uns hindurchgehen. Das ist wahre Vergebung. Auf diese Weise werden wir ein Stück unverwundbar. Man kann der verletzenden Person trotzdem sagen, dass ihr Verhalten nicht akzeptabel ist. Sie hat jedoch nicht mehr die Macht, unser Innenleben zu beeinflussen. Wir sollen nicht das Glück oder den Frieden suchen, nur dem inneren Zustand hingeben, in dem wir uns gerade befinden, statt einen anderen herbeizusehnen; sonst sind innere Konflikte und unbewusster Widerstand vorprogrammiert. Vergeben wir uns selbst, dass wir nicht im Frieden sind. Wenn wir den Unfrieden in dem Moment voll und ganz akzeptieren, wird er uns zum Frieden verhelfen. Das ist das Wunder der vollkommenen Hingabe. Dann ist jeder Augenblick der Beste.

### 6.13 Das Wesen des Mitgefühls

Ein schönes Bild für die Lebensweise des Erleuchteten beschreibt Tolle folgendermaßen:

Wenn wir über die erdachten Gegensätze hinausgewachsen sind, werden wir zu einem tiefen See. Unsere äußeren Lebensumstände bilden die Oberfläche des Sees, windbewegt je nach Wechsel der Zeiten. Tief unten ist das Wasser jedoch vollkommen ruhig. Wir sind der ganze See, nicht nur Oberfläche wie unsere Lebensumstände und sind mit unserer Tiefe in Berührung, die immer vollkommen ruhig ist. Wir weilen im Sein- unverändert, zeitlos, formlos, unsterblich. Du gierst nicht mehr nach Erfüllung oder Glück in der Außenwelt mit ihren ständig wechselnden Formen. Wir erschaffen ständig neue Formen und spielen mit ihnen wie Kinder, staunen und bewundern die Schönheit in allem, was ist, haben kein Bedürfnis an irgendetwas festzuhalten. Wenn wir im Sein sind, erscheinen uns Körper und Geist eines anderen Menschen wie ein Wandschirm, durch den wir seine eigentliche Wirklichkeit ebenso spüren wie unsere eigene. Im Mitgefühl verbinden wir uns mit allen Wesen, auch aufgrund der Gemeinsamkeit, dass wir alle verwesen müssen. Darin sind wir alle gleich. Also sollen wir sterben, bevor wir sterben. Nichts Wirkliches ist je gestorben, nur Namen, Formen und Illusionen sind vergangen. Hingabe ist also die tiefe Weisheit, sich lieber dem Strom des Lebens anzuvertrauen, als sich ihm zu widersetzen. Diesen Strom erfährt man nur im Jetzt. Hingabe ist also den inneren Widerstand gegen das, was ist, aufzugeben und sich dem Sein hinzugeben, d. h den gegenwärtigen Augenblick ohne Bedingungen und Vorbehalte anzunehmen, gerade wenn etwas "schief geht", sich also eine Kluft auftut zwischen dem, was ist und den starren Erwartungen unseres Denkens. So wie Jesus sich dem unannehmbaren Kreuzestod hingegeben hat und damit den Tod des Egos in seiner Auferstehung überwunden hat. Das ist ewiges Leben. Es beginnt im Hier und jetzt. Siehe Johannesevangelium. Hingabe bedeutet nicht, dass wir aufgeben, sondern schärft unseren Blick für das, was zu tun ist, z. B aus dem Morast kommen. Es bedeutet, das Jetzt nicht zu beurteilen, das Sosein der Situation akzeptieren und dann tun, was zu tun ist, um sich aus dem Morast zu befreien. Nichthingabe verhärtet die Schale des Egos und erzeugt ein starkes Gefühl des Getrenntseins. Dadurch nehmen wir unsere Umwelt und die Menschen als Bedrohung wahr und bekämpfen sie bewusst oder unbewusst und wollen sie mit unserem Urteil vernichten, mit ihnen konkurrieren oder Recht behalten. Auch unser Körper wird dadurch hart und starr. Er verkrampft und verspannt sich. Die fließende Lebensenergie wird behindert. Hingabe verbindet sich mit der Urenergie des Seins, wodurch die Qualität unseres Bewusstseins und Handelns gesteigert wird. Sie schärft unseren Blick für das, was zu tun ist, eins nach dem anderen. Darum hat Jesus gesagt: "Schaut die Lilien auf dem Felde an, wie sie wachsen: Sie arbeiten nicht, auch spinnen sie nicht und doch..." Die Natur entfaltet das Wunder des Lebens ohne Unzufriedenheit oder Trübsinn und alles gelingt, ohne hart zu arbeiten und zu kämpfen.

## 6.14 Hingabe in persönlichen Beziehungen

Wenn wir zu einer Person oder Situation Nein sagen, sollte es nicht als Reaktion kommen, sondern aus einer klaren Erkenntnis, was für uns in diesem Augenblick richtig oder unrichtig ist. Ein Nein ohne Negativität, das kein weiteres Leid schafft. Wenn wir das, was ist, nie akzeptieren heißt das auch, dass wir niemanden so annehmen können, wie er ist. Wir werden immer beurteilen, kritisieren, etikettieren, ablehnen oder versuchen, Leute zu ändern. Wenn wir das Jetzt für einen zukünftigen Zweck gebrauchen, werden wir auch jeden Menschen als Mittel zum Zweck ansehen. Die Beziehung und der Mensch haben dann wenig Bedeutung. Wichtig in der Beziehung ist dann für uns nur die Egobefriedigung: ein materieller Gewinn, ein Machtgefühl, sinnliche Lust oder eine andere Form.

Wenn die Identifikation mit mentalen Positionen aus dem Weg geräumt ist, beginnt wahre und ehrliche Kommunikation. Was passiert, wenn wir die mentale Position des anderen nicht mehr durch unseren Widerstand mit Energie versorgen? Ostasiatische Kriegskünste wissen das: Gib nach, um zu siegen, widersetze dich nicht der gegnerischen Kraft. Das Sein ist der einzige Bereich wahrer Macht. Widerstand ist Schwäche und Angst, als Stärke maskiert. Was unser Ego für Schwäche hält, nämlich sich verwundbar zu halten, ist wie Jesus zeigt, unser Sein in seiner Reinheit und Kraft, Stärke und Macht. Es versucht ständig zu täuschen, indem es "Schwäche" verbergen möchte, worin aber unsere Stärke liegt. Der Apostel Paulus schreibt vom Christen, der in seiner Schwachheit stark ist.....

Es weiß nicht, dass wir unsere wesenhafte Unverwundbarkeit nur entdecken, wenn wir vom Widerstand ablassen und verwundbar wie Jesus werden.

Ohne Hingabe besteht also ein Großteil menschlicher Kommunikation und Interaktion aus unbewussten Rollenspielen. Im nächsten Thema ergeben sich noch mehr Parallelen zur christlichen Erlösungslehre.

## 6.15 Die Transformation von Krankheit und Leid

Krankheit ist Teil unserer Lebenssituation, folglich hat sie Vergangenheit und Zukunft. Im Jetzt gibt es kein Problem und keine Krankheit, nur den Glauben an das Etikett, mit dem ein Arzt oder wir eine vorübergehende Störung als Tatbestand festschreiben. Indem wir uns auf den gegenwärtigen Augenblick konzentrieren und davon ablassen eine begriffliche Einordnung vorzunehmen, (Gestalttherapeuten geben keine Diagnosen) reduzieren wir die Krankheit auf Faktoren wie körperliche Schmerzen, Schwäche, Unwohlsein, Behinderung etc. Dem geben wir uns hin, aber nicht einer festgeschriebenen Krankheit, die nur in der Vorstellung der Ärzte oder unserer existiert. Nicht die Krankheit ist das Problem, sondern unser festschreibendes Denken. Machen wir uns keine Vorwürfe oder Schuldgedanken, denn das ist Widerstand. Nutzen wir jedes "Unglück und Krankheit" als Chance zum bewussten Erleben des gegenwärtigen Augenblicks und damit zur Erleuchtung. Wir werden in dieser Lebenssituation nicht glücklich, aber sie wird sich verwandeln in den "Frieden Gottes, der höher ist als alle Vernunft". Im Vergleich dazu ist Glück nur "Schall und Rauch". Leisten wir dem Schmerz wie Jesus keinen Widerstand, liefern wir uns wie er dem Gram, der Verzweiflung, der Angst, der Einsamkeit aus, umarmen wir sie, dann geschieht das Wunder der Auferstehung, welches Leid in tiefen Frieden verwandelt. Das ist dann unsere Kreuzigung, Auferstehung und Himmelfahrt. Wir können aber auch fliehen in Arbeit, Alkohol, Drogen, Wut, Projektion und andere Unterdrückungsmechanismen. Wenn wir unseren emotionalen Schmerz verleugnen oder unterdrücken, wird alles davon kontaminiert, v. a unsere Beziehungen. Wir werden zum Sender von negativer Energie, auf die andere unbewusst mit Angriff oder Verletzung reagieren oder wir projizieren ihn unbewusst auf andere, greifen sie an oder verletzten sie. Wir ziehen immer das an oder manifestieren das, was unserem inneren Zustand entspricht. Mehr davon bei Collin Tipping. Wir dürfen also nicht zulassen, dass unser Denken den Schmerz dazu benutzt, um uns daraus eine Opfermentalität zu machen. Machen wir keine Leidensgeschichte daraus, sonst bleiben wir dem Leiden verhaftet. Konzentrieren wir uns mit ganzer Achtsamkeit auf das Gefühl, das ist rückhaltloses Annehmen, ist Hingabe. Das Leid zu akzeptieren ist eine Begegnung mit dem Tod. Wenn wir diesen Tod wie Jesus in der Nachfolge gestorben sind, wird uns klar, dass es gar keinen Tod gibt, dass es nichts zu fürchten gibt. Nur das Ego stirbt. Wir sind wie ein Sonnenstrahl, der vergessen hat, dass er ein untrennbarer Teil der Sonne ist und nun fälschlicherweise glaubt, er müsse ums Überleben kämpfen und sich fern der Sonne eine Identität zulegen und daran festhalten. Das ist für mich als Theologe der Sündenfall. Wäre das Ende dieser zugegebenermaßen sehr realistischen Selbsttäuschung nicht eine unglaubliche Befreiung? Und könnte es nicht sein, dass Jesus theologisch gesehen, uns durch seine Person, Leben und

Tod aus dieser Selbsttäuschung, der wohl alle Menschen ganz leicht erliegen, erlöst hat?

6.16 Der Weg des Kreuzes-Erleuchtung durch Leiden

Der Weg des Kreuzes ist der alte Weg zur Erleuchtung. Er bedeutet, dass sich das Schlimmste in unserem Leben, unser Kreuz, in das Beste verwandelt, was uns je widerfahren ist, indem es uns zum Aufgeben zwingt, zum "Sterben", zum "nichts" zu werden, folglich also zu Gott zu werden-denn Gott ist "nichts". Den Weg des Kreuzes gehen bedeutet trotz aller Gegenwehr und Protest ins Himmelreich gezwungen werden. Am Ende geben wir auf, weil wir den Schmerz nicht mehr ertragen können. Wie viel Schmerz brauchen wir noch, ehe wir diese Entscheidung treffen? Wann beenden wir die Herrschaft dieses Schwindlers, dieses Götzen, der behauptet, wir zu sein? Warum hegen wir noch immer Groll auf unsere Eltern, wenn sie keine Wahl hatten? Welche Wahl haben Menschen, die mit der Zeit und ihren konditionierten Mustern identifiziert sind wie wir und unsere Eltern? Keine. Die einzig angemessene Reaktion auf sie kann nur Mitgefühl sein. Wie können wir uns selbst oder anderen vergeben, wenn wir unser Selbstgefühl aus der Vergangenheit beziehen?
Wenn wir jetzt die Entscheidung treffen, löst sich alles Urteilen und Negative auf und es erschließt sich uns das Reich Gottes, das Reich des Seins und es erfüllt uns eine tiefe grenzenlose Stille und Frieden. In diesem Frieden ist Liebe, Und in ihrem innersten Kern ist das Heilige, das Unermessliche, das Namenlose.

## 7. Heilung durch Versöhnung mit der Dualität des Opferarchtyps

Dargestellt am Buch „Ich vergebe. Der radikale Abschied vom Opferdasein“ von Colin Tipping.

Seinen Ansatz habe ich gewählt, weil er in ausgezeichneter Weise den Faktor Schuld thematisiert als ein Haupthindernis für Versöhnung der Polarität bzw. ein Hauptfaktor für die Verschärfung der Dualität. Das Ego benutzt diesen Faktor, wie Tolle schrieb, um noch mächtiger zu werden. Er ist meiner Meinung nach ein Abwehrmechanismus, der Schmerz vermeiden soll und dabei aber Beziehung unter Menschen erschwert und verschlechtert. Schuldzuweisungen anstelle von Beziehungskommunikation verstärken sich in unserer Gesellschaft und tragen wesentlich zum Leid und Unrecht in der Welt bei. Er verschärft die Trennung und damit das Leid in der Welt, ähnlich wie der krankmachende Dualitätsfaktor Zeit, wie ihn Tolle thematisiert. Auch Individualpsychotherapie oder Schulmedizin, die das Individuum getrennt von Ihrem System und Milieu betrachten und damit isolieren verstärken das krankmachende Ego im Menschen, wie Essen deutlich macht. Tipping zeigt in sehr deutlicher Weise den Zusammenhang des Ego-

Opfer-Schuld Komplexes und seine Transformation in der Nachfolge Jesu, ähnlich wie Tolle. Er vereinigt auch wie kein anderer östliche (Hinduismus und Buddhismus) und westliche Heilungsslehren, auch esoterische Ansätze mit dem archetypischen Polaritätsansatz von C.G Jung. So dass auch er letztlich wie Tolle transpersonale Ansätze von Heilung durch Versöhnung mit dem personalen in einem personaltranszendenten versöhnt.

7.1 Der Opfer-Archetyp

Er ist in unser aller Leben tief verwurzelt, schreibt ColinTipping (T) in seinem Buch.

Er resultiert aus der Macht des Egos, welches das Leben in Dualitäten spaltet. Sein Einfluss auf unser kollektives und persönliches Bewusstsein ist immens. Um ihn zu überwinden, müssen wir wie Jesus intensiv die Erfahrung des Opfer-Seins durchleben. Er gab eine eindrucksvolle Demonstration für Umwandlung des Opfer-Daseins (S. 9). Wir halten nach wie vor an der Opferrolle fest, obwohl er wahrhafte Vergebung lehrte. Wir müssen unsere Erlebnisse radikal ändern, um die Tatsache zu sehen, dass es kein Opfer gibt, um dann unser Opferbewusstsein loszulassen.

Unzufriedenheit, Schmerz oder ein vergifteter Gedanke in einer gegebenen Situation bietet Gelegenheit, etwas zu heilen. Stattdessen beurteilen wir die Situation und machen andere oder Lebensumstände verantwortlich. Daher ist jeder Schmerz und Unzufriedenheit auch ein Geschenk. Die Lektionen, die wir lernen müssen, ist im Geschehen selbst angelegt. Wir müssen durch diese Erfahrung hindurchgehen im Hier und jetzt wie Jesus.

Das Leben ist kein Zufallsereignis, schreibt T. In allem, was geschieht, entfaltet sich der Plan Gottes, "kein Spatz fällt vom Dach ohne dass Gott es will ". Der Plan Gottes beinhaltet, dass wir in jedem Augenblick die Wahl haben, uns für oder gegen etwas zu entscheiden. Wir erzeugen unsere Realität durch das Gesetz von Ursache und Wirkung. Gedanken sind Ursachen; sie zeigen sich in der Welt als physische Wirkungen. Realität entsteht durch das Spiel des Bewusstseins, durch unsere fünf Sinne erzeugte Illusion.

Unsere Welt spiegelt das Bild unserer Überzeugungen. So bekommen wir im Leben immer genau das, was wir teilweise unbewusst wollen. Durch das Gesetz der Resonanz ziehen wir jene Menschen an, die mit unseren Problemen harmonieren. Wenn unser Problem beispielweise "Verlassen-werden" ist, begegnen wir Menschen, die uns verlassen. In dieser Hinsicht sind sie unsere Lehrer (S. 44 ff).

Die Brille, durch die wir auf eine Verletzungssituation schauen, bestimmt, ob wir herkömmliche Vergebung oder radikale walten lassen. Beide liefern unterschiedliche Perspektiven.

Auch T. unterscheidet die Welt des menschlichen und die der göttlichen Wahrheit. Wenn wir auf niedriger Frequenz schwingen, wird unser Körper dichter und wir existieren nur in der Welt des Menschlichen. Wenn wir auf einer höheren Ebene schwingen, z. B durch ein Leben im Hier und Jetzt nach Tolle oder Radikale Vergebung, Meditation, Gebet, Gesang, Atem oder Tanz, wird unser Körper lichter und wir existieren gleichzeitig auch in der Welt der göttlichen Wahrheit. Die Welt des Menschlichen umfasst die Welt der Formen und die Energiemuster von Tod, Wandel, Angst, Beschränkung und Dualität. Sie ist die Umwelt, in der wir als spirituelle Wesen die menschliche Erfahrung durchleben können, wie Jesus den irdischen Weg des Leidens zur Auferstehung und Himmelfahrt ging. Nachfolge bedeutet für mich, sich genau auf diesen Weg einzulassen. Die Welt der göttlichen Wahrheit hat keine materielle Form und birgt das Energiemuster des ewigen Lebens in sich, der Unwandelbarkeit, des unendlichen Überflusses, der Liebe, des Friedens und der Einheit mit Gott. Wären wir mit diesem Wissen inkarniert worden, hätten wir keine Chance zur Entwicklung, keine Chance diese Zustände als Illusionen zu erkennen und zu überwinden.

Herkömmliche Vergebung, oft von Christen so praktiziert, führt nicht wirklich zur Umwandlung des Opferarchetypen, sondern oft noch zu dessen Festigung. Hier zeige ich eine Tabelle von T., wo sich die Glaubensgrundsätze einer herkömmlichen und einer radikalen Vergebung gegenüberstehen. (S. 57).

| Herkömmliche Vergebung | oder | Radikale Vergebung |
|---|---|---|
| Welt des Menschlichen *(Ego)* | oder | Welt der Göttlichen Wahrheit *(göttlicher Geist)* |
| Niedrige Schwingungsebene | oder | Hohe Schwingungsebene |
| Etwas Falsches ist passiert | oder | Nichts Falsches ist passiert |
| Basiert auf Urteil | oder | Frei von Urteilen und Beschuldigungen |
| Vergangenheitsorientiert | oder | Gegenwartsorientiert |
| Muss alles erklären | oder | Gibt sich dem Geschehen hin |
| Opferbewusstsein | oder | Bewusstsein der Gnade |
| Beurteilt menschliche Unvollkommenheit | oder | Nimmt menschliche Unvollkommenheiten an |
| Was geschehen ist, zählt *(wahr)* | oder | Symbolische Bedeutung zählt *(Wahrheit)* |
| Nur physische Realität | oder | metaphysische Realitäten |
| Das Problem ist immer noch da „draußen" | oder | Das Problem liegt in mir |
| Groll loslassen | oder | Groll akzeptieren |
| Du und ich sind getrennt | oder | Du und ich sind *eins* |
| Unglücke passieren | oder | Es gibt keine Zufälle |
| Das Leben ist eine Aneinanderreihung zufälliger Ereignisse | oder | Das Leben hat einen sinnvollen Ablauf |
| Persönlichkeit *(Ego)* hat die Kontrolle | oder | Die Seele folgt einem göttlichen Plan |
| Die Wirklichkeit ist das, was passiert | oder | Die Wirklichkeit ist das, was wir erzeugen |
| Der Tod ist eine Realität | oder | Der Tod ist eine Illusion |

Radikale Vergebung (RV) geht immer davon aus, dass ausnahmslos alles, was uns zustößt, von Gott gewollt und sinnvoll ist und auf ein höheres Ziel hin geschieht und deswegen immer ein Geschenk der göttlichen Gnade ist. Es geht immer um ein Loslassen unsrer Opferrolle, in der wir seit dem Sündenfall sind. Es ist der Schlüssel zu Gesundheit, Leistungsfähigkeit und spiritueller Entwicklung. Im Wassermann-Zeitalter müssen wir nun dem Ruf folgen, die Vergangenheit loszulassen, den Opferarchetyp aufzugeben und uns des Lebens, wie es sich in der Gegenwart, im Hier und Jetzt entfaltet, bewusster zu werden.

7.2 Tippings Ego Modell (S.74 ff)

Es entspricht im Prinzip dem von Tolle, ist aber theologisch differenzierter.

Das Ego definiert sich durch die Überzeugung, dass wir uns vom göttlichen Ursprung getrennt hätten. Die Bibel beschreibt meiner Ansicht nach dieses Experiment als Sündenfall. Unser Ego lässt uns nun glauben, dass Gott über unser Experiment sehr erzürnt sei. Es sagte uns, dass Er uns irgendwann richten und für unsere große Sünde bestrafen werde.

Die Schuld und Furcht, die durch den Glauben an diese Geschichte in uns erzeugt wurden, waren so groß, dass wir sie in unserem unbewussten Geist verdrängen

mussten. Dadurch konnten wir verhindern, uns dieser Schuld bewusst zu werden. Obwohl diese Strategie gut funktioniert hat, hatten wir dennoch Angst, diese Gefühle könnten einst wieder an die Oberfläche kommen.
Um dies zu verhindern, entwickelte das Ego eine neue Glaubensvorstellung, nämlich, dass ein anderer die Schuld trage und nicht wir selbst. So begannen wir, unsere Schuld auf andere Menschen zu projizieren, um sie endgültig loszuwerden. Wir machten unsere Mitmenschen zu Sündenböcken. Um sicherzustellen, dass die Schuld bei ihnen blieb, wurden wir zornig auf sie und griffen sie an. Hier liegt also die Ursache des Opfer-Archetyps und des ständigen Bedürfnisses der Menschen, sich gegenseitig anzugreifen und voreinander zu verteidigen. Der Angriff bewirkt in uns die Angst vor Gegenangriff. Also bauen wir eine starke Verteidigung auf, um uns und unsere vermeintliche Unschuld vor ihnen zu schützen. Auf einer tieferen Ebene wissen wir um unsere Schuld, also verstärken wir mit gesteigerten Verteidigungs-anstrengungen auch unsere Schuld, sodass wir nun im Sündenbockprinzip ständig Menschen zum Hassen, Kritisieren, Beurteilen, Angreifen und Widersprechen finden, nur um uns besser zu fühlen. Diese Dynamik bestätigt ständig das Glaubenssystem des Egos. Es sichert sich so sein Überleben. So können wir verstehen, warum Menschen im Laufe der Geschichte so viel in ihre Wut investiert haben und woher ihr starkes Bedürfnis herrührt, die Welt in Opfer und Täter, Bösewichte und Helden, Sieger und Besiegte, Gewinner und Verlierer aufzuteilen. Wir projizieren diese Spaltung auf die materielle Welt, indem wir immer den Feind "da draußen" anstatt in uns sehen. Dualität basiert auf Trennung und erzeugt Schuld**.** Nicht umsonst hat Jesus die Feindes- und Selbstliebe so stark in den Mittelpunkt seiner Verkündigung gestellt. Vergebung und Versöhnung ist also der Weg zurück in die Gemeinschaft mit Gott. Deutlicher als bei Tolle beschreibt T die liebvolle Führung unseres Egos zur Weiterentwicklung und spirituellem Wachstum. Es ist nicht unser Feind. Es ist Bestandteil unserer Seele und hat sich absichtlich eine führende Rolle in der Welt des Menschlichen gegeben und sich in sinnvolle Opposition zum Höheren Selbst begeben. Dieses ist ein weiterer Führer, der geduldig auf uns wartet, während wir uns mit dem Ego auf der Reise durch die Welt der Illusionen befinden. Es wartet auf uns bis wir durch die Erfahrungen mit der Welt des Egos bereit sind auf die Wahrheit zu hören, aufzuwachen um uns zu erinnern, wer wir in Wahrheit sind und zu unserem Ursprung in Gott zurückkehren. Beide üben ihre Magie auf uns aus, ohne die wir niemals ankommen werden. Es gibt bei dieser Reise keine Abkürzung.

7.2.1 Versteckspiele und Sündenböcke des Egos (S. 81ff)

7.2.1.1 Unterdrückung:

Unterdrückung ist ein normaler psychischer Verteidigungsmechanismus, wenn Gefühle wie Angst, Schuld oder Zorn zu überwältigend werden, dass unser

Bewusstsein sie ausblenden muss. Ohne diesen mentalen Schutzmechanismus könnten wir leicht unseren Verstand verlieren. Er ist dermaßen wirksam, dass keinerlei Erinnerung an die auslösenden Gefühle oder Ereignisse zurückbleibt. Sie werden vollkommen aus dem Bewusstsein gelöscht-jahrelang, manchmal für den Rest des Lebens.

7.2.1.2 Verdrängung:
Wir verdrängen, wenn wir bewusst Gefühle zurückweisen oder nicht zum Ausdruck bringen wollen. Hält diese Verdrängung lange an, kann es zu einer Abstumpfung führen, die einer Unterdrückung der Gefühle gleichkommt.

7.2.1.3 Unterdrückte Scham und Schuld:
Sie ist eine allgemeine menschliche Erfahrung. Tief in unserem Unbewussten fühlen wir sehr viel Scham und Schuld darüber, uns von Gott getrennt zu haben - ob dies nun wahr ist oder nicht. Dieses schlimme Gefühl können wir nur durch Unterdrückung verarbeiten. Wir fühlen wieder Schuld, wenn wir das Gefühl haben, etwas falsch gemacht zu haben. Scham bringt uns auf eine tiefere Ebene von Schuld, nämlich, dass wir falsch sind. Mithilfe der Scham erreicht es unser Ego, dass wir uns im innersten Kern unseres Wesens schlecht fühlen. Keine Schuld und keine Scham greifen den Menschen so tief an, wie die Scham der Erbsünde. Sie ist die zentrale - aber völlig unzutreffende Stütze des Ego-Glaubenssystem.

7.2.1.3.1 Scham blockiert Energie:
Kleine Kinder können leicht beschämt werden, z. B wenn sie ins Bett machen, zornig, schüchtern sind, sich selbst befriedigen. Kinder fühlen Scham deswegen, obwohl es völlig natürlich ist. Kommt es zur wiederholten Anhäufung der Gefühle, muss es seine Scham unterdrücken. So verbleibt sie im Unbewussten und setzt sich im Körper fest, bis auf zelluläre Ebene und bewirkt da Energieblockaden im Körper. Wenn sie da zu lange unerlöst bleibt, führt sie dort zu mental-emotionalen oder zu körperlichen Problemen. Unterdrückte Gefühle werden mittlerweile von der Forschung als Hauptursachen für Krebs angesehen.

7.2.1.3.2 Unterdrückte Gefühle:
Ein tief greifendes traumatisches Erlebnis, wie z. B Tod von Mutter oder Vater kann bewirken, dass es Gefühle unterdrückt. Auch scheinbar beiläufig kritische Bemerkungen oder ein Ereignis, von dem es fälschlicherweise glaubt, verschuldet zu haben, kann zur Unterdrückung von Gefühlen führen. Die Scheidung ihrer Eltern deuten Kinder fast immer als etwas, an dem sie selbst schuld sind. Forschungen belegen, dass Kinder sich an Gespräche ihrer Eltern während der Schwangerschaft erinnern können. Diskussionen über eine unerwünschte

Schwangerschaft können beim Kind zum Gefühl führen, unerwünscht zu sein und zur Angst, verlassen zu werden. Solche oder ähnliche Gefühle werden häufig bereits im frühen Kindesalter unterdrückt.

7.2.1.3.3 Generationenschuld:
Gruppen und Nationalitäten unterdrücken aufgestaute Schuldgefühle häufig über Generationen hinweg. Zum Beispiel haben die Rassenprobleme in Amerika ihren Ursprung in unterdrückten und unerlösten Schuldgefühlen der Weißen und unterdrücktem und ungelösten Zorn der Schwarzen.

7.2.1.3.4 Die Schattenseite:
Wir schämen uns ebenso über Teile in uns, die wir verabscheuen und daher nicht annehmen können. C.G Jung nannte sie Schattenseite. Dieser Teil von uns weiß, dass wir an der Tötung von sechs Millionen Juden teilgenommen haben. Er könnte jemanden vergewaltigen oder verletzen. Er ist gierig, neidisch, rachsüchtig, abartig und unakzeptabel. Wir müssen ihn also unterdrücken.

7.2.1.3.5 Der Tanz auf dem Vulkan:
Diese Energien zu unterdrücken, kommt einem Tanz auf dem Vulkan gleich. Wir wissen nicht, wann unsere Widerstandskräfte nachlassen und die heiße Lava bzw. der Schatten an der Oberfläche zum Ausbruch kommt, um in unserer Welt Unheil zu stiften. Deshalb brauchen wir Sündenböcke, auf die wir unsere Schuld projizieren können. Auf diese Weise können wir sie uns zumindest vorübergehend vom Leibe halten.

7.2.1.3.6 Projektion:
Auch wenn wir auf einer unbewussten Ebene wissen, dass Schuld und Scham bleiben werden, versuchen wir uns durch Projektion von diesem Schmerz zu befreien. Dies gestattet uns zu vergessen, dass wir solche Gefühle jemals hatten.
Wenn wir beispielsweise unsere Wut unterdrücken und dann projizieren, sehen und beschuldigen wir den anderen als wütend. Wir fühlen uns dann erleichtert, wenn wir den anderen dafür verantwortlich machen können für das Negative an uns oder das was uns geschieht. Dies erklärt auch unsere Vorliebe für Fernsehprogramme, die schlechte Menschen und schreckliche Ereignisse zeigen, weil sie uns ein unendlich großes Pool an Sündenböcke, wie Mörder, Vergewaltiger, korrupte Politiker bieten, auf die wir unsere Scham und Schuld projizieren können. Was wir bei anderen angreifen und verurteilen, ist in Wirklichkeit das, was wir in uns selbst ablehnen und verdammen. Das Ego setzt

dann noch Ärger und Wut als Begleitgefühl dafür ein, um die Projektion von Schuld zu rechtfertigen.

7.2.1.3.7 Resonanz:
Bei den Sündenböcken haben wir meist das Gefühl, dass sie uns etwas antun, d. h wir ihre Opfer sind. Wir fühlen uns als ihre Opfer, weil sie mit unserer eigenen Schuld, Wut, Angst oder unserem Ärger in Resonanz kommen. Wenn wir uns bewusst machen würden, dass diese Projektionen unsere Gefühle sind, für die wir verantwortlich sind, könnten wir das Bedürfnis loslassen, uns als Opfer zu fühlen.

7.2.1.3.8 Der Kreislauf von Angriff und Verteidigung:
Obwohl Unterdrückung und Projektion nur zu einer kurzfristigen psychischen Erleichterung dienen sollten, gebraucht sie das Ego zur Stützung seiner eigenen Macht. Es besteht aus nichts anderem als einer Ansammlung von Glaubenssätzen, von denen der wichtigste der Glaube an die Trennung von Gott ist. Daraus resultiert die Annahme, dass Gott uns verfolgt und schwer bestrafen möchte, wenn er uns erwischt. Unterdrückung und Projektion setzt das Ego ein, um diese Überzeugungen von unserem Bewusstsein fern zu halten. Diese Abwehrmechanismen sind unsere ständigen Begleiter und prägen unser Leben durch den nie endenden Kreislauf von Angst/Angriff und Gegenangriff/Verteidigung - das perfekte Rezept für einen dauerhaften inneren Konflikt, der uns den Großteil unserer Lebensenergie kostet.
Glücklicherweise ist aber unser Streben nach Ganzheit, Liebe und Wahrheit stärker als unser Ego, trotz der unglaublichen Effizienz von Unterdrückung und Projektion.

7.2.1.3.9 Angst vor Nähe:
Je näher wir einander kommen umso größer wird die Angst, dass der Mitmensch die schuldbeladene Wahrheit über uns herausfindet. Die Versuchung auf ihn zu projizieren umso stärker. Sie wird so stark, dass unsere Beziehungen leicht zerbrechen. Gerade in Partnerbeziehungen dient RV zur Heilung.

7.2.1.3.10 Gesetz der Anziehung und Resonanz:
Unsere Gefühle (=Energie in Bewegung) und Überzeugungen schwingen wie ein Rundfunksender mit einer bestimmten Frequenz. Andere Menschen mit einer ähnlichen Frequenz, da sie z. B ähnliche emotionale Muster haben, kommen mit unsrer in Resonanz. Sie schwingen "sympathisch" mit derselben Frequenz. Sie werden dann magisch in unser Leben hineingezogen, um uns unsere Überzeugungen widerzuspiegeln. Dies gibt uns die Gelegenheit, sie anzuschauen, zu verändern und zu heilen. Wenn wir also wissen wollen, was wir an uns nicht mögen, schauen wir uns an, was uns an den Menschen, die wir anziehen am

meisten stört. Wenn wir viele zornige Menschen anziehen, haben wir einiges an unserem Zorn noch nicht verarbeitet. Wenn uns Menschen anscheinend ständig bestehlen, wird ein Teil von uns sich unehrlich verhalten oder fühlen. Wenn uns Menschen anscheinend ständig ihre Liebe entziehen, ist ein Teil von uns nicht bereit, Liebe zu geben. Wenn wir vehementer Abtreibungsgegner sind, ist es möglich, dass ein Teil von uns wenig Respekt vor dem Leben hat. Es ist wie im Spiegelkabinett. Ein Mann, der wütend ist, weil seine Frau zu viel isst, hat vielleicht nicht die Tendenz sich zu überessen, aber die Neigung, durch Essen emotionale Probleme zu kompensieren.

7.2.1.3.11 Automatische Umkehr der Projektion:
Das Wunderbare an RV ist, dass es nicht einmal nötig ist, genau zu erkennen, was wir projizieren. Wir vergeben der Person radikal für alles, was sie getan hat oder was durch sie geschieht. Dann löst sich automatisch auch die Projektion auf, egal wie verwickelt die Situation auch war. Der Grund dafür ist immer einfach, nämlich dass die Person jenen ursprünglichen Schmerz repräsentiert, der unsere Projektion in Gang gesetzt hat. Im Grund gibt es nur ein einziges Problem für uns - unsere Schuld infolge der Trennung von Gott. Alle anderen Probleme ergeben sich daraus. Auch für Jesus ist das Zentrum seiner Verkündigung die Botschaft der Umkehr und Vergebung. Ja selbst seine Person steht für die Versöhnung mit Gott, d. h die Wiederherstellung der Gemeinschaft des Menschen mit Gott, die ursprünglich durch die Erbsünde und weitere Sünden des Menschen zerbrochen wurde. Wenn wir wirklich dieser Botschaft glauben würden, wäre dieses auch von T beschriebene Grundproblem des Menschen gelöst, er wäre erlöst. Weitere biblische Hinweise sind das Gleichnis vom Schuldner und das Gleichnis vom verlorenen Sohn.
Im Grunde ist es gleichgültig, wer in unser Leben kommt, um diese Aufgabe zu erfüllen. Wir glauben, irrtümlicherweise, dass es dieses Problem ohne diese Person nicht geben würde. Oft werden auch die Eltern als Ursache für unseren Schmerz und Unglück verantwortlich gemacht und wir meinen ein Anrecht darauf zu haben, wütend auf sie zu sein.
Wenn wir uns als Opfer sehen, machen wir immer den Überbringer für die schlechte Nachricht verantwortlich. Das erklärt auch, warum viele Menschen eine Partnerschaft nach der anderen eingehen, um doch nur wieder die gleiche Beziehungsdynamik herzustellen.

7.2.1.3.12 Co-Abhängigkeit und gegenseitige Projektion:
Häufig finden wir Menschen, die unseren auf sie projizierten Selbsthass nicht nur annehmen, sondern ihn auf uns auch zurückprojizieren. Ein solches Verhältnis nennt man Co-abhängigkeit. Er ist vergleichbar mit einem Suchtverhalten. Der Partner erfüllt die Funktion, den Mangel an Selbstliebe in uns zu kompensieren,

indem er uns ständig bestätigt, dass wir in Ordnung sind. So erspart er uns das Schamgefühl, dass wir so sind, wie wir sind. Wir wiederrum tun im Gegenzug dasselbe. Auf diese Weise lernen beide sich gegenseitig durch eine stark an Bedingungen geknüpfte Liebe, die auf den darunter liegenden Schuld- und Schamgefühlen beruht, zu manipulieren.
Wenn die Person uns ihre Bestätigung entzieht, sind wir wieder mit unserem Selbsthass konfrontiert. Dann bricht alles zusammen und jeder greift den anderen an und Liebe wandelt sich in Hass.

## 7.3. Ursache und Wirkung

Wir schaffen uns unsere Realität selbst nach dem Gesetz, dass jede Aktion eine entsprechende Reaktion bewirkt. Wir erzeugen daher mit unseren Gedanken unsere menschliche Welt. Wenn ein Gedanke genügend Energie ansammelt, um zu einer Überzeugung zu werden, erzeugen wir damit sogar Umstände, Situationen und sogar physische Geschehnisse, die diese Überzeugung wiederrum bekräftigen. Unsere Welt wird demnach immer so sein, wie wir glauben, dass sie ist. Jesus drückt es biblisch so aus " euch geschehe nach eurem Glauben". All unsere Gedanken und Überzeugungen, wie die Dinge sind, projizieren wir in die Welt.
Wir projizieren wie im Kino unsere persönliche Realität mit unseren Gedanken als Projektor in die Welt (S. 95). Sobald wir das erkennen, können wir für das von uns erzeugte Geschehen Verantwortung übernehmen, statt andere dafür verantwortlich zu machen. Wenn wir unsere Wahrnehmung verändern und der Rechthaberei und den Überzeugungen des Egos widerstehen, dass das was auf der Leinwand erscheine, die Realität sei, erleben wir RV. Wenn wir wissen wollen, was, unsere Überzeugungen sind, müssen wir uns nur anschauen, was in unserem Leben passiert. Wenn wir z. B nicht imstande sind, eine liebevolle Beziehung aufzubauen, sollten wir uns unsere Überzeugungen hinsichtlich unseres Selbstwertgefühls und unseres Vertrauens gegenüber dem anderen Geschlecht hinterfragen. Es genügt dabei unsere Bereitschaft, diese Situation auch anders wahrzunehmen, als vollkommen zu meiner spirituellen Entwicklung nach dem biblischen Motto: Denjenigen, die den Herrn lieben, gereicht alles zum Besten. Diese Bereitschaft reicht aus zur erforderlichen Veränderung unserer Wahrnehmung und zur Heilung des ursprünglichen Schmerzes. Wir können in der Welt des Menschlichen nichts wirklich wissen, warum eine Situation ist, wie sie ist, denn die Antwort liegt in der Welt der göttlichen Wahrheit. Alles, was wir tun können, ist, uns der Situation hinzugeben, so wie sie ist, in dem Vertrauen auf die göttliche Liebe in allen Dingen, so wie Jesus und Maria sich an das Unannehmbare hingegeben haben und damit die Welt überwunden haben, so überwinden wir durch unsere Hingabe das Gesetz von Ursache und Wirkung. Dann kommen wir in den Raum der göttlichen Gnade, in den Urgrund.

## 7.4. Transformation

### 7.4.1 Umkehr in der Sprache der Bibel:

Nach der Gesetzmäßigkeit der Polaritäten kann man die Energie des Hasses nur so verwandeln, dass wir sie in ihrer ganzen Fülle erfahren. Beispielsweise müssen wir uns zunächst vollständig als Opfer fühlen, um die Energie des Opfers zu überwinden. Um die Energie der Angst zu überwinden, müssen wir voller Hass sein. Wir müssen vollständig in die menschliche Lebenserfahrung eintauchen wie Jesus. Erst dann können wir sie vollständig vergeben. Erst in der Vergebung erinnern wir uns, wer wir sind, wie der verlorenen Sohn, der voller Scham- und Schuldgefühle sich wieder an die Gemeinschaft mit dem Vater erinnert und zum Vater zurückkehrt und erst dadurch seine barmherzige Liebe erfahren konnte. Jesus ist der Sohn Gottes, der uns wieder daran erinnert, dass wir Kinder Gottes sind und nie aus dieser Kindschaft gefallen sind, auch nicht durch die Erbschuld, die uns das glauben machen möchte.
Die Energie des Hasses wird umgewandelt, wenn jemand, der sich gehasst fühlt, die Liebe hinter dem Hass sieht und dem Menschen, der ihn hasst, vergibt. In diesem Moment öffnen sich die Herzen und Liebe fließt zwischen den beiden. So wird Hass in Liebe umgewandelt.

### 7.4.2 Transformation des Opfer-Archetyps:

Etwas zu transformieren heißt nicht, es zu verändern, sondern vollständig erfahren und so lieben, wie es ist. Nur die Liebe verändert. Die Transformation durch RV geschieht in sog. morphischen Feldern und wirkt durch morphische Resonanz. Der englische Biologe Ruppert Sheldrake vertritt die Theorie von Feldern, die aus sich selbst organisierenden und regulierenden Systemen in der Natur bestehen. Diese bilden und erhalten Muster aus schwingender oder rhythmischer Aktivität (S. 112). Elemente werden durch morphische Resonanz voneinander angezogen, um diese Felder zu erzeugen, die sich ständig verwandeln und weiter entwickeln. Wenn sich ein Element in dem Feld verändert, betrifft es das ganze Feld. Dieses Konzept scheint auf allen Ebenen anwendbar zu sein-von der Quantenphysik bis zu sozialem Gruppenverhalten. Der Gestaltbegriff könnte man ähnlich gebrauchen, wenn er sich an die Formulierung anlehnt: Das Ganze ist mehr als die Summe seiner Teile, könnte man diese Konstellation auch Feld nennen. Könnte das Feld nicht etwas so ähnliches wie die Gestalt sein? Auf der menschlichen Ebene verbinden morphische Felder Individuen durch außersinnliche und energetische Resonanz (Bewusstsein)- ein Prozess, der unabhängig von Raum und Zeit ist. Die Wirkung der Vergebung ist für die Person, der vergeben wird, unmittelbar spürbar - egal, wie weit sie entfernt ist. Dies bezeugen immer wieder Familienaufstellungen nach Hellinger. Ich selbst

bin Zeuge.
Diese Wirkung kann man auch in sog. Mediationsverfahren auf Gerichtsebene verfolgen. Ich selbst befand mich im Zuge meiner Bautätigkeiten zweimal mit Bauunternehmen in einem Mediationsverfahren, wo es um viel strittiges Geld ging.
Wir einigten uns letztendlich gütlich. T. beschreibt, wie es dazu kommen kann: Wenn zwei strittige Parteien durch morphische Resonanz zusammengehalten werden, durchläuft das Feld sofort eine Transformation und schwingt auf einer höheren Ebene, sobald der Mediator sein Bewusstsein in Richtung Liebe und Akzeptanz für die Situation verschiebt.

7.4.3 Transformationsübung:
Jedes Mal können wir, wenn wir uns bei den Nachrichten ärgern, unsere Perspektive verändern und statt zu verurteilen zu einer liebenden Akzeptanz finden in dem Wissen, dass Menschen nur ihre Rolle innerhalb des Dramas spielen, damit Heilung stattfinden kann. Gott macht keine Fehler. Sobald wir das erkannt haben, muss das Ego sterben.

7.5. Medizin und Vergebung (S. 120 ff)

Das medizinische Paradigma der letzten 300 Jahre- seit der französische Philosoph Rene Descartes den Körper als Maschine definierte-veränderte sich rapide in Richtung auf einen ganzheitlichen Körper-Geist-Ansatz. In allen östlichen Paradigmas spielt die Lebensenergie (Prana, Chi, Christus, etc.) eine entscheidende Rolle bei der Gesundheit, inwieweit sie in unserem Energiekörper frei fließen kann. Wir sind gewohnt, unseren Körper als chemische Zusammensetzung von Molekülen zu definieren. Doch im physikalischen Sinn kann er auch als "Verdichtung ineinander greifender Energiemuster (S. 120) gesehen werden.
Dieser Energiekörper wird auch noch von feinstofflichen Körpern umhüllt. Diese umhüllen ihn in Lagen wie schlingende Hüllen aus Energiefeldern. Sie haben keine klare Grenzen oder Position im Raum, sondern sind so als wären sie Teile eines Ozeans aus Energie, die auf verschiedenen Frequenzen schwingen. Die feinstofflichen Körper befinden sich in harmonischer Resonanz mit den Schwingungsmustern des physischen Körpers und ermöglichen es dem Bewusstsein (Geist), sich mit dem Körper auszutauschen. Man nennt es Körper-Geist-Kontinuum, bei dem der Geist sowohl innerhalb als auch außerhalb des physischen Körpers existiert.
Man kann dieses komplexe Konzept in eine praktische Analogie bringen. Unser Körper sei ein komplexes System von Filtern, die gelegentlich gereinigt gehören, damit die Luft wieder leichter durchziehen kann. Die Lebenskraft muss frei durch unseren physischen als auch feinstofflichen Körper ziehen können. Wenn wir uns oder andere verurteilen, projizieren, Ärger unterdrücken, am Zorn festhalten oder

ähnliches, erzeugen wir in unserem Körper oder in unseren feinstofflichen Körpern eine Energieblockade. Jedes Mal wird unser Filter ein wenig mehr blockiert, bis er ganz verstopft ist und nichts mehr durchgeht und die Flamme stirbt. In vielen Fällen äußert sich das zuerst als Depression, schließlich als Krankheit, dann als Tod, wenn die Blockaden nicht beseitigt werden. Wenn wir radikal vergeben, befreien wir enorm viel Lebensenergie, die zur Heilung, Kreativität und Leben unseres wahren Lebensinhaltes, im wahren Selbst dienen können. Wenn wir den Opfer-Archetyp loslassen, indem wir die Erlösung durch Jesu Tod und Auferstehung annehmen, füge ich als Christ hinzu, können wir unsere Schwingungen möglicherweise so weit erhöhen, dass wir eine Umkehrung des Krankheitsprozesses erreichen können. Wir erhöhen unsere Chancen noch, indem wir meditieren oder beten. Wie eine Seattle Studie zeigt kann man RV nicht machen. Es braucht die Gnade dazu. Alle Probanten berichteten: je mehr sie zu vergeben versuchten, desto weniger wurde es und desto mehr Groll verspürten sie. Als sie den Versuch aufgaben und nur noch die Bereitschaft hatten, konnten sie ihren Groll loslassen und vergeben. Eine weitere interessante Entdeckung zeigte: Vielen, denen die Vergebung gelang, wussten, dass auch ihnen irgendwann einmal vergeben wurde (irrelevant wer und wofür). Wenn wir spüren, dass uns wirklich vergeben wurde, setzt dies unsere eigene Energie frei, um nicht nur anderen, sondern auch uns zu vergeben. Die Bibel bestätigt diese Erfahrungen, wenn sie immer wieder betont, dass Gott dem Menschen zuerst die Vergebung durch seinen Sohn zuspricht, wie auch schon erwähnte Gleichnisse vom Schuldner und verlorenen Sohn zeigen.

### 7.5.1 Ursprünge von Krankheiten:

Energieblockaden beginnen immer in den feinstofflichen Körpern. Wenn sie nicht auf dieser Ebene aufgelöst werden, setzten sie sich nach innen in den physischen Körper fort und manifestieren sich schließlich als Krebs, Multiple Sklerose, Diabetes oder ähnliches.

Es gibt mittlerweile sehr komplexe diagnostische Systeme, wie z. B die elektrodermale Screeninggeräte, die hauptsächlich von Heilpraktiker, Homöopathen und Osteopathen eingesetzt werden. Diese Geräte verwenden Akkupunkturpunkte, um die Organsysteme des Körpers zu prüfen.

Man kann sich auch zu einem intuitiven Mediziner begeben, der Aura lesen kann. Die Heilung eines Krankheitsmusters im feinstofflichen Körper ist weitaus einfacher als wenn es sich später in die physische Materie verdichtet hat. Sobald dies geschehen ist, ist das Muster resistent gegenüber Veränderungen geworden.

### 7.5.2 Emotionaler Müll

Quantenphysiker haben tatsächlich bewiesen, dass Gefühle sich zu Energiepartikel verdichten, die, wenn sie nicht als Gefühle gelebt werden, sich in den Zwischenräumen zwischen den Atomen und Molekülen ablagern können. Sobald sie noch als reine Energieform im feinstofflichen Körper, in diesem Fall im emotionalen, ist, kann sie noch leicht freigesetzt werden. Die beste Methode, diese Partikel aus dem Weg zu räumen ist eine Kombination aus RV, Hier und Jetzt-Arbeit nach Tolle in Verbindung mit Atemarbeit.

7.5.3 Warum wir nicht heilen (S. 135ff)

Zeit und Heilung stehen in direktem Zusammenhang. Um uns so weit zu entwickeln, dass wir zu unserer Heilung beitragen können, müssen wir unser Bewusstsein, wie T ähnlich wie Tolle betont, überwiegend in der Gegenwart haben- nicht in der Vergangenheit, nicht in der Zukunft, sondern im Hier und Jetzt. T zitiert Carolyne Myss, die meint, dass Menschen, die mehr als 60 % ihrer Lebensenergie dazu benutzten, um ihre Vergangenheit aufrechtzuerhalten, nicht fähig sind, sich energetisch zu heilen; sie müssen mit chemischen Medikamenten behandelt werden. Wenn ein Mensch mit ca. 70 % seiner Lebensenergie damit beschäftigt ist, die negativen Erfahrungen aus Kindheit und Jugend, die Verluste, Enttäuschungen, und den Groll der Vergangenheit zu verarbeiten, und weitere 10-20 % um die Zukunft zu planen, sich Sorgen zu machen und zu versuchen, die Zukunft zu kontrollieren, bleibt wenig Energie für die Gegenwart oder Heilung übrig. Es raubt dagegen keine Energie, wenn wir unsere negativen Erinnerungen verarbeitet haben (Abb 12, S. 135).

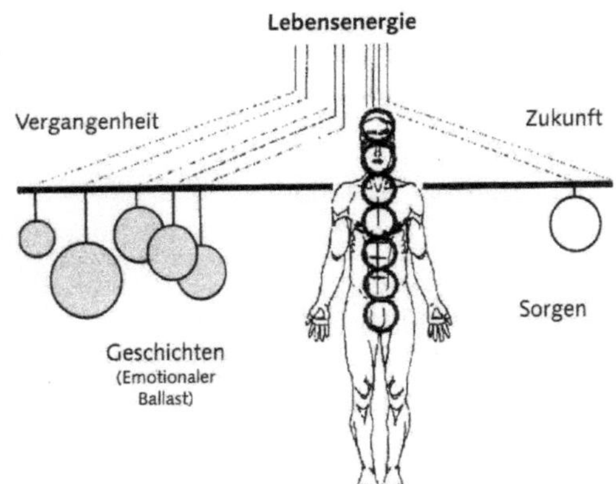


Wir können beruhigt sein-das Leben hat seine eigene Art, uns und unsere Energie in die Gegenwart zu bringen, häufig durch traumatische Erfahrungen oder katastrophale Situationen. Dann bringen wir unser gesamtes Bewusstsein instinktiv in die Gegenwart. Das Gegenwärtige konzentriert die Kraft und Energie, sodass eine Mutter, deren Kind unter einem Auto eingeklemmt ist, plötzlich imstande ist, das Auto anzuheben. Wir haben die Wahl, ob wir unsern Opfer-Archetyp fallen lassen und unsere Energie in die Gegenwart bringen durch

RV oder wir warten auf ein traumatisches Erlebnis, eine Katastrophe oder eine Krankheit, die uns ins Jetzt zwingt. Was können wir tun, um die Muster von Umwälzungen und gesamten Entwicklungen, wie z. B. Polverschiebungen, Erdbeben, Überschwemmungen, Klima-veränderungen, Vulkanausbrüche, politische Umwälzungen, Religionskriege, etc., die bereits im ätherischen Körper der Erde vorgezeichnet sind, aufzulösen, bevor sie sich als Katastrophe im Physischen manifestieren. Die Lösung scheint erstaunlicherweise im Gebet zu liegen. Wissenschaftler glauben, dass Gebete tatsächlich eine Wirkung haben. Wir erzeugen mit Hilfe des Gebetes unsere Wirklichkeit. Gemeint sind jedoch nicht Bitten und Forderungen an Gott, dass etwas Bestimmtes geschieht oder verhindert wird.

Das Wesen des Gebetes besteht nicht aus Worten oder Gedanken, sondern darin, uns vollständig dem Gefühl hinzugeben, dass wir es bereits haben und wissen, dass es uns bereits gegeben wurde. Ein Gefühl der Dankbarkeit und des Friedens kommt seinem Wesen wohl am nächsten. Ein Frieden, der eintritt, wenn wir uns vollständig dem hingeben, was ist, so, wie es ist; in der Gewissheit, dass der göttliche Geist für alles perfekt sorgt und alles zum Besten sich wenden wird, wenn wir uns selbst nicht im Wege stehen. Jesus formuliert: glaubt, dass ihr es schon erhalten habt... denjenigen, die Gott lieben, wird alles zum Besten gereichen. Nur wenn wir uns vollständig im Hier und Jetzt hingeben wie Jesus, öffnet sich die Energie und Veränderungen können stattfinden. Also nicht für den Frieden beten, sondern dafür, dass wir ihn fühlen.

### 7.5.4 Heilsame Krise:

Wir sind gegenwärtig Zeugen einer heilsamen Krise, die unser Planet und die gesamte Menschheit durchlaufen. Es kann noch schlimmer werden, bevor es besser wird. Eine heilsame Krise findet immer dann statt, wenn ein Organismus etwas durchmacht, was wie eine dramatische Veränderung aussieht, wie hohes Fieber oder ein schlimmer Ausschlag, kurz bevor eine Verbesserung eintritt. Die Verschlimmerung dient zur Reinigung und Entgiftung. Auch in einer solchen heilsamen Krise arbeitet Gott mit uns und dem Planeten zu unsrem Besten, zur Heilung, alles ist vollkommen in seinem göttlichen Plan. Bedenken wir aber: Die gesamte physische Welt ist eine Illusion, also auch die planetarische Veränderungen. Das erklärt, warum ein Wandel im menschlichen Bewusstsein die Situation schlagartig verändern kann. Wie wir die Veränderungen wahrnehmen, hängt ganz von unserer Wahrnehmung des Geschehens ab. Sehen wir es als eine Läuterung des Bewusstseins und als heilsame Krise, die zu einer spirituellen Transformation führt. Dann wird sie in starkem Kontrast stehen zu der Wahrnehmung aus der Opferrolle. In dieser muss ich alle Katastrophen als Strafe für unsere zum Himmel schreiende Dummheit ansehen. Eine alte Weisheit, die besagt "wie oben-so unten", stellt die heilende Antwort auf Krebs in unserem

Körper und die planetarischen Probleme auf eine Stufe, die besagt, dass nur Liebe oben und unten heilt, nicht etwa toxische Medikamente oder gewaltsame, politisch motivierte High-Tech-Lösungen für die Probleme unserer Erde. Wir können wie bei allen Heilungsprozessen unserer Seelenleiden schon bei den ersten Anzeichen unterdrückter Schmerzen heilen, oder wir können warten, bis die Katastrophe uns wachrüttelt. Wir müssen durch RV unsere Schwingungen so weit anheben, dass wir die schlimmen Prophezeiungen für die Menschheit und die Erde verändern, d. h unser Leben dauerhaft darauf gründen, uns selbst und unsere Mitmenschen zu lieben und zu akzeptieren. Wir müssen uns selbst vergeben, uns und den Planeten misshandelt zu haben und mit so vielen Menschen wie möglich auf der ganzen Erde für Frieden beten, besser gesagt: nicht für den Frieden, sondern darum zu beten, Frieden zu fühlen.

7.6. Die Glaubensgrundsätze von RV (S. 148ff)

Wissenschaft und Mystik kommen zu erstaunlicher Übereinstimmung seit ein paar Jahren. Die Quantenphysik beweist die Wahrheit dessen, was Mystiker seit Jahrhunderten wissen. Die nun folgenden Grundannahmen der RV fassen diese gemeinsamen Erkenntnisse zusammen. Sie sind jedoch nur als Annäherung an die Wahrheit zu verstehen, die sicher immer jenseits des Verständnisses von Sterblichen zu liegen scheint.

7.6.1. *"Im Gegensatz zu den Ansichten der meisten westlichen Religionen sind wir keine menschlichen Wesen, die eine gelegentliche spirituelle Erfahrung machen, sondern wir sind spirituelle Wesen, die eine menschliche Erfahrung machen".*

Das ist eine fundamentale Umkehr unseres Denkens darüber, wer wir sind und welche Beziehung wir mit Gott haben. Statt davon, dass wir "gefallen" und von Gott getrennt sind, geht diese Annahme davon aus, dass wir noch immer sehr mit Allem-Was-Ist verbunden sind und das Leben nur ein kurzes Zwischenspiel zum Zweck des Lernens und des Ausgleichs von Energie ist. Sie geht davon aus, dass Gott nicht irgendwo da
oben herrscht, sondern Gott in jedem von uns lebendig ist. Durch sie wird unsere duale Gott-Mensch Natur betont, die meiner Ansicht nach in Jesus Christus sich widerspiegelt. Der Pulitzer-Preisträger Ernst Becker formuliert dies sehr drastisch:"Der Mensch ist ein Gott, der aufs Klo geht". Diese Annahme ist eine direkte Bedrohung für das Ego, das aus einer Ansammlung von Überzeugungen besteht, die uns im Grund immer nur weismachen wollen, dass wir uns von Gott getrennt hätten und so seinen Zorn auf uns gezogen hätten, weil wir die Erbsünde der Trennung begingen. Wenn wir doch gar nicht getrennt von Gott wären, sondern im Gegenteil alle vollkommen miteinander verbunden sind, wie auch viele christliche Mystiker wie Hildegart von Bingen erkannt haben, hört das Ego auf zu existieren.

7.6.2. Wir haben physische Körper, die sterben, doch wir sind unsterblich.
Seele ist nach T. der Teil von uns, der reines Bewusstsein ist, verbunden mit dem größeren Ozean des Bewusstseins, der Alles-Was-Ist bildet. Im Rahmen unsrer Inkarnation nimmt sie einen individuellen Charakter an, wie ein winziger Tropfen in diesem Ozean oder ein göttlicher Funke, wie auch die christlichen Mystiker sagen. Da wir Teil des Ozeans von Allem-Was-Ist sind, haben wir schon immer als Seele existiert. Sie hat weder Anfang noch Ende, sie existiert außerhalb von Zeit und Raum und ist unsterblich. Während unserer Inkarnation hält unsere Seele die Verbindung zur Welt der göttlichen Wahrheit und zu Allem-Was-Ist aufrecht und ist verantwortlich für unsere spirituelle Entwicklung. Sobald die Seele eine Inkarnation eingeht, verbindet sie sich mit einem Körper und eine Persönlichkeit, die eine Identität bilden. Diese erzeugen wir selbst, basierend auf unserem Selbstbegriff, den wir der Welt gegenüber zeigen. So wird sie empfänglich für Stress der menschlichen Existenz und kann sogar daran erkranken. Auf unserer Reise zur Ganzheit erzeugen wir energetische Unausgeglichenheiten, die wieder ausgeglichen werden müssen. Diese Zustände nennt man Karma. Wenn wir beispielsweise andere ausnutzen und betrügen, müssen wir irgendwann einmal selbst die Erfahrung machen, ausgenutzt zu werden, um diese Energie auszugleichen. Das ist keine moralische Übung und hat nichts mit richtig oder falsch zu tun.

Das Universum ist völlig neutral. Es geschieht einfach zum Ausgleich von Energien und unterliegt dem Gesetz von Ursache und Wirkung. Dies besagt, dass es für jede Aktion eine ausgleichende Reaktion geben muss. Die Menschen, mit denen wir spielen, und die Spiele, die wir mit ihnen spielen, drehen sich alle um diesen Ausgleich von Energie. Unsere Seele heilt jedes Mal ein Stück mehr in Richtung Ganzheit, wenn wir unsere karmischen Energien ausgleichen. So ist jede Inkarnation ein weiterer Schritt auf dem Weg zur Gesundung.

Da es in der Welt der göttlichen Wahrheit keine Zeit gibt, geschehen alle Inkarnationen gleichzeitig. Wenn wir in einem Leben heil werden, werden wir gleichzeitig in allen anderen Leben gesund. Die Realsierung der RV in einem Leben ist daher für die Seele ungeheuer wertvoll, da sie alle anderen Inkarnationen gleichzeitig mit der gegenwärtigen heilt.

Nelson Mandela hat das kollektive Karma ausgeglichen, als er einer ganzen Generation von Weißen in Südafrika für die Misshandlung der Schwarzen vergab. Jesus Christus hat durch seinen Tod und Auferstehung das universelle Karma aller Zeiten, so würde ich es bezeichnen, ausgeglichen. Jeder Christ, der daran glaubt, kann die RV praktizieren. Unsere Seele führt uns immer in Richtung Heilung und erzeugt Situationen, die uns die Gelegenheit bieten, karmische Energie auszugleichen. Wenn diese Heilung jedoch nicht auf der Ebene der göttlichen Wahrheit erreicht wird, neigen wir dazu, die Unausgewogenheit wiederherzustellen, indem wir wieder in den Kreislauf von Groll, Rachsucht und

Opferbewusstsein geraten. So dreht sich das Rad des Karmas weiter. RV unterbricht den Kreislauf.

7.6.3 *Unser Körper und unsere Sinne sagen uns, wir seien getrennte Individuen. In Wahrheit sind wir jedoch eins. Wir schwingen individuell als Teil eines Ganzen.*
Wir sind nicht unser Ego, nicht unser Körper, nicht unser persönliches Ich oder Rolle, die wir täglich spielen. Das Aufrechterhalten dieser Überzeugung macht es unmöglich, uns daran zu erinnern, wer wir wirklich sind- eine individuelle Seele, erschaffen als Teil Gottes und existierend in Einheit mit Gott.

7.6.4 *Als unsere Seelen eins mit Gott waren, spielten wir mit dem Gedanken, Trennung sei möglich. Wir verstrickten uns in diesen Gedanken, der zur Illusion oder dem Traum wurde, den wir nun leben. Es ist ein Traum, da die Trennung nicht tatsächlich stattfand. Wir glauben nur, dass sie stattfand- und dieser Gedanke ließ jenes System von Überzeugungen entstehen, das wir das Ego nennen.*
Einst waren wir ganz von Gott, dem Alles-Was-Ist, durchdrungen. Wir waren formlos, unwandelbar, unsterblich und kannten nur Liebe.
Dann wollten wir es ausprobieren, wie es ist, in die physische Realität hinabzusteigen, um die entgegengesetzte Energien zu erfahren, nämlich Form, Wandel, Trennung, Angst, Tod, Beschränkung und Dualität. Wir brachten unsere energetische Schwingung auf eine niedrige Energie, um sie in einer physischen Form zu verdichten. Dabei vergaßen wir unsere Verbindung zu Gott und meinten, dass wir tatsächlich von Gott getrennt seien.
Dieser Traum wurde für uns so real, dass wir Schuldgefühle bekamen, weil wir die Erbsünde der Trennung begangen haben. Wir bekamen auch Angst vor dem Zorn Gottes, mit dem er uns für diese Trennung vermeintlich strafen wollte. Dieser mächtige Glaube an Sünde, Schuld, und Angst wurde zum Ego, das sich dann zu einer mächtigen Kraft in unserem Leben entwickelte und in unserem Denken eine Welt entstehen ließ, die von Angst, Zorn und Zeit dominiert wurde. Bis heute wird die Welt von Angst dominiert, nicht von Liebe.

7.6.5. *Als wir uns entschlossen, das Experiment einer physischen Inkarnation einzugehen, gab uns Gott völlig freien Willen, dieses Experiment auf unsere Weise zu leben und selbst den Weg zurück zu Allem-Was-Ist zu finden.*
Mein theologischer Kommentar: Weil das Ego uns so perfekt im Griff hatte und wir wirklich von der Trennung und dem Zorn Gottes auf uns überzeugt waren, musste Gott uns seinen Sohn Jesus Christus schicken, um uns wieder daran zu erinnern, dass wir Gottes Kinder sind, um aus unserem Traum aufzuwachen. Glaube, Gebet und RV führen wieder zur Gemeinschaft mit Gott zurück.

7.6.6 *Das Leben ist kein Zufallsereignis. Es hat ein Ziel und bietet die Grundlage für die Entfaltung eines göttlichen Planes mit der Möglichkeit, in jedem Moment neu zu wählen und zu entscheiden.*
Die scheinbar zufälligen Ereignisse unseres Lebens unterliegen einem göttlichen Plan, über den im Voraus entschieden wird und der auf unser spirituelles Wachstum ausgerichtet ist. Je mehr wir uns der Entfaltung dieses Planes hingeben, ohne zu versuchen, die Kontrolle zu behalten, desto friedvoller werden wir. Hier spricht T kongenial zu Tolle von der Hingabe an das, was ist, so wie es ist, ohne in den Widerstand zum Leben zu gehen. Wir schaffen gemeinsam mit dem göttlichen Geist unsere Lebensumstände und bekommen ausschließlich, das, was wir brauchen, (hier schreibt T. "wollen", was meiner Ansicht nach nicht stimmt, weil wir sie ja meistens nicht wollen, aber brauchen, um uns spirituell zu entwickeln, bzw. zu heilen) um zu heilen. Das Ausmaß unseres Widerstandes gegen das, was wir bekommen, bestimmt, ob wir das Leben als schmerzhaft oder freudig empfinden. Freude oder Schmerz hängt davon ab, ob wir uns vollständig aufs Leben einlassen können, weil wir darauf vertrauen, dass für uns vollkommen gesorgt wird und dass wir in jedem Moment getragen werden- egal, was passiert.

7.6.7. *Die physische Realität ist eine Illusion unserer fünf Sinne. Die Materie besteht aus ineinander greifender Energiefelder, die mit unterschiedlichen Frequenzen schwingen.*
Für die meisten Menschen ist es schwierig, Materie als Energiefeld zu betrachten. Wissenschaftler sprechen vom Menschen als Geist-Körper Kontinuum, d. h unser Körper besteht aus mehr als Zellen, Molekülen und Atomen. Er besteht in Wirklichkeit aus Verdichtungen ineinander greifender Energiefelder, sog. Hologramme. Hologramme sind scheinbar reale, von Laserstrahlen erzeugte dreidimensionale Bilder. In der Quantenphysik gibt es die Theorie, dass das gesamte Universum, einschließlich des Menschen, ein Hologramm sei.
Einige Energiefelder schwingen in Frequenzen, die sie beobachtbar und messbar machen. Sie können physische Eigenschaften bekommen, wie Gewicht, Volumen, Härte und Flüssigkeit. Wir geben solchen Energiemustern Namen wie Holz, Stahl, Leder, Whisky, etc. Diese materiellen Energiefrequenzen können wir mit unseren fünf Sinnen wahrnehmen. Das Beispiel eines Stahlträgers, der Häuser trägt, soll deutlich machen, was gemeint ist: Für unser Sehvermögen und unseren Tastsinn ist er stabil, schwer und hart. Wir wissen gleichzeitig, dass er vollständig aus Atomen besteht, d. h Elektronen, die um einen Kern aus Protonen kreisen. Um ein Gefühl für das räumliche Verhältnis von Atomkern zum Elektron zu bekommen, stelle man sich ein Fußballstadion mit einem Fußball in der Mitte vor. Ein Gegenstand von der Größe eines Golfballes umkreist nun den Fußball mit einer Geschwindigkeit von mehreren Tausend Stundenkilometer auf einer

Kreisbahn von der Größe des Stadions. Soviel Größenunterschied besteht zwischen Elektron und Atomkern und so viel Raum liegt dazwischen. Atome bestehen also zu 99,99 % aus leerem Raum. Da Materie zu 99,99 % aus Atomen besteht, muss sie also auch zu 99,99 % aus Raum bestehen, sowohl der Metallträger also auch wir. Der Träger wirkt aus demselben Grund so solide, aus dem ein sich schnell drehender Ventilator den Eindruck eines festen Gegenstandes macht.
Wie die Blätter eines Ventilators besteht jedes Stück Materie aus einer Masse von Elektronen, die sich so schnell drehen, dass sie unseren Sinnen, wie etwas Festes erscheinen. Würden die Elektronen stoppen, würde der Stahlträger augenblicklich verschwinden, sich in Luft auflösen. Materie ist Schwingung- nicht mehr und nicht weniger. Unsere Sinne sind so auf diese Schwingungen eingestimmt, dass sie von unserem Verstand als Materie gedeutet werden.

7.6.8. *Wir haben sowohl feinstofflichen Körper als auch einen physischen Körper. Unser physischer schwingt mit der Frequenz der Materie (Welt des Menschlichen), während die höchsten beiden unserer fünf feinstofflichen Körper annähernd mit der Frequenz der Seele schwingen (Welt der göttlichen Wahrheit) (Abb. 10, S.121 ).*

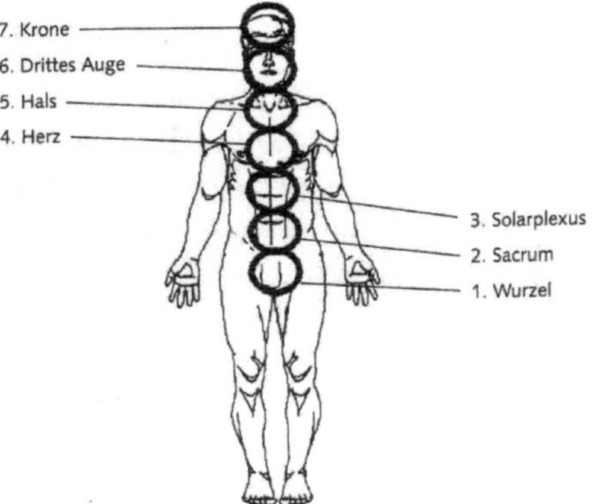


7.6.8.1 Der ätherische Körper: er trägt die energetische Schablone des physischen Körpers. Er sorgt dafür, dass die Muster-harmonische und disharmonische-im Körper bestehen bleiben, wenn sich die Zellen jedes Jahr erneuern. Er richtet sich nach dem genetischen Code unserer Nase und Größe, aber auch an welchen Vorurteilen wir festhalten und was wir gerne essen. Er erinnert sich an unsere Stärken, Schwächen und Krankheitsmuster.

7.6.8.2 Der emotionale Körper:

Er heißt auch Astralkörper und schwingt eine Oktave höher als das ätherische Feld. Er durchdringt das ätherische Feld des physischen Körpers und zeigt sich in Gefühlen. Eine Emotion besteht aus einem Gedanken, der an ein Gefühl gebunden ist, das gewöhnlich in einer physischen Aktion oder Reaktion sich Ausdruck verschafft. Wenn wir unsere emotionale Energie durch Unterdrücken oder Verdrängen eingrenzen, erzeugen wir Energieblockaden in jedem Körper. Jegliche Energie, wie z. B Ärger oder Groll, die im emotionalen Körper festsitzt, muss erst befreit werden, dass die Wahrnehmung sich verändern kann, die für RV notwendig ist.

7.6.8.3 Der mentale Körper:
Er ist zuständig für unsere geistigen Funktionen, wie Gedächtnis, rationales Denken, konkrete Gedanken usw. Quantenphysiker gehen davon aus, dass der Geist das Gehirn, ja sogar den Körper insgesamt übersteigt. Sie gehen davon aus, dass Geist und Gedanken holografisch zusammenspielen und dass jede Zelle eine Blaupause des Ganzen in sich trägt. Viele Quantenphysiker glauben, dass das Gedächtnis in holografischer Form in einem Energiefeld gespeichert ist, das unabhängig vom Körper existiert. Beweise hierfür sind z. B Organtransplantationen, wo es oft vorkommt, dass die Organempfänger die Träume der Organspender träumen.

7.6.8.4 Der kausale Körper oder das Feld der Intuition:
Er schwingt auf der nächst höheren Oktave. Wir können ihn unsere Seele nennen bzw. höheres Selbst oder Verbindung zur Welt der göttlichen Wahrheit. Dieses Feld befasst sich mit der begrifflichen, abstrakten und symbolischen Ebene. Es geht hier um Essenz, Intuition und direktes Wissen aus dem kollektiv Unbewussten, zu dem wir alle Zugang haben. Die Vorstellung der feinstofflichen Körper findet sich in zahlreichen spirituellen Überlieferungen der ganzen Welt, besonders im Orient.

7.6.9 *Universelle Energie wird als Lebensenergie und Bewusstsein über das Chakra-System in unsere Körper gebracht. Die ersten drei liegen auf der Ebene der Welt des Menschlichen, während die Chakras vier bis acht näher an der Ebene der göttlichen Wahrheit sind.*
Wir besitzen neben dem Ozean der Energie, in dem sich unsere unterschiedlich schwingenden feinstofflichen Körper befinden, auch ein System von Energiezentren, die sich übereinander in unserem Körper aufreihen: die sogenannten Chakras, ein Sanskrit Wort für "Räder aus Energie“ (Abb. 13 S. 163).

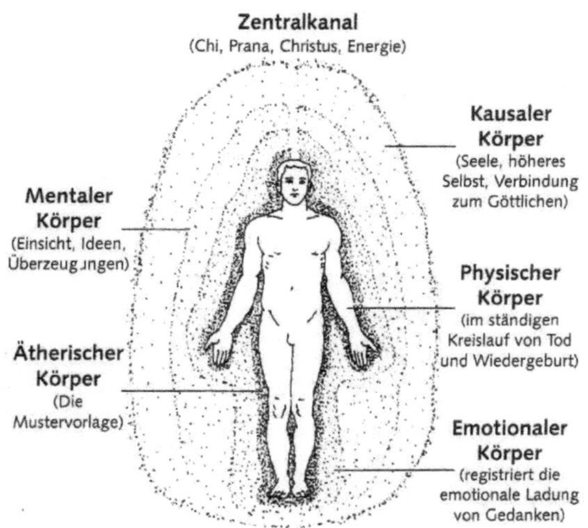


Sie haben die Form von Strudeln aus drehender Energie. Sie funktionieren wie Transformatoren. Sie nehmen die Energie auf, die aus dem Universum zu uns kommt (Prana, Chi, Christus-Energie). Sie wandeln sie in Frequenzen um, die von den bio-molekularen und zellulären Prozessen unseres physischen Körpers genutzt werden können. Chakras sind die Verbindungspunkte der feinstofflichen Körper mit dem physischen Körper. Hier werden die verschiedenen Ebenen des Bewusstseins zusammengeführt. Sie verarbeiten tägliche Erfahrungen, Gedanken, und Gefühle und tragen langfristige Informationen bezüglich der individuellen und menschlichen Geschichte, vor langer Zeit gebildete Gedankenmuster und Archetypen mit sich.

Die ersten drei Chakras schwingen auf niedriger Frequenz der Existenzkette in der Welt des Menschlichen verwurzelt. Herkömmliche Vergebung ist die einzige Art der Vergebung, die mit diesem Bewusstsein möglich ist. Das Bewusstsein des fünften bis achten Chakras hängt mit den Energien der Welt der göttlichen Wahrheit zusammen. Das vierte Herz- Chakra ist die Verbindung zwischen der Welt des Menschlichen und des Göttlichen.

Jedes Chakra steht mit einer endokrinen Drüse in Verbindung und entspricht einem bestimmten Nervenknoten in dem entsprechenden Körperbereich. Jedes hat eine entsprechende Farbe und ein Ton und versorgt einen bestimmten Bereich des Körpers mit Energie. Sie dienen gleichzeitig als Datenbank und Prozessoren für jene Teile des Körpers, mit denen sie verbunden sind. Sie sind für ihre Funktionen zuständig.

Das erste (Wurzel) Chakra trägt die Informationen, die mit unserer Verwurzelung in Mutter Erde und Themen wie Grundvertrauen, Sicherheit, und Überlebenswillen zu tun haben. Es wird vom Stammes- oder sozialen

Bewusstsein gelenkt.
Das zweite (Sakral) Chakra trägt die Informationen in Bezug auf Kreativität, sexuelle Energie, Geld, und Schuld. Es wird ebenfalls vom Stammesbewusstsein gelenkt.
Das dritte (Solarplexus) Chakra trägt die Informationen von Macht und Kontrolle, sozialen und familiären Beziehungen, Betrug und Groll. Es wird ebenfalls vom Stammesbewusstsein gelenkt.
Das vierte (Herz) trägt die Informationen über die Angelegenheiten des Herzens, Beziehungen, Liebe, Pflege und Mitgefühl. Das ist das erste Chakra, das uns Selbstbestimmung verleiht.
Das fünfte (Hals) Chakra trägt Informationen über Dinge, die im Zusammenhang mit persönlicher Macht, individuellen Willens und kreativem Ausdruck zur Entfaltung gebracht oder zurückgehalten werden. Es ist vom individuellen Bewusstsein gelenkt.
Das sechste Chakra, das dritte Auge, trägt Informationen über intuitives Wissen, Hellsichtigkeit und den Willen, die Wahrheit zu erkennen. Es geht hier aber nicht um eine soziale, sondern individuelle Erfahrung des kosmischen Bewusstseins.
Das siebte Chakra (Kronen) trägt Informationen über spirituelles Bewusstsein und die Verbindung zur Quelle.
Das achte Chakra über dem Kopf stellt unsere Vereinbarung zur Inkarnation dar und enthält die Mission unseres Lebens. Obwohl das Chakren-System in östlichen medizinischen Traditionen eine zentrale Rolle spielt, ist es in der westlichen kaum beachtet. Seine zentrale Funktion für Gesundheit, spirituelles Wohlbefinden und das Schwingungsverhalten des menschlichen Körpers findet im Westen leider zu wenig Beachtung. Doch wenn die Energiezentren aus dem Gleichgewicht geraten- wenn man z. B emotional gestört oder verletzt wird- kehren sie ihre Drehrichtung um, werden unberechenbar und versagen in einigen Fällen ihren Dienst. Ärger, Groll und Verletztheit neigen dazu, das Herz- und Halschakra zu schließen, Schuld und Mangel an Vertrauen schwächen das Sakral-Chakra.
Die Auswirkungen solcher energetischer Gleichgewichtsstörungen sind Antriebsschwäche, allgemeines Unwohlsein, sexuelle Müdigkeit, Unfähigkeit zum authentischen Selbstausdruck und etliche andere Symptome, für die man keine medizinische Erklärung findet. Wenn sie lange Zeit kein Gleichgewicht finden, führt dies früher oder später unvermeidlich zu Krankheiten des physischen Körpers. Eine Krankheit beginnt immer in den Energiefeldern, zu denen die Chakras und die feinstofflichen Körper gehören, und breiten sich dann in den physischen Körper aus. Glücklicherweise können sie relativ schnell wieder ins Gleichgewicht gebracht werden durch die Energiemedizin wie etwa Akkupunktur, Homöopathie oder Heiler, die Chakren spüren und wieder ins Gleichgewicht bringen können.

7.7. Die spirituelle Technik (S. 168ff)

RV ist Energiemedizin und wirkt wie Homöopathie, d. h holoenergetisch, sie verwendet die Energie des Ganzen. Als Bestandteil eines holografischen Universums ist nicht nur jeder noch so kleine Teil energetisch mit dem Ganzen verbunden - er enthält auch das Ganze. Man kann also keinen Teil verändern ohne das Ganze zu verändern. Eine kaum physische Spur der Substanz registriert der feinstoffliche Körper und wird dadurch angeregt, Energien so zu aktivieren, wie es zur Heilung notwendig ist. Bei der RV braucht es nur die Bereitschaft der Offenheit, dass es nichts zu vergeben gibt. Es gilt nur anzunehmen, dass alles meiner Heilung dient.

7.8. Die fünf Stadien der RV (S. 175ff)

7.8.1 Stadium: Die Geschichte erzählen

Hier geht es darum, dass wir ein Teil des Schmerzes fühlen sollen, der die ursprüngliche Blockade verursachte.

7.8.2 Auf Gefühle einlassen:

Erst, wenn wir uns gestatten, unseren Schmerz zu fühlen, kann die Heilung beginnen.

7.8.3. Die Geschichte auseinander nehmen. Wie eine falsche Geschichte heranwächst.

Hier geht es darum, zu erkennen, dass die Geschichten überwiegend nicht der Wahrheit entsprechen und vom Ego verwendet werden, um uns im Opfer-Archetyp gefangen zu halten. Die meisten dieser Geschichten haben ihren Ursprung in der frühen Kindheit, als wir uns vorstellten, die ganze Welt drehe sich um uns und daher sei alles unsere Schuld. Hier wende ich Innere Kind Arbeit an, damit sich diese illusionären Geschichten lösen können durch Einsatz der Erwachsenenperspektive. Das Innere Kind muss mit der ungeschminkten Realität konfrontiert werden, was wirklich passiert ist- im Gegensatz zu der Deutung, die unser Ego Denken anstellt. Manche Geschichten sind erstaunlich lächerlich, wenn sie unter das Licht der Realität und Wahrheit kommen. Bei diesem Stadium geht es darum, unsere Geschichten so nicht festzuhalten, um der Geschichte einen neuen Rahmen zu geben.

7.8.4 Der Geschichte einen neuen Rahmen geben

Hier geht es um eine Verschiebung unserer Wahrnehmung. Der erste Schritt ist meistens der, einmal aufzugeben, alles erklären zu wollen. Statt die Situation als Tragödie zu sehen, entwickeln wir Bereitschaft, dass sie genau das war, was wir

erfahren wollten und was für unsere spirituelle Entwicklung notwendig war. In diesem Sinn war sie vollkommen.
So können wir zumindest den Gedanken zulassen, dass das Geschenk in der Situation enthalten ist. Das Aufgeben und Zulassen ermöglicht uns, das Geschenk lieben zu lernen.

### 7.8.5 Integration:

Nachdem wir in Stadium 1-4 die Bereitschaft entwickelt haben, die Vollkommenheit in der Situation zu sehen, müssen wir versuchen, diesen Wandel auf Zellebene zu integrieren, quasi auf Festplatte zu speichern. Dies geht gut mit Tanzen, Rituale, Zeremonien, Musik, Atemarbeit etc. Wenn man mit dem Arbeitsblatt arbeitet, geht die Integration mit dem Aufschreiben und laut Lesen der Sätze. Bei der CD geht es um verbale Affirmationen. Diese fünf Stadien geht man nicht unbedingt in dieser Reihenfolge durch. Oft geht man durch alle gleichzeitig oder durch ein Teil durch oder mehrmals von einem zum nächsten und wieder zurück.
RV ist ein Abenteuer, das an einem Ort begann, wo es keine Vergebung gibt. Es kann Jahre gehen oder auch ein paar Minuten, abhängig davon, wie wir uns entscheiden. Jedes Mal, wenn wir die Bereitschaft zum Ausdruck bringen, in jeder Situation Vollkommenheit zu sehen, wächst Vertrauen und Bitte um göttlichen Beistand, der uns hilft. Auch in Momenten, wo wir uns nicht fähig fühlen, tun wir so als ob, so lange bis es klappt. Als Christ glaube ich daran, dass ich die Fähigkeit schon erhalten habe, bevor ich darum bitte: Betet so, dass ihr glaubt es schon erhalten zu haben...dann wird es euch gegeben (Mk 11,24)
Wenn ich so tue als ob bedeutet das, dass man sich dem Prozess ganz hingibt. Die Seattle Studie hat gezeigt, dass man durch Machen-Wollen RV eher verhindert. RV bewirkt, dass sich Ärger und Schuldzuweisung energetisch verschiebt zu Vergebung und Verantwortung. Es kann eine Zeit lang gehen, bis wir die betreffende Person bedingungslos akzeptieren. Wir müssen sie nicht unbedingt mögen, noch mit ihr aushalten, wenn sie Gift für unsere Seele ist. RV erfordert lediglich, dass wir eine Verbindung auf seelischer Ebene zu ihr finden und mit ihr eins werden. Jedes Mal, wenn wir uns über eine Person ärgern, ist dies eine Gelegenheit für RV, weil sie bei uns etwas anspricht, was wir heilen müssen. Die Situation spiegelt möglicherweise ein Ereignis, bei dem uns etwas Ähnliches angetan wurde. Dann steht die Person stellvertretend für all die anderen, die uns in unserem Leben jemals etwas Ähnliches angetan haben (Siehe Abb. 14).

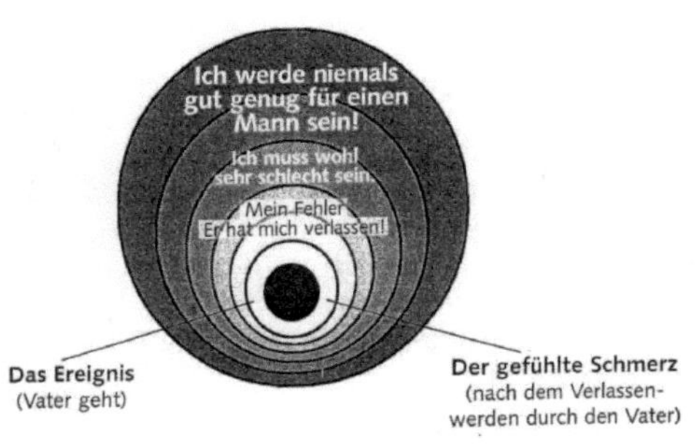


Die Verschiebung der Wahrnehmung ist das Zentrum der RV. All diese Prozesse führen uns ins Jetzt, indem sie uns helfen, unsere Energie aus der Vergangenheit und aus der Zukunft in die Gegenwart zu holen. Beides ist erforderlich, um einen Wandel zu bewirken. Wenn wir im Jetzt sind, können wir keinen Groll empfinden, denn dieser lebt nur in der Vergangenheit. Auch keine Angst, denn diese lebt nur in der Zukunft. Das Jetzt ist der Raum, in dem Liebe, Akzeptanz und RV herrschen.

Hier kommt T wieder ganz auf Tolle und Gestalttherapie hinaus. Er nennt noch einige Methoden, wie wir in die RV kommen (S. 186 f). Über die Wut schreibt T: Eine Wut auf jemanden ist im Grund eine sekundäre Emotion. Primär steckt unter der Wut immer ein emotionaler Schmerz, wie verletzter Stolz, Scham, Frustration, Traurigkeit, Schreck oder Angst. Wut ist die Energie in Bewegung, die aus der Unterdrückung dieses Schmerzes kommt. RV erfordert, dass wir nicht nur mit unserer Wut in Berührung kommen, sondern auch mit der ihr zugrunde liegenden Emotion, dass wir sie fühlen, aber nicht über sie reden und analysieren oder ein Etikett verpassen. Das Fühlen im Hier und Jetzt ist natürlich auch ein gestalttherapeutisches Credo und das von Tolle. Das darüber reden ist wieder ein Versuch, sich gegen das Fühlen zu sträuben. Was man ablehnt, bleibt erhalten.

Da Wut Energie in Bewegung ist, bleibt sie uns dann erhalten. Wir sträuben uns solange, bis der Vulkan ausbricht. Diese Energie, die sich in unserem Körper festgesetzt hat, wird freigesetzt in einer "Energiefreisetzungsarbeit", wenn wir in ein Kissen schreien oder einprügeln, im Auto brüllen, Holz hacken oder bei irgendeiner anderen physischen Aktivität und dem Gebrauch der Stimme. Häufig blockieren wir emotionale Energie im Hals, seien es Wut, Trauer, Schuld oder andere Gefühle. Deshalb besteht diese Arbeit immer aus einer Kombination von physischer Aktivität und Stimme. Allerdings nicht in der Absicht, dieses Gefühl loszuwerden, sondern in der Absicht, die Intensität des Gefühls zu spüren, wenn es sich durch den Körper bewegt ohne Gedanken und Urteil. Wenn wir uns den Gefühlen wirklich hingeben können, werden wir merken, dass sie sich lösen und wir uns lebendiger fühlen. Zwei Warnhinweise gibt T: Der Gedanke, Wut zuzulassen, kann für viele sehr beängstigend sein, wenn unter der Wut viel Angst

verborgen liegt. Die Angst vor der Person, die uns solch schreckliche Dinge angetan hat, kann noch immer einen starken Einfluss auf unser Unbewusstes ausüben. Unter solchen Umständen sollte man für diese Arbeit einen Psychotherapeuten konsultieren. Wut kann auch abhängig machen, weil sie eine Eigendynamik entwickelt und leicht zum Groll auf andere werden kann. Groll schwelgt immer wieder aufs Neue in alten Verletzungen und holt damit wieder den alten Schmerz hervor, der damit in Verbindung steht. Die kann zu einer schlimmen Abhängigkeit führen. Wut, die sich nicht auflöst, sondern im Körper bleibt, hat keinen nützlichen Effekt. Wenn sie fließt, sollten wir sie einsetzten, um etwas Nützliches zu bewirken, z. B uns vor der Person, um die unser Ärger sich dreht, besser abgrenzen, oder Mitgefühl für sie aufbringen, oder ihr vergeben. Nur so können wir verhindern, von ihr abhängig zu werden.
Zur praktischen Anwendung in der Therapie empfehle ich Tippings Arbeitsblätter auf S. 192-217. Das Ausfüllen des Arbeitsblattes selbst ist eine energetische Erfahrung und mit der Einnahme eines homöopathischen Mittels vergleichbar. Die geheime Zutat besteht in der Bereitschaft zu vergeben- auch wenn man sich nicht danach fühlt. Es ist eine Gelegenheit, diese zum Ausdruck zu bringen und hat schon Tausenden Menschen dazu verholfen, ihre Energie zu verändern. Jedes Mal, wenn eine Person Sie ärgert oder negative Energie auslöst, ist dies eine Gelegenheit zur Heilung für uns. Man soll das Arbeitsblatt solange wiederholen, bis sich eine energetische Veränderung einstellt.
Das kann Minuten, Tage oder Monate dauern, je nach Resonanz der Gefühle. Folgende Schritte fasst er nochmals so zusammen:

1. Schritt: "*Schau, was ich erschaffen habe".*
Er erinnert uns daran, dass wir selbst uns unsere Realität erzeugen. Die Umstände, die wir herbeigeführt haben, dienen doch unserer Heilung, wenn wir uns dafür nicht schuldig fühlen. Wir bestrafen uns allzu gern selbst, denn wir sind schnell im Verurteilen. Gehen wir nicht in diese Ego-Falle.

2. Schritt: *"Ich sehe, dass ich urteile und liebe mich trotzdem"*
Mit jeder Situation verbinden wir Beurteilungen, Interpretationen, Fragen und Überzeugungen. Sie sind Teil von uns, also sollten wir sie so lieben, wie sie sind. Dies bringt uns in Verbindung mit allem, was wirklich in unserem Körper und Geist vor sich geht. Es führt uns über unsere Gefühle in die Gegenwart.

3. Schritt: *"Ich bin bereit, die Vollkommenheit in der Situation zu sehen"*
Diese Bereitschaft ist der wichtigste Schritt in der RV. Sie gleicht der Hingabe an den göttlichen Plan in der Gegenwart und der Bereitschaft, uns zu lieben für unsere Unfähigkeit, diesen Plan unmittelbar zu sehen. Wenn wir uns die Leidensgeschichte eines Hiobs in der Bibel ansehen, wird deutlich, dass man erst

nach einer Leidensgeschichte zu dieser Erkenntnis Gottes gelangt. Das Resumee Hiobs lautet: der Herr hat es gegeben, der Herr hat es genommen. gelobt und gepriesen sei der Name des Herrn.

4. Schritt: *"Ich entscheide mich für die Kraft des Friedens"*
Dieser ist die Konsequenz aller vorangegangener Schritte. Hier sehen wir, dass alles was zu geschehen scheint, möglicherweise eine Illusion ist und dass jede Situation in unserem Leben dem göttlichen Plan bzw. unserer Heilung dient. Wir entscheiden uns dadurch für den Frieden und seine Kraft für alle Herausforderungen zu benutzen. Diese Kraft finden wir, wenn wir vollkommen in der Gegenwart präsent sind und mit Klarheit und Konzentration das Erforderliche in jeder Situation tun und uns unserer Gefühle voll bewusst sind. T. empfiehlt diese Schritte auf Kärtchen zu schreiben und sie als Erinnerungsanker stets bei sich zu tragen und zu üben.

7.9. Weitere therapeutische Methoden

7.9.1 Das Göttliche in sich und anderen sehen (S. 235 f):
Wenn sich eine Situation zur Heilung bietet, dann können wir eine Heilerfahrung herbeiführen, indem wir vollkommen in den gegenwärtigen Moment gehen, anstatt seine Energie in der Vergangenheit oder Zukunft zu belassen. Hier können wir die betreffende Person anschauen und in ihr Christus sehen. Wenn wir das tun, werden wir mit der Person eins und erkennen in diesem Moment gleichzeitig Christus in sich selbst. Wenn wir diese Geistesgegenwart haben, verwandelt sich die Situation schlagartig. Wenn wir wirklich mit einer anderen Person eins werden, transzendieren wir das Ego. Dessen ganze Existenz basiert auf Trennung. Ohne Trennung besteht für uns keine Notwendigkeit, jemanden zu attackieren oder uns zu verteidigen.
Im Augenblick der Vereinigung erhöht sich unsere Schwingung, lassen alle Abwehr- und Verteidigungsmechanismen fallen und werden zu unsrem wahren Selbst. Gleichzeitig lassen wir unsere Projektionen fallen und sehen den anderen und uns selbst als "Kind Gottes", d. h. in jeder Hinsicht vollkommen. Das ist RV. Wir projizieren nicht nur ein Teil unserer Schattenseiten auf andere, sondern ebenso auch die Dinge, die wir an uns mögen, aber schwer eingestehen können. Wir sehen also an diesen Menschen auch unsere eigene innere Schönheit und Fähigkeiten.
Übung von Arnold Patent zur Selbst- und Nächstenliebe: Sie bringt uns mit unserem innersten Wesen, mit Christus in Verbindung, sie hilft uns, zu sehen, wer wir wirklich sind. Person A sagt Person B mit offenem Herzen: " Die schönen, wundervollen Eigenschaften, die ich in dir sehe, die du in mir reflektierst, sind..." Person B hört zu und dankt. Anschließend mit umgekehrten Rollen

7.9.2 Vergebung mit drei Briefen:
In dieser Übung geht es um das Schreiben von drei Briefen an eine Person, von der wir das Gefühl haben, schlecht behandelt oder verletzt worden zu sein.
Im ersten Brief machen wir unserem Ärger und unserer Wut Luft. Nichts zurück halten. Das kann bis Rache schwören, umbringen, übelste Drohungen aussprechen gehen. Es können Tränen der Wut, Trauer, des Grolls oder der Verletztheit fliessen. Wenn Wut da ist, sie in ein Kissen schreien oder schlagen. Diesen Brief auf keinen Fall abschicken. Am nächsten Tag einen weiteren mit weniger Wut und Rache. Wir brauchen die Person noch nicht freisprechen, jedoch sollten wir Mitgefühl, Verständnis und Großzügigkeit haben. Auch dieser Brief wird nicht abgeschickt. Der dritte am folgenden Tag sollte die Situation schon neu deuten können, nach den Prinzipien der RV. Hierbei kann es hilfreich sein, das Arbeitsblatt nochmals mit eigenen Worten auszudrücken. Vielleicht müssen wir erst so tun als ob, bevor es dann wirklich gelingt. Keiner der Briefe wird abgeschickt, weil es darum geht, die eigene Energie zu verändern, nicht die des Empfängers. Diese ändert sich automatisch, wenn sich unsere in Richtung RV verschiebt. Ziel ist, dass ich meinen Gefühlen Luft mache. Den Brief weg zu schicken, würde nur mehr den Kreislauf von Angriff und Verteidigung weiter fortsetzten. Etwas Kraftvolles kann geschehen, wenn wir unsere Briefe in einem Feuerritual verbrennen und sehen, wie unsere Worte in Asche zerfallen und in Rauch aufgehen. Es kann auch eine kleine hingebungsvolle Zeremonie mit Wasser und Gebet sein, z. B die Briefe als Boot einem fließenden Bächlein überlassen. Wir geben Feuer die Fähigkeit, Energien zu transformieren, Wasser, Dinge zu heiligen, zu heilen und zu reinigen, z. B rituelle Waschungen und Taufen. Auch Dr. C. Stauss schlägt eine personale Versöhnung mit Briefen vor (vgl.10.10)

7.9.3 Vergebungsrituale:
Die Kraft von Ritualen wird in unserer Gesellschaft unterschätzt. Wenn wir einen beliebigen Vorgang ritualisieren, wird er zu etwas Geheiligten. Entscheidend ist die Hingabe, mit welcher das Ritual begangen wird. Es lädt das Göttliche ein, am Menschlichen Anteil zu nehmen. Es ist eine andere Form des Gebetes. Wenn wir ein Ritual selbst gestalten, wird es umso wirksamer. Auch Malen kann eine wirkungsvolle Hilfe bei der RV und emotionalen Lösung sein, z. B. die o.g. Vergebungsschritte oder die drei o.g. Briefe zu malen.

7.9.4 Satori-Atemarbeit (S. 245 f)
Unterdrückte und verdrängte Gefühle haben sowohl körperlich als auch geistig eine toxische Wirkung. Festgehaltene Gefühle kann man laut T am schnellsten und effektivsten lösen mit der Satori-Atmung (Japanisch: "Einsicht" oder "Erwachen").

Man liegt auf dem Rücken und atmet zwischen 40-60 Minuten durch den geöffneten Mund tief in den Bauch oder manchmal flach und schnell in den oberen Brustraum. Die versorgt den Körper mit Sauerstoff so, dass er unterdrückte Gefühle aus den Zellen entlässt, die sich dort als Energiepartikel abgelagert haben. Wenn diese freigesetzt werden, wird man sich oft der alten Gefühle in der Gegenwart bewusst. Emotionen wie Traurigkeit, Wut oder Verzweiflung können unabhängig von assoziierten Erinnerungen gespürt werden oder auch in Verbindung mit einem Ereignis, Gedanken oder Missverständnis, das zu diesem Gefühl oder Unterdrückung führte. Möglicherweise kommt es auch in symbolischer Form oder Metapher zum Ausdruck. Wenn Gefühle hochkommen, wird durch sie hindurch geatmet, um sie loszulassen. Wir hören oft auf zu atmen, wenn wir eine Emotion in Schach halten wollen. Bewusst zu atmen erlaubt uns daher, sie zu fühlen und loszulassen. Diese Technik bietet dramatische und lang anhaltende Heilungswirkung und hat ein Gefühl von tiefer Ruhe und innerem Frieden zur Folge. Die Auswirkungen sind deswegen so tiefgreifend, weil sie sich vollständig innerhalb der Person vollzieht ohne Manipulation durch einen Begleiter. In Studien wurde herausgefunden, dass bewusstes, verbundenes Atmen, Rebirthing genannt, uns Zugang zu Erinnerungen und Gefühlen gibt, die in unseren Zellen zu einem frühen Zeitpunkt, manchmal sogar schon vor der Geburt, während oder kurz nach der Geburt entstanden sind. Die Geburt ist unser erstes großes Trauma im Leben, und wir bilden während dieses Erlebnisses tief sitzende Vorstellungen über Kampf, Einsamkeit, Sicherheit und Geborgenheit. Diese Vorstellungen werden häufig zu Überzeugungen des Egos, die unser Leben wesentlich bestimmen. In diesem Prozess kann man seine Geburt wieder erleben und damit Traumatas und Überzeugungen lösen. Das Leben verändert sich auf diese Weise dramatisch, wenn neue Energiemuster in unsere vorhandenen Energiefelder eingegliedert werden und sich unser feinstofflicher Körper neu ordnet. Atemarbeit ist eine Art Speichervorgang, bei dem die Daten, die gegenwärtig in einem Kurzeitspeicher abgespeichert sind, auf die Festplatte zur dauerhaften Archivierung geladen werden. Ein radikaler Lösungsbrief, um sich selbst zu vergeben:
Er erklärt unserem Höheren Selbst und jedem Bestandteil unseres Wesens, dass wir die volle Erlaubnis erteilen, alle Aspekte von Unversöhntheit, die noch in irgendeiner Situation unseres Lebens übrig sein sollten, liebevoll loszulassen. (S 249 f).

7.9.5 Die Rose der Vergebung:
Wenn unser Herz für einen Menschen geöffnet ist, sind wir verletzbar und offen für seine Projektionen. Seine Energie kann sich mit unserer vermischen, was unser Energiefeld durcheinander bringen kann. Über das dritte Chakra, in dem alle Angelegenheiten der Macht und Kontrolle gespeichert sind, treten diese in

uns ein, uns zu beherrschen. Sie können dann unsere Energie abziehen oder uns ihre eigene überstülpen. Dies geschieht alles unbewusst und meistens ohne böse Absicht. Häufig ist es die Mutter, die noch aus dem Grab, Macht und Kontrolle übernimmt. Die einfachste Methode, dies zu stoppen oder vorzubeugen, besteht darin, eine Rose zwischen sich und der anderen Person auf halbem Weg zu visualisieren. Sie verleiht Schutz vor den Projektionen anderer und kann negative Energie blockieren, ohne unser Herz für die Person zu verschließen. Sie muss dafür nicht anwesend sein, auch am Telefon ist dies möglich. Ich füge hinzu, dass Christen anstelle der Rose, Jesus mit der Dornenkrone nehmen können. Man kann dieses Ritual auch täglich mit den Ereignissen des Tages machen, indem man vor dem Zubettgehen, alle Geschehnisse in die Rose visualisiert und sie dann explodieren oder langsam auflösen lässt. Christen übergeben am Abend entsprechend alle Geschehnisse des Tages Jesus, dem gekreuzigten und auferstandenen Herrn.

## 8. Heilung durch Versöhnung zwischen Gott, Ego und Selbst als Individuation in jungianischer Sicht

dargestellt am Artikel: Logos, Selbst und Archetyp von Paul Schwarzenau.

Jung beschreibt meiner Meinung nach immer wieder, dass die eigentliche Versöhnung auf der archetypischen Ebene stattfinden muss. Sie ist für den Menschen die entscheidend personale Ebene, wo tiefe Versöhnung zwischen Ego, Selbst und Gott stattfindet, also personaltranszendent.

### 8.1 Ganzheit durch Versöhnung innerer gegensätzlicher Kräfte

Das Selbst stellt eine Ganzheit durch Versöhnung und Wiedervereinigung der Gegensätze her, z. B. der Held und sein Gegenspieler, Jakob und Esau, Yang und Yin, Mann und Frau, Anima und Animus. Das Selbst hat religiös ausgedrückt, eine starke Tendenz, Christus und Antichristus, Gott und Satan, den guten und den bösen Trieb, das Lichte und das Dunkle, das Starke und das Schwache zu versöhnen. (S.164). Es wird aber von der sog. alten Ethik davon abgehalten. Diese ist wie Erich Neumann in seinem sehr bedeutenden Buch "Tiefenpsychologie und neue Ethik" schreibt auf Trennung und Spaltung angelegt. Das Ich soll sich ja mit den positiven Werten der Gemeinschaft identifizieren. Das Individuum muss sich anpassen, indem es eine Maske, eine persona, ein falsches Selbst aufbaut, hinter der es sich nicht nur vor der Welt verbirgt, sondern auch vor sich selbst.

Nach außen und vor uns selbst spielen wir den Christus, nach innen verstecken wir den Antichristen, nach außen spielen wir den starken Mann, nach innen verdrängen wir als Schattenseite eine unterdrückte Frau. Nach außen sind wir gut bürgerlich, nach innen nähren wir unseren Massen - und Primitivmenschen. Wir identifizieren uns so sehr mit unserer Scheinpersönlichkeit, sprich falschen Selbst, sodass wir unsere Individuation dadurch verhindern. Die neue Ethik verlangt einen Prozess der Selbsterkenntnis, indem das Ich gezwungen wird, seine Schattenseiten als seinen dunklen Bruder zu erkennen und sein Böses anzunehmen. Von der hebräischen Konsonantenschrift her kann das Wort das Böse (ra) auch als der Nächste (rea) gelesen werden, sodass man dieses zentrale Wort Jesu: "Liebe deinen Nächsten wie dich selbst" auch lesen könnte: "Liebe dein Böses, wie dich selbst". Für das Judentum hat Gott schon immer vom Menschen gefordert, dass er ganz werde, indem er seinen Schatten integriert. Mose fordert vom Volk Gottes, dass es sich mit ganzen Herzen für den Einen Gott entscheidet und ihm diene. Die Mischna versteht unter dem ganzen Herzen die Versöhnung des guten und bösen Triebes im Menschen. Die innere Zweiheit kann nur durch diese Entscheidung für Gott überwunden werden. Nur dann hat der Mensch teil an Jahwe, seinem Gott. Die Forderung lautet also: Werde der du bist, werde ganz. Wenn der Mensch Gottes Bild ist und Er sich im Menschen einen Spiegel vor Augen gestellt hat, in dem er sich sieht und denkt wie Hegel sagt, dann besteht natürlich auch eine tiefe Beziehung zwischen dem Schatten des Menschen und dem Schatten im Gottesbild. Wie aus dem Beschreibung des verwundeten Heilers im nächsten Kapitel noch deutlich wird, kann sich der Mensch eher annehmen, wenn er seine Verwundungen, Leiden und Schattenseiten in Gott symbolisch repräsentiert findet. Nichts seiner Wirklichkeit ist dann außerhalb von Gott. Indem er dann seine Schatten durch Annahme aufhellt, trägt er auch zur Erlösung Gottes bei. In einem Satz:" Denn der Mensch wird nicht nur von Gott erlöst, sondern er wirkt mit an der Erlösung Gottes, indem Gott sich im Menschen erkennt" (S. 168).

## 8.2 Durch Versöhnung von Teufel und Gott entsteht der vollständige Gott

Von den christlichen Theologen hat nur Luther die Dunkelseite Gottes zu sehen vermocht. In seinem Buch "deus absconditus", der verborgene Gott, scheint der Teufel Zugang zu Gottes verborgendsten Gedanken zu haben. Ohne felix culpa, der glücklichen Schuld säßen wir geistesgeschichtlich gesehen immer noch in der "Unbewusstheit des Paradieses, einer naturhaften Instinktgeborgenheit vor der Schwelle der Menschwerdung und Geschichte". Ohne Judas wäre Christus nicht für uns gekreuzigt worden. Das Ergebnis der alten Ethik im zweiten christlichen Jahrtausend ist eine mörderische Spaltung der Menschheit bis hin zur Spaltung der Materie im Atom. welche die Erde und die Menschheit apokalyptisch bedroht. Nach wie vor ist Gott in eine lichte und eine unbewusste dunkle Seite gespalten, weil offiziell Christus, inoffiziell aber der Antichrist herrscht. Zugleich erreicht der Wahn des Männlichen, trotz Frauenbewegung und Emanzipation in Wissenschaft, Technik und Politik einen Höhepunkt, der sich am deutlichsten in

der Vergewaltigung der Natur zeigt. Wenn diese Drohung gewendet werden soll, brauchen wir eine neue Menschwerdung Gottes, eine neue Inkarnation, die Geburt eines neuen Menschen.
Diese Neuschöpfung geht mythisch gesprochen aus einer Heiligen Hochzeit hervor, einer Hierosgamos. Individuation ist die Vereinigung der Gegensätze zum vollständigen Menschen und im Gottesbild entsprechend zum vollständigen Gott. C.G Jung erkennt in dem 1950 durch Papst Pius XII verkündeten Dogma von der leibhaften Aufnahme Mariens in den Himmel den dogmatisch-symbolischen Ausdruck dafür, dass diese Hierosgamos, die Hochzeit des Lammes und der Braut, jetzt anbricht.
Der zweite Erlöser soll geboren werden: der Sohn des Sonnenweibes, der Mensch der Gegensatzvereinigung: " Und es erschien ein großes Zeichen im Himmel: ein Weib mit der Sonne bekleidet, und der Mond unter ihren Füßen und auf ihrem Haupt eine Krone von zwölf Sternen. Und sie war schwanger und schrie in Kindesnöten und hatte große Qual zur Geburt... und sie gebar einen Sohn,... und ihr Kind war entrückt zu Gott und seinem Thron" (Offenbarung 12). Man kann hier schön sehen, dass im Bild des Sonnenweibes die Symbole des Lichten (Sonne) und des Dunklen (Mond), des Männlichen (Sonne) und Weiblichen (Mond) vereinigt sind. Bedeutet das alles nun, dass wir aufhören sollen, Christen zu sein? (S. 171). Es ist Bestimmung und Aufgabe des Christentums und der Kirche, den christlichen Mythos zu erweitern und zu wandeln. Seit der Apokalypse, sagt C.G Jung in Antwort auf Hiob, Olten 1973, S. 494, wissen wir wieder, dass Gott nicht nur lieben, sondern auch zu fürchten ist und weil er Mensch werden will, muss die Vereinigung seiner Antinomie im Menschen stattfinden. In Anbetracht menschlicher Macht über Atombombe und chemischer Kampfstoffe, durch die er die apokalyptischen Zornschalen über seine Mitmenschen ausgießen kann, ist es nicht nur Aufgabe sondern dringendes Gebot, dass er das Wesen Gottes im Zusammenhang mit seinem eigenen erkennt und zur Erlösung bringt. Der Mensch steckt tiefer im göttlichen Leben als es sein Verstand zugeben kann. Gott realisiert und inkarniert sich im Endlichen. Hier kann man gut sehen, dass die Archetypen, wie z. B. das Sonnenweib mit dem Kind regelrecht aufbricht, wenn das Ganze auf dem Spiel steht.

### 8.3 Versöhnung mit dem Archetypen in uns

Archetypen konstellieren sinngerichtete Zufälle, wenn sie in einer Notsituation aktiviert werden. Zum Ursprung der A. gibt es zwei Auffassungen. Nach der einen sind sie im Tier-Mensch Übergangsfeld entstanden. Sie sind die menschliche Entsprechung zu dem, was die angeborenen Verhaltensmuster für die Tiere bedeuten und gehören somit zur biologischen Basis seines Menschseins. Die andere Auffassung stellt den A. an den Anfang des Kosmos als ein im Unbewussten vorhandenes und wirkendes apriorisches Wissen, das auf einer

unserer Willkür entzogenen Entsprechungsordnung des Mikro- mit dem Makrokosmos basiert, in der die A. die Rolle der "anordnenden Operatoren innehaben" (C.G. Jung, der Mensch und seine Symbole, Olten 1979, zit. bei Schwarzenau S. 197).
Auf diese Weise entstehen nach C.G Jung auch Phänomene der Synchronizität. Es handelt sich dabei um das kausal nicht erklärbare a-kausale Zusammentreffen von Ahnungen, Träumen, Visionen usw. mit äußeren Ereignissen und objektiven Tatbeständen.
Marie-Luise Franz führt diese Phänomene der Synchronizität in ihrem Buch " Das unbewusste und die Wissenschaften" weiter aus. Diese seltenen Phänomene sind sinnvoll gerichtete Zufälle und können erklären helfen, wie in der Evolution immer wieder sinnvolle Zellmutationen stattfanden, die im Endeffekt eine schnellere Entwicklung ermöglichten. Sinnvolle Zufälle, d.h. synchronistische Phänomene entstehen, wenn der Mensch sich in einer vitalen Notlage befindet oder eine Tierart in eine Drucksituation kommt und dann sinnvolle, nicht kausal bedingte Mutationen entstehen.
Der A. bewirkt also eine creatio continua, eine fortdauernde Schöpfungsgeschichte, die auch bei den menschlichen Ideen weitergeht. Jede neue Idee ist ein Ein-fall aus dem Unbewussten. Dieses steht mit dem Bewusstsein in einem komplementären Verhältnis, wie in der Physik Licht nur durch zwei komplementäre Begriffe beschrieben werden kann: Teilchen und Welle. Der Begriff des Unbewussten ist nach William James mit dem Begriff des "Feldes" in der Physik vergleichbar. Wenn ein Teilchen in ein elektromagnetisches Feld gerät, wird es in einer bestimmten Weise angeordnet, genauso wie Vorstellungen im Bereich des Unbewussten autonom angeordnet werden. Dieses bewirkt, dass bewusste Überlegung mit vorbewusst angeordneten Inhalten übereinstimmt, d. h dass unsere bewussten Vorstellungen meist auch schon angeordnet sind, bevor sie uns bewusst werden.
Am synchronistischen Phänomen erkannte Jung auch, dass Psychologie und Physik letztlich eins sind. Er war davon überzeugt, dass das Unbewusste mit der anorganischen Materie irgendwie verbunden ist. Psychosomatische Krankheiten scheinen diese Verbindung zu beweisen.

## 8.4 Unus mundus - die versöhnte Welt

Diese geahnte Einheitswirklichkeit hat Jung mit dem Wort " unus mundus" bezeichnet, die eine Welt, in der Seele und Materie nicht unterschieden sind. Er wies nach, dass A einen psychoiden, d. h. nicht nur seelischen sondern auch teilweise materiellen Aspekt haben. Dieser tritt in dem Synchronizitätsereignis zutage. In ihm sind innerseelische und materielle Tatsachen sinnvoll vereint

angeordnet.
A.en sind von Anfang an und teilen dem Kosmos Entwicklungsstöße mit. Diese verbinden stets ein historisches Ereignis mit einem Archetypischen und zwar in der Naturgeschichte, Menscheitsgeschichte, Geistesgeschichte und Universalgeschichte. In johanneischer Sprache könnte man sagen en oder ap arche ho logos - am Anfang war der logos (1. Johannes 1,1). Der logos wirkt schöpferisch: panta di autù egeneto-alles ist durch dasselbe geworden (Joh.1,3). Der Logos ist das wahrhaftige Licht, das jeden Menschen erleuchtet, der in die Welt kommt (Joh. 1,9) Der A. ist wie der Logos der anordnende und schöpferische Faktor, durch den Gott schafft und in seiner Welt gleichzeitig verborgen und offenbar als Bild - und Bildermacht gegenwärtig ist. Er war schon immer und ereignet sich immer neu-der innere Gott und A. des Selbst. Wir besitzen ihn nicht. Er wirkt in uns hinein. Der Logos erscheint, wenn er wirkt, in der Seele im archetypischen Bild. Logos und A. können begrifflich unterschieden werden, aber nicht in ihrer Wirkung. Im Westen wird der johanneische Logos auf das dogmatische Christusbild bezogen.
Denn der psychischen A. kann je nach Zeit, Ort und Milieu gedeutet werden. Im Osten erscheint er durch Purusha, Atman und Buddha.
Es ist deutlich geworden, dass der A. drängt, das Christusbild zu ergänzen. Der ganze Logos jedenfalls manifestiert sich im Kind-Archetyp. Diesen möchte ich nun genauer beschreiben. (S. 202)

## 8.5 Heilung als versöhnliches Beziehungsgeschehen zwischen dem inneren und göttlichen Kind

1993 bekam ich von einer Freundin das Buch von John Bradshaw: "Das Kind in uns" empfohlen. In keinem anderen Buch habe ich mich so stark wiedergefunden. Meine Ausbildung in Logotherapie war gerade abgeschlossen, jedoch ohne große Begeisterung für die Inhalte. Mein Entschluss stand fest: Nicht die Logotherapie sollte Leitlinie in meinem therapeutischen Konzept und Arbeiten sein, sondern das Innere Kind. Meine Begeisterung für C.G Jung war damals schon groß, v.a. wenn es inhaltlich um den Kindarchetyp ging. Die biblische Verbindung kannte ich ja schon länger durch markante Aussprüche Jesu über Kinder, wie z.B. in Mt. 18,3: "wenn ihr nicht umkehrt und werdet wie die Kinder, könnt ihr nicht in das Himmelreich kommen". Diese Kernaussagen findet man auch an den zentralen Stellen meines Flyers und meiner Homepage: www.christlich-orientierte-psychotherapie.de wieder. Auch C.G Jung weist in seinen Briefen darauf hin: Christus hat nicht umsonst auf dem "Werden wie die Kinder" bestanden. Der Mensch auf seinem Weg der Individuation muss bewusst die Haltung und Einfachheit des Kindes annehmen um auf seinem Weg der Individuation seine Schatten Stück für Stück anzunehmen (Briefe II, 371).
In diesem von den Ahnen vererbten Gehirn des Inneren Kindes sind alle Instinkte

und Urbilder präformiert, auf deren Grundlage die Menschen seit je her gedacht und gefühlt haben, also auch da, wo der ganze Reichtum an mythologischen Motiven entstanden ist. Das menschliche Unbewusste enthält also die ganze vererbte Lebens- und Funktionsform der Ahnenreihe. Man kann also sagen, dass bei jedem Kind eine angepasste psychische Funktionsbereitschaft schon vor allem Bewusstsein vorhanden ist. Diese unbewusste instinktive Funktion ist in unserm erwachsenen, bewussten Leben ständig tätig und aktiv. Das Unbewusste nimmt wahr, fühlt und denkt, hat Absichten und Ahnungen ähnlich wie das Bewusstsein. (GW 8, 383-340).

Erfahrungen mit dem Kind, sei es im Traum oder mit dem inneren Kind bereiten in der Regel Wandlungen der Persönlichkeit in der Zukunft vor. Das Kindmotiv enthält immer die potentielle Zukunft. Es ist daher nicht erstaunlich, dass die mythischen Heilbringer oft Kindgötter sind. Es antizipiert und formt im Individuationsprozess eine Gestalt, die aus einer Synthese der bewussten und der unbewussten Persönlichkeitselemente hervorgeht. Daraus kann man den Schluss ziehen, dass das Kindmotiv ein die Gegensätze vereinigendes Symbol ist. In diesem Sinne ist es Mediator, Heilbringer, d.h. Ganzmacher.

Die völlige Verwirklichung unserer Ganzheit bleibt ein unerreichbares Ideal. Ein Ideal kann niemals Ziel, sondern nur Wegweiser sein im buddhistischen Sinne ausgedrückt: Der Weg ist das Ziel. Durch und über das Kind finden wir wieder zurück zu unserer Kindheit, wo wir "vermöge ihrer Naivität und Unbewusstheit", wieder in Kontakt kommen mit einem vollständigeren und unverfälschten Bild unseres selbst und unserer Individualität. Gerade in Anbetracht von Kindern und Primitiven steigen beim erwachsenen Kulturmenschen alte unerfüllte Wünsche, Bedürfnisse und Sehnsüchte auf. Diese beziehen sich auf Persönlichkeitsanteile, die er der Persona und Angepasstheit wegen aus seinem Gesamtbild als Mensch weg retouchiert hat (C.G Jung, Erinnerungen, auf S. 248).

Wenn wir an den A. des göttlichen Kindes denken, drängt sich zunächst das Bild der Muttergöttin mit dem göttlichen Kinde auf. Es ist das Urbild des Ur- und Seinsvertrauen, ohne dass kein Mensch sein Leben zu bewältigen vermag. Das hilflose kindliche Ich erfährt in diesem Stadium seines unzentrierten Ichs und Bewusstseins die Mutter als ursprüngliches noch ungestaltetes Sein. Ein uraltes Symbol für dieses Sein, in welchem die Gegensätze noch ungeschieden sind, ist der Uroboros, die kreisartig in sich selbst gekrümmte Schlange. In der abendländischen Überlieferung hat die Madonna mit dem Kinde daher regressive Züge. Hanna Wolff bezeichnet in Ihrem Buch "Jesus, der Mann" den " vulgären Protestantismus als Rückfall in die Vaterbindung und den Vulgärkatholizismus als Rückfall in die Mutterbindung" (zit. auf S. 123).

Luther hingegen betont die eigene Verantwortung jedes einzelnen Christen und hat damit einen großen Schritt in der Selbstwerdung ermöglicht. Viele Abendländer gelangen deswegen mit diesem regressiven Madonnenbild nicht zu

ihrer vollen selbstständigen Personwerdung. Der Ablöseprozess von den Eltern, insbesondere von der Mutter ist gerade in unseren Tagen eine der schwierigsten Lebensleistungen für den erwachsen werdenden Menschen und wird von vielen bis ins hohe Alter nicht wirklich geleistet. Sie schaffen die "zweite Abnabelung" nicht und bleiben so Zeit ihres Lebens halbe Kinder. Die biblische Weihnachtsgeschichte von den drei Königen aus dem Morgenland, welche vor dem göttlichen Kind niederfallen und ihm huldigen, macht deutlich, wie mächtig und stark dieser Archetyp des Selbst ist. Um ihn gruppieren sich alle anderen A.
Im Kind-A. manifestiert sich das Selbst sogar in seiner umfassenden Fülle und Macht, welches stärker ist als die Welt und die sie tragenden Mächte. Die Christophorus-Legende bringt diese Tatsache auf eine besonders tiefe Weise zum Ausdruck. In ihr wird anschaulich, dass das Selbst nicht identisch mit "Ich", schon gar nicht "mein Ich" ist, sondern die ganzmachende Kraft aus der Tiefe. Der Mensch kann ihr nur dienen, sich aber nicht mit ihr identifizieren. Das Ich kann nur Träger und Diener des Selbst sein.
Dabei besteht immer die Gefahr, dass man sich mit dem Selbst identifiziert und dabei tiefenpsychologisch ausgedrückt inflationär wird. Dann nämlich schwellen im Bild gesprochen die Wasser an und drohen, das Ich zu überschwemmen. Auf dem Weg der Individuation ist der Mensch stets dieser Überschwemmungs- und Ertränkungsgefahr ausgesetzt. Der Weg der Ganzwerdung und des Heils ist der Weg ans andere Ufer auf dem viele Menschen umkommen. Wenn dass Ich aber zum Träger und Diener des Selbst wird, wird der Stab des Weges laut Legende zur Palme des Lebens und Siegens. Dieser Lebensbaum trägt reiche Blätter und Früchte. Hier nun zum Schluss die Christophorus-Legende:

Von Christophorus wird erzählt, daß er ursprünglich Offerus hieß, dann aber, weil er Christus trug, Christusträger, Christophorus, genannt wurde und dass er zum Geschlecht der Riesen gehörte, von zwölf Ellen Höhe und ungeheurer Kraft. Dem kam es in den Sinn, den mächtigsten König zu suchen, um ihm allein zu dienen. Als er nun zu einem König kam, von dem man sagte, dass er der größte Fürst der Welt sei, trat Offerus in dessen Dienst. Als aber ein Spielmann in einem Lied den Namen des Teufels nannte, bekreuzigte sich der König. Er gestand, dies zu tun, damit der Teufel keine Macht über ihn gewinne. »Dann kann ich dir nicht länger dienen«, sagte Offerus, »denn es gibt einen Stärkeren als dich«. So ritt er von dem König weg und begegnete in einer Einöde einer Schar Ritter, darunter einem im roten Kleid. Den fragte er nach dem Teufel und trat freudig in seinen Dienst, als dieser sich zu erkennen gab. Doch sah er, wie der Teufel einen Umweg machte, weil an der Straße ein Kreuz errichtet war. Da zwang er den Teufel zu dem Bekenntnis: »Es ist ein Mensch gewesen, Christus mit Namen, der ward ans Kreuz geschlagen; sooft ich das Zeichen des Kreuzes sehe, fürchte ich mich und fliehe, denn der einst daran hing, der ist nicht tot«. Da verließ Offerus auch den Teufel. Wie es ihm weiter erging, erzählt die Legenda aurea auf folgende Weise: »Er suchte lange Zeit, ob ihm jemand von Christo möchte Kunde geben. Zuletzt kam er zu einem Einsiedel, der predigte ihm von Christo und unterwies ihn mit Fleiß im Glauben. Und sprach zu Christophorus: >Der König, dem du dienen willst, begehrt, dass du viel fastest<. Antwortete Christophorus: >Er fordere von mir ein ander Ding, denn dies vermag ich nicht zu tun<. Sprach der Einsiedel: >Es ist not, dass du viel betest<. Antwortete Christophorus: >Ich weiß nicht, was das ist, und kann ihm darin nicht folgen.< Da sprach der Einsiedel: >Weißt du den Fluss, darin viel Menschen umkommen, so sie hinüber wollen fahren?< Antwortete Christophorus: >Ja, ich weiß ihn<. Und der Einsiedel sprach: >Du bist groß und stark: setze dich an den Fluss und trage die Menschen da hinüber, so wirst du Christo dem Könige gar genehm sein, dem du zu dienen begehrst; und ich hoffe, dass er sich dir daselbst wird offenbaren^ Sprach Christophorus: >Das vermag ich wohl, und will ihm hierin dienen<. Also ging er zu dem Fluss und baute sich an dem Ufer eine Hütte. Er nahm eine große Stange in seine Hand statt eines Stabes, darauf stützte er sich im Wasser und trug die Menschen alle hinüber ohne Unterlass. Danach über manchen Tag, da er einst in seiner Hütte ruhte, hörte er, wie eines Kindes Stimme rief: >Christophore, komm heraus und setz mich über<. Er stand auf und lief hinaus, konnte aber niemanden finden; also ging er wieder in seine Hütte. Da hörte er die Stimme abermals. Er ging wieder hinaus und fand niemanden. Danach hörte er die Stimme zum dritten Male wie zuvor; und da er hinausging, fand er ein Kind am Ufer, das bat ihn gar sehr, dass er es hinübertrage. Christophorus nahm das Kind auf seine Schulter, ergriff seine Stange und ging in das Wasser. Aber siehe, das Wasser wuchs höher und höher, und das Kind ward so schwer wie Blei. Je weiter er schritt, je höher stieg das Wasser, je schwerer ward ihm das Kind auf seinen Schultern; also, dass er in große Angst kam, und fürchtete, er müsste ertrinken. Und da er mit großer Mühe durch den Fluss war geschritten, setzte er das Kind nieder und sprach: >Du hast mich in große Gefährlichkeit bracht, Kind, und bist auf meinen Schultern so schwer gewesen: hätte ich alle diese Welt auf mir gehabt, es wäre nicht schwerer gewesenen. Das Kind antwortete: >Des sollst du dich nicht verwundern, Christophorer, du hast nicht allein alle Welt auf deinen Schultern getragen, sondern auch den, der die Welt erschaffen hat. Denn wisse, ich bin Christus, dein König, dem du mit dieser Arbeit dienst. Und damit du siehst, dass ich die Wahrheit rede, so nimm deinen Stab, wann du wieder hinübergegangen bist, und steckte ihn neben deiner Hütte in die Erde; so wird er des Morgens blühen und Frucht tragen<. Damit verschwand er vor seinen Augen. Christophorus aber ging hin und pflanzte seinen Stab in die Erde; und da er des Morgens aufstand, trug der Stab Blätter und Früchte als ein Palmbaum."

## 9. Jesus als Heilungsarchetyp im versöhnlichen Beziehungsgeschehen

dargestellt am Buch" Durch Verwundung heilen „ von Dr. Eckehart Frick

Er zeigt auf, dass Heilung ein versöhnliches Beziehungsgeschehen auf der personal archetypischen Ebene von Ich und Du ist und Heilung homöopathisch in der Begegnung mit dem Heilungsarchetyp Christus und zwischen Klient und Therapeut geschieht. Bei Jung und noch spezieller bei Frick wurde mir deutlich, dass Heilung durch Versöhnung zutiefst auf der personaltranszendenten Ebene stattfindet, nämlich auf der personaltranszendenten Ebene der gegensätzlichen Archetypen. Diese sind für mich personale Wesen in den Tiefen unserer Seelen. Auch unser Ego und unser Selbst beziehen von dieser Ebene ihre Bilder, Symbole, Personen und Energie. Heilungsarchetypen wie z. B. Jesus oder das göttliche Kind zeichnen sich dadurch aus, dass sie gegensätzliche Archetypen in sich vereinen und Heilung durch Versöhnung homöopathisch bewirken durch eine bestimmte Konstellation, die Frick in seinem Buch ausführlich beschreibt. Aus diesem Grund verwende ich nicht transpersonal, sondern personale Transzendenz oder personaltranszendent.

## 9.1 Krankheit im Spannungsfeld zwischen Kausalität und Symbol

„Birg in deinen Wunden mich!“- Dieser Vers aus dem Anima Christi, einem mittelalterlichen Gebet, drückt für mich am besten diese Verknüpfung aus. Frick nennt es das Drama der Heilung schlechthin. Dramatisch ist der Vers darin, dass er Geborgenheit und Zerrissenheit ausdrückt: Wie soll ich mich denn ausgerechnet in den Wunden einer anderen Person geborgen fühlen? Anders ausgedrückt: Was für eine Hilfe kann das für mich sein, angesichts eines Mitmenschen oder spezieller eines Therapeuten, der selbst verwundet und hilfsbedürftig erscheint? Meinen christlichen Klienten würde sofort einfallen, dass wir doch durch die Wunden des Herrn geheilt und erlöst sind (1. Petrus 2,22).
Dieser Vers hat Jahrhundert später C.G Jung ausführlich kommentiert, um den westlichen Individuationsprozess und damit den Weg der ganzheitlichen Heilung zu verdeutlichen, im Gegensatz zu dem krankheitsorientierten Modell, welches Krankheit ausschließlich kausal erklärt. Kausalität ist die zentrale Idee unseres modernen Denkens und Sprechens und unserer Wissenschaft, besonders der Medizin. In Talk Shows der privaten Fernsehkanäle fällt es mir besonders auf, wie schnell Menschen persönliche Aussagen stereotyp mit einem „weil“ begründen, wie wenn es sonst keine anderen Konjunktionen im Deutschen gäbe. Das Ziel der medizinischen Kausalitätsidee jedoch ist eher geheim und strebt fast zwanghaft danach, das Lebendige“ unter die Botmäßigkeit der Erklärung zu stellen“ ( Heidegger 1989, S. 147, zit. bei Frick S. 31). Krankheit erscheint dort nicht mehr als tiefgreifende Störung zwischenmenschlicher Beziehung, oder als Leiden oder seelische Not, sondern als ein von Arzt/Therapeut und Patient unabhängiges Objekt, welches dahingehend therapeutisch beeinflusst werden

muss, dass die Ursachen ausgeschalten werden. Dies geschieht dadurch, dass die moderne Medizin erkrankte Organe entfernt oder Infektionskrankheiten durch Anti-biotikas bekämpft, also ein Pharmakon, welches wörtlich genommen gegen das Leben gerichtet ist. Krankheit wird als Feindin, als krankmachender Dämon, als Erreger bekämpft und muss besiegt werden, bevor sie über mich siegt. Natürlich kann es für Patienten, Familien und Therapeuten sehr schwer sein, aus dieser Kampfmentalität herauszutreten und sich mit dieser Feindin Krankheit anzufreunden, anstatt sie zu dämonisieren. Das Drama der Heilung ereignet sich, oft zu unserem Erschrecken trotz unserer unvollkommenen therapeutischen Bemühungen. Jeder Kranke, wozu wir Therapeuten potentiell auch gehören, tragen die Möglichkeit der Heilung in sich. Und plötzlich ist der Durchbruch, die Einstellungsänderung beim Patienten da und vielleicht habe ich wegen meinem bewussten Verzicht auf therapeutisches Machen und Zwingen dem Patienten geholfen, eine größere Freiheit zu gewinnen, eigene Schutzbedürfnisse und die der anderen besser zu verstehen und abzubauen und neue Verhaltens-, Erlebens- und Beziehungsweisen aufzubauen, die sich zwischen uns konstellieren.
C.G Jungs Beitrag zu diesem Vers kann helfen, dass sich die Schulmedizin bzw. westliche Therapie überhaupt, sich wieder stärker an gesundheitsfördernden Stärken der Individuen und sozialen Systeme zu orientieren. Frick drückt es so aus: „Das für die Medizin ungeheuer fruchtbare kausale Erklären muss in einem umfassenderen Verstehen von Zeichen aufgehoben sein, ohne dass wir auf unser Wissen über krankmachende Ursachen verzichten“ (Jung zit. bei Frick, S. 8). Er will bei Nietzsche auch die erkenntnisphilosophische Begründung dafür gefunden haben: weil Ursachen und Wirkungen nur Fiktionen sind, die wohl nur unserer Verständigung, nicht aber der Erklärung dienen. Diese Begründung teilt auch die Gestaltpsychologie, die der Erkenntnistheorie der Phänomenologie den Vorrang einräumt. Jung fordert auch in diesem Sinne, dass wir nicht beim Erfassen von Zeichen stehen bleiben, sondern unsere Aufmerksamkeit zunehmend auf Symbole richten. Diese haben eine Verweisstruktur und wird von unserem Bewusstsein nie ganz in Griff zu bekommen sein. Symbole können also nie ganz in Alltagssprache übersetzt werden. Sie sind jedoch der „bestmögliche Ausdruck eines Sachverhaltes, der sich als archetypische Gegensatzspannung herausstellt“ ( S. 8). Wir bewegen uns also immer im Spannungsfeld zwischen dem konstruktiven Heilungspol und dem verwundeten Krankheitspol.
In der christlich orientierten Psychotherapie verbinden sich beide Pole im Symbol des Kreuzes Jesu und dem des göttlichen Kindes

## 9.2 Krankheit und Gesundheit in der archetypischen Gegensatzspannung:

Ein Archetyp ist nach Samuels et al. (1986) der „ angeborene Teil der Psyche, der als Muster strukturierend auf die psychologischen Leistungen der Instinkte wirkt;

eine hypothetische Einheit, die an sich unerkennbar und nur über ihre Manifestationen nachweisbar ist“
(zit. auf S. 17)
Es sind autonome seelische Inhalte, denen unsere Ahnen Götter zugeordnet haben, die Krankheit und Genesung auf die Einwirkung von Göttern, Geistern und Dämonen zurückführten. Jung behauptet, dass für uns die Götter zu Krankheiten geworden sind. Diese Behauptung klingt sehr provozierend, scheint aber doch wahr zu sein. Als aufgeklärte Menschen und Therapeuten insbesondere sprechen wir nicht mehr von Archetypen und Göttern, sondern von Konflikten, Traumatisierungen, Krankheitsgewinn und so weiter, alles schöne wissenschaftlich-aufgeklärte-schöngeistige Begriffe. Konstelliert sich jedoch ein Archetyp in seiner destruktiven Urgewalt oder in seiner heilenden Kraft, z.B. bei der Anima- und Animusbesessenheit oder existenzbedrohenden psychotischen Angst, erleben wir uns wie gezwungen von gefühlsbetonten Komplexen oder besessen von Göttern, wie Jung es ausdrückt. Ein Komplex ist um einen Kern gruppiert, der sich durch den Kontakt mit einem oder mehreren Archetypen bildet. Der Mutterkomplex z. B. beinhaltet auch Facetten des Archetyps der großen Mutter, „um den sich szenische und gefühlsmäßig angereicherte Beziehungserfahrungen ranken“ (Frick S. 19). Der Komplex ist also das Bild einer bestimmten psychischen Situation, das als Fremdkörper im Bewusstseinsraum ruht und mit der momentanen Bewusstseinslage nicht vereinbar ist. Komplexe konstellieren sich in aktuellen Beziehungen und drängen so immer wieder ins Bewusstsein. Nicht nur unsere armen Patienten haben diese Komplexe, sondern jeder Mensch und vielleicht Therapeuten im Besonderen. Wir alle haben also Komplexe, die uns mehr an den Krankheits- oder Gesundheitspol heranführen, je nachdem, wie wir mit ihnen im Kontakt zu anderen Menschen umgehen. Ein wichtiges Charakteristikum von komplexverhafteten Menschen ist, dass sie unwillkürlich mythische oder archaische Inhalte mit hinein weben, ohne eine Ahnung von Mythologie zu haben, z. B. die Götter- oder Dämonenbesessenheit mit archetypischen Vorstellungen in der psychotischen Identität oder im neurotischen Bereich ein zwanghaft-religiöser Mensch, der stundenlang darüber grübelt, ob er wie Judas von Gott verdammt ist. Das Ich ist dann überschwemmt von archetypischen Inhalten, die sich aus den Elternarchetypen, aus Religion, Geschichte, Technik und so weiter herleiten. Komplexe entstehen und blähen sich auf oder sind energetisch geladen, je weniger wir die Bipolarität der Archetypen aushalten bzw. den Zugang zu lebendigen Symbolen, die die Gegensatzspannung ausdrücken, verloren haben. Gerade das Symbol des Kreuzes im Zusammenhang mit der Person Jesu Christi, der Archetyp der Heilung, ist geprägt durch die Gegensatzspannung zwischen Zerstörung und Aufbau, zwischen Tod und Leben._Schöpferische Götter sind nun

mal auch zerstörend, weil die Schöpfung selbst in gleichem Maße konstruktiv und destruktiv ist.
Ebenso geht es den Geschöpfen auf Erden, den Menschen. Die haben nun einmal Sonnen- und Schattenseiten. Ein total negatives oder positives Vater- oder Mutterbild ist deswegen immer eine Komplexprojektion. Im Wegritual meines Kurses von der heilenden Begegnung mit dem inneren Kind und natürlich auch in den Einzelgesprächen in meiner Praxis besteht die zweite Etappe darin, dass die Gegenpole der Elternbilder mobilisiert werden und dadurch bewusstseinsfähiger, d. h. für unser Bewusstsein akzeptabler werden. Hier siedele ich den Begriff der Versöhnung an und verbinde ihn mit dem tiefenpsychologischen Vorgang der Integration. Der Klient erfährt hier, dass seine Eltern gute und böse Aspekte haben und lernt seine „holzschnittartigen Projektionen" (Frick S.20) zurückzunehmen und sie als Teil seiner selbst zu akzeptieren. Bei vielen Klienten, die diesen Weg gehen, erlebe ich an der dritten Etappe eine so tiefgreifende und für mich und die anderen ergreifende Versöhnung mit den Eltern, nämlich dass die ursprüngliche Liebe zwischen Kind und Eltern wieder fließen kann und damit die Selbstliebe zunimmt. Wir sehen es an ihren Gesichtern, die vor Freude, Liebe und Glück strahlen.

### 9.3 Heilung durch ein versöhnliches Beziehungsgeschehen zwischen Therapeut und Klient

Natürlich untersteht das therapeutische Handeln, bzw. Heilen des Therapeuten ebenfalls dieser Gegensatzspannung des Heilungsarchetypen, ich meine sogar ganz im Besonderen.
Wenn er nicht akzeptiert, dass seine heilenden Bemühungen auch eine zerstörerische Auswirkung haben können, wird die Destruktivität noch chaotischer aus dem Unbewussten heraus wirken (Hillmann 1972). Dies klingt für die bewusste Rollen- Motivation des Therapeuten, der ja auch wie die Eltern nur das Beste für seine Patienten will, zunächst als unerträgliche Zumutung, gegen die er sich gern durch Projektion schützt. Unerträglich ist die Bipolarität des Heilungsarchetypen auch für psychisch kranke Menschen, die zum Beispiel Heilung ihrer Depression suchen und große Erwartungen an den Therapeuten schon im telefonischen Erstkontakt durchblicken lassen: „Herr Pater schickt mich zu Ihnen. Ich hab schon so viele Therapien gemacht, die allerdings nicht christlich waren und deshalb auch nichts gebracht haben. Sie sind meine letzte Rettung!"
So oder ähnlich bekomme ich es oft zu hören. Solche Klienten können es sich nicht vorstellen, dass ihr Depressiv-sein als seelisches Leiden positiv zu sehen ist oder ihre übermächtigen Heiler-Projektionen zurück zu nehmen. So entsteht im Therapeuten oft die Versuchung einen Kampf gegen die Destruktivität der Depression zu führen. Unbewusst wird jedoch das Paar Heiler-Kranker

auseinander gerissen. Gerade die depressive Affekt-Psychose macht deutlich, dass ihr archetypischer Bann den ganzen Menschen erfasst, d. h auch körperlich besessen ist von der eigenen Hilflosigkeit und einem zerstörerisch-aggressivem Potential, welches sich gegen sich selbst ( suizidal ) und subtil-passiv gegen Angehörige, Mitmenschen und Therapeut richtet. Die meisten Therapeuten, die wie ich mit depressiven Klienten arbeiten, wissen, dass sie sich immer wieder ihrer eigenen Gegenübertragungsaggressionen bewusst werden müssen, damit eine heilsame Qualität von Beziehung möglich wird als jene des miteinander oder gegen die Depression Kämpfens. So dürfen sich Klient (Kl) und Therapeut (Th) entlastet fühlen und zusehen, wie sich der Innere Heiler mobilisiert und die Krankheit sich verabschiedet. Frick spricht vom Psychotherapeuten als den mittel- und machtlosesten unter den Heilkundigen. Dieser könne weder heilen noch lindern, sondern im besten Fall das archetypisch morphogenetische Kraftfeld von Verwundung und Heilung konstellieren (S. 21). Er ist also bestenfalls Zeuge von Krankheit und Heilung in dem Maß, in dem Gott es zulässt, ganz im Sinne des „medicus curat, deus sanat“ (Der Arzt pflegt und sorgt, Gott heilt, dem Chirurgen Ambroise Pare zugeschrieben) (zit. auf S. 21). Das Kraftfeld des Heilungsarchetyps konstelliert (stella = der Stern) sich wie Sterne, wenn eine inflationäre Identifikation mit der Rolle des Helfenden beim Therapeuten in Form eines Allmachtskomplexes auf den Minderwertigkeitskomplex des Patienten stößt, der sich nie aus der kindlichen Abhängigkeit von den Eltern und Geschwister lösen konnte.

Auch wenn der Th. weiß, dass er mit seiner Schwäche und Unbewusstheit grundsätzlich an dieser Konstellation mitwirkt, muss er sich bemühen, seine Komplexprojektionen zurückzunehmen.

### 9.3.1 Der bipolare Heilungsarchetyp - durch Verwundung heilen

Heilung und Krankheit wurden schon immer den Göttern zugeschrieben. Heilende Heroengestalten haben eine erschreckende verwundete Seite, weil sie beide Aspekte des bipolaren Heilungsarchetypen in sich tragen. Wo also zerstörerische Gefahr von den Göttern ausgeht, d. h. Krankheit entsteht, müssen wir Heilende den bipolaren Archetyp so konstellieren, d. h. Rituale begehen, in denen der Gott oder Heros geehrt wird (Guggenbühl-Craig 1994) im Sinne von Hölderlins Wort im „Patmos“: "Wo aber Gefahr ist, wächst das Rettende“. Die Hauptaufgabe der Priester der Asklepios Heiligtümer bestand darin, durch die Rituale eine Begegnung des Heilung suchenden Kranken mit Asklepion zu konstellieren. Diese Rituale bestanden v. a. aus Heilschlaf, der Inkubation.

Ein ähnliches Ritual konstellieren wir in unserem Kurs unter dem Dach eines christlichen Tempels unter dem Namen Pallottihaus, nämlich bei unserem Versöhnungsrituals in Form eines Weges auf der vorletzten Etappe, wo den Teilnehmern hier eine Gelegenheit konstelliert ist, wo sie eine Heilandikone

verehren können. Wir schaffen als moderne Asklepios Priester die Voraussetzungen, dass der Kranke seinem Asklepios bzw. seinem Inneren Heiler Jesus Christus begegnen kann. Auch schon am ersten Tag des Kurses bieten wir den Patienten imaginative Begegnungen mit dem Heilungsarchetypen des verwundeten göttlichen Kindes, des Christkindes, an. In der vorbereiteten Mitte unseres Stuhlkreises sehen die Patienten von Anfang an und die ganze Zeit ein Jesuskind in der Krippe, etwa 20 cm lang und 10 cm hoch.
Rituale und mythische Erzählungen nehmen also das Unbewusste des Patienten, wie es sich etwa in den Träumen zeigt wie in einem Innerer Container auf. Frick meint, dass unsere modernen psychotherapeutischen Mythologien darin bestehen könnten, wie wir unseren Patienten Krankheit und Heilung erklären. Dies tun wir in unserem Kurs am zweiten Tag bei einem gemeinsamen Erarbeiten von Erfahrungen aus der Kindheit und seinen strukturprägenden Entwicklungsphasen.
Einer der beliebtesten Heilgötter der griechischen Antike war Asklepios, der bis zu seiner Verdrängung durch Christus auch soter, also Heiland genannt wurde. Für die Griechen war es selbstverständlich, dass dieselben Götter und Heroen in einer Person verwundet und heilend, krank und gesund sind. Es ist die homöopathische Heilkunst, similia similibus, Gleiches mit Gleichem zu behandeln, d. h durch Verwundung heilen. Die Griechen konnten die göttliche Homöopathie durch ihre Mythen den Menschen vor Augen stellen und im Ritual feiern. Christlich orientierte Gestalttherapie, wie ich meine Methode auch nenne, kann dies zweifach. Durch Jesus Christus als den verwundeten Heiler und Gestalttherapie mit ihren speziellen Versöhnungsmethoden, wie ich sie später ausführen werde. Wir alle sind mehr oder weniger stark, v. a. unter dem Eindruck unserer sehr erfolgreichen allopathischen Schulmedizin von dem bewussten Leitbild völliger Gesundheit, Ganzheit, völliger Unversehrtheit und quasi göttlicher Schönheit geprägt. Die Schönheitschirurgie erfährt in unseren Tagen eine unglaubliche Expansion. Das Heilungsprinzip der Schulmedizin und oft auch der gängigen Psychotherapie ist geprägt von einem kausalen Krankheitsverständnis.
Dieser Gesundheitskult geht bis in kirchliche und charismatische Gebetsgruppen, die versuchen Krankheitssymptome weg zu beten, um danach den Erfolg als Beweis geistgewirkter Heilung zu deuten. In diesem Gesundheitskult neigen Menschen besonders dazu, Krankheit und Behinderung moralisierend als ungelebte Möglichkeit abzuwehren. Wir laufen damit Gefahr, wie Frick meint, dass wir uns mit einem Pol des Archetyps identifizieren, z. B mit dem lichten Aspekt des Selbst, d. h mit unserm eigenen Gottesbild. Damit wird die Gegenseite der Verwundung, Unheilbarkeit, Unvollständigkeit, Schwäche, Zerstörung wie sie u. a. der Heilungsarchetyp Christus symbolisiert nicht mehr wahrgenommen und es kommt zur dualistischen Spaltung. Unter dem Allmachtsanspruch des Ganzheitsideals werden Unheilbarkeit, Unvollständigkeit,

Schwäche, Zerstörung nur unter dem Gesichtspunkt ihrer Heilung und Überwindung wahrgenommen. Heilung als Bewusstwerdung, als Rücknahme von Projektion bedeutet aber meine durch das Ideal strahlender Gesundheit abgewehrte eigene Schwäche an mir selbst wahrnehmen. Übertragen auf die helfende therapeutische Beziehung bedeutet das nicht nur, dass der Therapeut und der Klient die Grenzen des Heilens akzeptieren, sondern dass der Therapeut auch seine eigenen Wunden spüren kann. Denn so wird der innere Heiler beim Klienten freigesetzt. Dieses homöopathische Heilprinzip befreit mich als Therapeut zunächst von einem meist mächtigen Selbstanspruch des Helfenmüssens und Guter-Therapeut-Sein-Müssens und erhebt aber gleichzeitig den Anspruch nach intensiver Selbsterfahrung und demütigen Eingestehens von eigener Schwäche, persönlichen Unzulänglichkeit, Aggressionen und anderer negativer Gegenübertragungen. Diese Heilungsdynamik könnte man einfach in den Worten meines Versöhnungsgedanken so darstellen: Der Th. muss sich mit seinen Wunden versöhnt sein, damit der Kl. sich im Übertragungs- und Gegenübertragungsprozess mit seinen versöhnen kann.

### 9.4 Das Sündenbock-Ritual: Projektion oder Versöhnungsritual?

„Jeder Leidende nämlich sucht instinktiv zu seinem Leid eine Ursache; genauer noch, einen Täter, noch bestimmter, einen für Leid empfänglichen schuldigen Täter… Hierin ist, meiner Vermutung nach, die wirkliche physiologische Ursächlichkeit des Ressentiment, der Rache und ihrer Verwandten, zu finden, in einem Verlangen also nach Betäubung von Schmerz durch Affekte“ (Nietzsche, zit. in: Grätzel 1998, S. 146, zitiert nach Frick S. 38).

Im biblischen Buch Leviticus 16 wird ein Versöhnungsritual beschrieben, das wohl diesem bei Nietzsche beschriebene Verlangen entspricht, nämlich die Beseitigung des Übels, indem der Sündenbock in die Wüste gejagt wird. Diese Lösung ist jedoch nur vordergründig, denn die Wüste ist nur der Projektionsort, wo Menschen gern das nicht akzeptierte Eigene, die als Schatten abgespaltene Ursache wegschicken, fortschleudern, und loswerden wollen. Das Phänomen Krankheit ist ein Spezialfall dieses Vorgangs. Wie die biblischen Dämonen kehren die Schatten aber immer wieder ins eigene Haus zurück. Man muss hier unterscheiden zwischen Sündenbock-Komplex und dem Sündenbock-Archetyp.

Der heutige leidende Mensch neigt dazu sich mit dem Sündenbock-Komplex so zu identifizieren und unfrei zu werden, dass der hebräische Ritus pathologisch verzerrt wird. Je stolzer sich der aufgeklärte Mensch über den Sündenbock-Archetypen entmythologisierend erhaben fühlt, umso abgespaltener entziehen sich krankmachende Mythen, Gottesbilder und Komplexidentifizierungen. Das Versöhnungsritual Jom Kippur spielt sich nach Leviticus 16,1-34 im Innern des Tempels an der Grenze zum Allerheiligsten ab. Magnetisch zieht es die Unreinheit an und braucht deshalb Entsühnung. Der Ort göttlicher Gegenwart ist somit paradoxerweise „ der Ort der Krise, an dem das Unheilige, ja das Verfluchte (lat. Ebenfalls sacer) offenbar wird“ (nach S. 43). Wenn das Blut der Tieropfer vergossen wird, werden die Sündenböcke, gerade durch die Berührung mit der Sünde, geheiligt (lat. Sacrificere: heilig machen, opfern), also homöopathisch geheilt.

9.4.1 Versöhnung mit seiner Schattenseite durch den Versöhnungsarchetyp Jesus

Im NT heißt es, dass wir geheiligt werden durch den verfluchten Gottesknecht. Heilig heißt bei Gott doch auch verflucht sein-ein schmaler Grat zwischen Segen und Fluch. Man muss sogar paradoxerweise sagen: In der Deckplatte der Lade, der kapporät, welche im Mittelpunkt des Allerheiligsten stand, verdichten sich Unreinheit und Entsühnung. Jesus wird im NT (Römer 3,25) als kapporät bezeichnet. Jesus übt also die Rolle eines Priesters aus, der die Besessenen und Verfluchten aus ihrer gesellschaftlichen „Wüstensituation“ herausholt.

Für unser heutiges Verständnis ist es schwierig, die Bedeutung des Blutvergießens für den Entsühnungsvorgang zu verstehen. Dieses priesterliche Ritual soll die Lebenshingabe des Opfernden an Gott symbolisieren und bewirken, indem der Sünder sich mit dem in den Tod gehenden Opfertier identifiziert. Im NT tritt Jesus als Opferlamm an die Stelle des alttestamentlichen Opfertieres. (Im Glauben folge ich Jesus nach, gebe mich ihm hin und beschreite dadurch den Weg der Deidentifikation. Von diesem Weg wird später die Rede sein).

Der Sündenbock ist schon in vorhebräischer Zeit genauso wie die Schlange ein pharmakon, d.h. Heilmittel und zerstörendes Potential, sprich Gift in einem. Im jährlich stattfindenden Ritus ging es darum, dass der Mensch die Gemeinschaft mit Gott wieder herstellt, indem er sich bewusst rituell vom Bösen trennt. Das archetypischen Ritual von Leviticus 16 zeichnet sich durch eine Dualität der Gottheiten und der geopferten Ziegenböcke aus. Der erste ist JHWH, dem Gott Israels geweiht. Sein Blut soll das Heiligtum im Ganzen heiligen. Der zweite wird durch das Los Asasel geweiht. Asasel ist ein Wüstendämon aus einem heidnischen Kult. Dieser wird mit den Sünden des Volkes in die Wüste gejagt, aber zuvor JHWH „ vorgestellt“. So wurde die Aufnahme eines heidnischen Kultes legitimiert (Gerstenberger 1993 bei Frick S. 44)

Wie wird jetzt aus diesen heilenden archetypischen Vorstellungen, welche sich in einem lebendigen Symbol verdichten, ein Komplex, der diese Gegensatzspannung des Archetyps aushöhlt und pervertiert? Nach Perera (1986) sind es hauptsächlich drei Gründe: Die archetypische Verbindung zum Sakralen wurde aufgelöst. Die Struktur des Sündenbockarchetyps wurde ohne den lebendigen Symbolhintergrund der alten Rituale in Verdrängter Form behalten.

Der vorhebräische Naturdämon Asasel, der noch mit dem Weiblichen in Verbindung steht, hat sich zum Ankläger und Sündenbockmacher gewandelt.

Äußerlich wird diese Asasel-Rolle gerne von der Familie eines Sündenbock-Komplex-Identifizierten übernommen oder auf den Therapeuten projiziert. Perera entwirft folgendes Bild von der Struktur des Sündenbock-Komplexes, wie er sich zwischen dem mit dem Sündenbock-Komplex-identifizierten Patienten und seinem Therapeuten konstelliert.

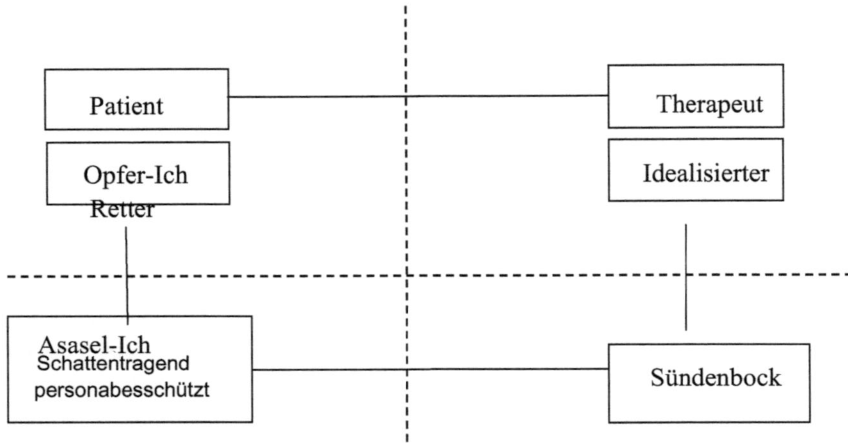


Gemeinsames Unbewusstes

Die vertikale Achse des gestrichelten Kreuzes trennt die Therapeuten- von der Patientenseite und drückt die interpersonale Spaltung aus vor der Bearbeitung des Beziehungsmusters des Sündenbock-Komplexes. Die horizontale trennt die bewusste von der unbewussten Ebene. Unterhalb der Bewusstseinsschwelle liegt das gemeinsame Unbewusste von Patient und Therapeut. Dieses wurzelt in kollektiven archetypischen Vorstellungen, die uns ebenso fremd sind, wie der kultisch-sakrale Jom Kippur-Ritus.

9.4.2 Nun zur Übertragungs- und Gegenübertragungsdynamik zwischen Patienten und Therapeut:

Wie so oft in der christlichen Schuldkultur verfügt der Sündenbock-Komplex-identifizierte Patient über ein bewusstes Opfer-Ich, etwa eine überwertige depressive und altruistische Hingabetendenz, die seine Beziehungen kennzeichnen. Komplett unbewusst, d. h. abgespalten hingegen sind ihm dabei seine Aggressionen und seine Sexual- und Abhängigkeitsbedürfnisse. Das Ich muss nach dem Modell Pereras diesen abgespaltenen umherschweifenden

Ziegenbock oder Asasel-Schatten mit einer großartigen frühreifen Persona, ein falsches Selbst im Sinne Winnicotts, entwickeln, um das Opfer-Ich zu verteidigen. Schatten und Persona sind im Jungschen Denken Persönlichkeitsanteile, die im Archetypischen wurzeln. Deshalb können wir sie auch nicht wegschicken oder abwerfen oder loswerden, sondern nur mit ihnen durch Versöhnung in Einklang gehen.

Es gibt helle Schatten, z. B. unerreichte positiv besetzte Wünsche oder dunkle Schatten, z. B. all das, was ich bei mir nicht mag und was ich nicht sein will. Helle und dunkle Schatten sind die Summe meiner ungelebten Möglichkeiten.

Dunkle Schatten versuche ich in der Regel so loszuwerden, dass ich diese Balken im eigenen Auge als Splitter im Auge des anderen kritisiere (Mt 7,3) und bekämpfe oder wie Therapeuten und Ärzte therapiere. Die Sündenbock-Komplex-Projektion ist der primitivste und verbreiteste Versuch, den kollektiven Schatten einer Gruppe oder eines Volkes einer Minderheit oder einem einzelnen zuzuschieben.

Den Schatten hält man gewissermaßen im Rücken, während man die Persona als Maske oder soziale Scheinpersönlichkeit vor sich her trägt. Wir alle haben mehrere Personae bzw. Rollen.

Nicht nur unsere Berufspersonae wie Therapeut, Arzt, Lehrer, Angestellter oder Rollen wie Vater und Mutter usw., sondern auch unsere Kleidung, soziale und landsmannschaftliche Zugehörigkeit gehören dazu. Sie ist keinesfalls nur äußerlich, sondern notwendig als Grenzfläche zwischen dem Allerheiligsten meiner Seele und der Weltlichkeit meiner Umwelt, zwischen rein und unrein. An dieser kann sich die Schattenabwehr der Seele ereignen, d.h. hier findet Entsühnung und Projektion statt. Man kann sogar sagen, dass Menschen, die ihre Masken= personae leicht handhaben können, d.h. souverän ablegen und wechseln können, eine seelische Reife bzw. Ich-Stärke besitzen. Ich-schwache Menschen haben beim Ablegen oder Wechsel Angst, ihr Ich oder Gesicht zu verlieren.

Wenn der Therapeut dem Opfer-Ich als Helfer begegnet, soll er wie der Priester im Sündenbock-Ritual entscheiden, was gut und damit kollektiv tragbar ist (Frick S. 46). Da wo der Priester bzw. Therapeut die Polarität des Archetyps nicht mehr aushält, verliert er die Beziehung zum Überpersönlichen und gerät in den Bannkreis des Sündenbock-Komplexes.

In diesem ist er für den Sündenbock-identifizierten Patienten wie ein falscher Priester, der durch Annahme entsprechender Projektionen sich mit dem inneren Ankläger des Patienten verbündet, „um die Person zu einer Anpassung zu zwingen, die ihre inneren Welt außer Acht lässt und nur mit aufgesetzten, notwendigerweise nicht integrierten Masken funktioniert“ (Perera 1986, S 3, zitiert nach Frick, S. 46). So überträgt der Patient seinen unbewussten inneren Ankläger auf den idealisierten Therapeuten genauso wie auch auf strenge Eltern- oder Kollektivstimmen wie z. B. Kirche, Gesellschaft oder Staat.

Die äußeren Bezugspersonen wie z. B. auch der Therapeut sind ihm dann immer wieder die Bestätigung für die Unerbittlichkeit der eigenen inneren Sündenbock- und Opfermentaltität. „Der Therapeut seinerseits verdrängt den eigenen Sündenbock-Schatten, sodass sein bewusstes Ich durch das Ideal des Retters, der das Opfer erlösen wird, kompensiert".
Im archetypischen Bild des Messias kommen die Gegensätze des leidenden und verachteten Knechtes, des ebed JHWH und des erfolgreichen und starken Herrschers zusammen." Der Sündenbock-Komplex besteht hingegen in der masochistischen Abspaltung dieses Herrschaftsaspektes vom Sündenbock-Archetyp" (Frick S. 47). Solange der Klient keinen Zugang zu seiner eigenen Macht und Herrschaft findet, bleibt diese intra-personale Spaltung zwischen bewusstem Opfer- Ich und dem sich selbst entfremdeten, anklagenden und schattentragenden Ich, welches durch die Persona gepanzert ist. So muss er sein Böses an die Schwachen abschieben. Wenn der Pat. durch eine gelungene Therapie z.B. nun beginnt, seinen eigenen Schatten zu tragen, befreit er auch das Kollektiv, schreibt Erich Neumann (1948, S. 132). Er sieht darin eine Art stellvertretendes Leiden. Der Einzelne nimmt nämlich einen Teil der Last des Kollektivs in die eigene Verantwortung mit hinein und „entgiftet und integriert in seiner inneren Verwandlungsarbeit das Böse". Gelingt dies, so führt es zu einer teilweisen Erlösung von diesem Bösen und Befreiung des Kollektivs.

## 9.5 Sind Krankheitsdämonen nur Projektionen?

C.G Jung sagt, dass der primäre Weltbezug nicht nur von Kindern, Primitiven und Kranken, sondern von uns allen ein Einssein mit den Dingen ist und kein Subjekt-Objekt-Verhältnis. Tipping, Tolle, Michaels, Transpersonale Psychologie gehen ebenfalls von einer schon vollzogenen Versöhnung von Subjekt-Objekt aus (siehe Kapitel 3-9).
Identität kann also nicht das Entwicklungsziel wie bei Erikson sein, sondern vielmehr Individuation. Und dazu müssen wir uns von der Uridentität der Projektion wegentwickeln, indem wir sie allmählich von den Menschen und Dingen zurücknehmen und das Projizierte als unser Eigenes annehmen. Für Jung, der sich dabei immer wieder auf die Philosophie Kants bezieht, liegt darin die Bedingung der Möglichkeit von In-Beziehung-Sein, nämlich in der Bewusstmachung und allmählichen Zurücknahme von Projektionen.
Jemand zum Sündenbock machen ist Projektion in reinster Form: die eigene oder kollektive Schuld wird dem Sündenbock aufgeladen und in die Wüste geschickt, d. h projiziert. Krankheit ist eine Spezialform der Projektion.

## 9.6 Kant und Jung über die Bedingung der Möglichkeit des In-Beziehung-Seins

Für Jung leben alle Menschen, nicht nur Kranke, Kinder oder Primitive zunächst in einer ursprünglichen Identität mit den Dingen, d. h unser primärer Weltbezug ist nicht ein Subjekt-Objekt-Verhältnis, sondern das Einssein mit den Dingen. Diese Identität ist nicht das Ziel einer Entwicklung wie bei Erikson, sondern der Ausgangspunkt der Individuation. Die Aufgabe der Individuation besteht eben darin, mich von meiner Ur-Identität der Projektion weg zu entwickeln, indem ich meine Projektionen erkenne und sie allmählich von anderen Menschen und Dingen zurücknehme und das Projizierte als mein Eigenes annehme. Diesen Prozess sieht Jung als die Bedingung der Möglichkeit des In-Beziehung-Seins in Anlehnung an Kant. Nach Kant und Jung also kann ich erst ganz in Beziehung zu anderen kommen im Fortschreiten der inneren Versöhnung mit meinen Schattenseiten der inneren und äußeren Welt, mit meinen Nächsten oder sogar Feind.

Jesus hat diesen Zusammenhang schon in seinem Hauptgebot erkannt, wenn er sagt: "Liebe deinen Nächsten wie dich selbst". Wir machen uns täglich gegenseitig zum Sündenbock, indem wir das unerträglich Eigene, unseren Schatten, die eigene oder die kollektive Schuld dem anderen aufladen und ihn in die Wüste jagen. Durch diesen Vorgang entsteht das Phänomen Krankheit, spezifisch psychische Krankheit (depressives Sich-Opfern, Psychosen und Suizidalität). Systemtherapeuten wissen, dass oft Kinder durch Sündenbock-Identifikation zum „Index-Patienten “einer Familie oder Gruppe werden. Das Kollektiv projiziert seine Schatten auf die Fremden, die Kranken oder Behinderten. Der Sündenbock-Identifizierte seinerseits übernimmt diese Zuschreibung, introjiziert also die Schatteninhalte. Wenn er sich dann tatsächlich entsprechend dieser Zuschreibung verhält, spricht die Psychoanalyse von projektiver Identifikation. Dieses Phänomen kann man am Beispiel des Krieges aufzeigen. Der jeweilige Feind ist ja nicht nur unbewegte Projektionsfläche oder Unschuldslamm, sondern er verändert sich auf das von der Propaganda entworfene Feindbild hin. Egal ob Nationen miteinander Krieg führen oder einzelne Personen wie z. B Nachbarn, es kommt zu einer eigentümlichen Art einer psychischen Verbundenheit zwischen Subjekt und Objekt zu einer Art Schicksalsgemeinschaft des sich gegenseitigen Zum-Opfer-Machens, in der das Subjekt sich nicht mehr klar vom Objekt unterscheiden kann.

Wenn Patienten in die Praxis eines Psychotherapeuten oder Arztes kommen, wollen sie das Kranke wie einen Fremdkörper immer loswerden. Wie oft geben Patienten bei der Frage, was sie sich von einer Psychotherapie erwarten an: "seit ich dies oder jenes erleben musste, hab ich solche Depressionen oder Ängste. Bitte therapieren Sie mir diese schnell weg“ Oder: "seit ich den Unfall hatte, habe ich solche Depressionen oder Ängste bekommen“. Wir alle sind durch unsere Dekartsche Wissenschaftsverständis an solche kausale Verknüpfungen gewohnt. Wir alle neigen dazu, das Kranke wie einen Fremdkörper loswerden zu wollen, oft durch projektives Hinaus-verlagern, um wieder völlig von allem Kranken gereinigt zu werden, damit wieder völlige Gesundheit hergestellt ist. So treten die meisten heilenden Berufe dieser Welt auch auf, dass sie durch Absaugen, Herausschneiden oder Wegtherapieren von Fremdkörpern dem Patienten Linderung oder Heilung in Aussicht stellen. Umgekehrt besteht Krankheit im Eindringen eines Fremdkörpers, eines Krankheitsprojektils, was ein Zauberer losschießt, um Mensch oder Tier krank zu machen oder einen schicksalsmäßig erwischt. Ein sprachlicher Rest derartiger Krankheitsmythen ist noch in dem Wort Hexenschuss, Schlag-Anfall oder Herzschlag zu erkennen. In diesen Mythen steckt wie schon oft erwähnt ein tiefer Wahrheitsgehalt. Projektion ist nämlich kein bewusster oder aktiver Vorgang, „sondern ein zutiefst unbewusster Verarbeitungsmodus, mit dem wir uns gegen das Fremde schützen. Oft dient sie auch als Abwehrmechanismus, mit dem wir versuchen, einen ursprünglichen Identitätszustand aufrechtzuerhalten (Jung GW 6, § 870). Nach Jung ist die projizierende Instanz nicht das Subjekt, sondern der Archetypus, dessen Auffassungsmöglichkeit und Wahrnehmung des Objektes angeboren ist. Wir erleben also die Umwelt oder das Objekt nicht, wie es wirklich ist, sondern wie es uns archetypischerweise erscheint. Der Sündenbock-Archetyp ist also nicht beschränkt auf die Mythologien vergangener Zeiten oder primitiver Völker, sondern unsere "Ur-Möglichkeit" (Frick S. 50), wie wir die Welt sehen, erleben und auf sie reagieren. Um gesund und freier zu werden müssen wir unsere Schatten erkennen, annehmen und Projektionen zurücknehmen. Damit dies gelingt müssen wir von archetypischen Konstellationen in unserer Lebenswelt ausgehen, v.a. Heiler, Ärzte und Therapeuten.

Wie kann nun zu unserer Gesundung der Sündenbock aus der Wüste zurückkehren? Gleichbedeutend damit ist die Frage: Wie können wir unsere Projektionen, d.h. die eigene Schuld, die eigenen Triebwünsche, die eigene Krankheit, den eigenen nur scheinbar entsorgten Seelenmüll zurücknehmen? Wenn er zurückkehrt, wird mit ihm die verdrängte Judas- Seite des Messias und die verdrängte Weiblichkeit Asasels zurückkehren und auf Erlösung warten. Wie erlöst und heilt der Messias Jesus die Menschen von ihren Schatten? Dies lässt sich am besten an der biblischen Geschichte in Markus 5 deutlich machen: Der Besessene von Gerasa trägt als Ausgeschlossener die kollektive Krankheit wie in unserer Zeit Behinderte, Psychosekranke und HIV-Infizierte. Jesus heilt ihn, indem er sich auf die Beziehung Heiler-Besessener einlässt zu dem Preis und der Gefahr, sich selbst dämonisch zu infizieren. Gerade auf diese Weise führt er den Besessenen in die menschliche Gemeinschaft zurück. Jesus ist zum Rollentausch bereit, d.h. er übernimmt die Position des Sündenbocks, ähnlich wie der Schamane die Besessenheit durch den bösen Geist erleidet und (sich) damit heilt. Jesus trägt die Dämonen dieser Welt, wenn er sich wie der leidende Gottesknecht aus der menschlichen Gemeinschaft ausstoßen lässt. In Mk 5 spricht er sie an, wie wenn es eine vertraute Beziehung zwischen ihnen geben würde. Auch sie scheinen ihn zu kennen und zu gehorchen, wenn er sie in eine Herde von unreinen

Schweinen fahren lässt. Biblisch-theologisch zeigt sich nach Lk 11,20, im Austreiben der Dämonen mit dem Finger Gottes“ der Anbruch des Gottesreiches und die Vollmacht Jesu. Diese scheint paradoxerweise darin zu bestehen, dass er seine Machtlosigkeit annimmt. Dämonische Krankheit zeigt sich hier deutlich als projektive Identifikation mit Real-Externalisierung (Mentzos 1993). Durch diesen unbewussten Vorgang wird ein zunächst innerpsychisches aggressives Schattenpotential ins Außen auf ein Sündenbock-Opfer projiziert, welches sich in der Weise mit dieser Aggression identifiziert, dass es ein aggressives Verhalten an den Tag legt. Dieses wird dann vom Kollektiv als fremd und bedrohlich erlebt und dann mit Gegengewalt bekämpft. So entsteht eine Spirale der Gewalt, die wir alle in kollektiven oder individuellen Bezügen kennen. Eine Heilung im Sinne einer Befreiung von diesem krankmachenden projektiven Sündenbock-Mythos kann nur durch einen freiwilligen Sündenbock geschehen. Eine solche archetypische Gestalt ist der Gottesknecht des Propheten Deuterojesaja. Er vermag die Spirale der Gewalt zu durchbrechen, indem er uns durch seine Rückkehr vor Augen führt, dass wir ihm Verursachung und Schuld aufgeladen haben. Gerade in Familien psychisch Kranker wird oft die Schuldfrage gern im Gewand der Kausalität gestellt: "Warum bin ich krank? Wer ist schuld?"

Der Finger wird oft auf Mütter gezeigt, da ihnen durch übertriebene Idealisierung die Hauptverantwortung an der Erziehung gegeben wird. Krankheit kann entstehen durch diese Identifikation mit der Sündenbock-Rolle oder dadurch, dass ich sie einem anderen Familienmitglied ersparen möchte. Gerade in der christlichen Kultur liegen die destruktiven Anteile des Sündenbock-Archetyps nahe bei seinen befreienden Aspekten.

Unter dem Einfluss moderner Exegese kam es in der katholischen Kirche seit dem zweiten Weltkrieg zu einem Verständniswandel des Begriffes der Heilung: Sie ist demnach kein Wundergabe Gottes an den Menschen, sondern die Beziehung zwischen der um Heilung bittenden Menschen, Gott und einem oder mehreren Heilenden, die sich selbst wiederrum innerhalb dieser Beziehung verändern. Heilung ist in diesem Beziehungsgeschehen ein mehrdeutiges Zeichen, das durch die geheilten Personen und innerhalb der Gemeinschaft gedeutet werden muss. Es geht also um das Verstehen von Zeichen in Beziehung. Dieses Verständnis wird auch außerhalb des christlichen Bereiches von Heilenden wie Dr. med. Rüdiger Dahlke und Heilpraktiker wie Horst Tepperwein geteilt.

Mit Martin Buber, ein Religionsphilosoph, auf den sich Gründungsväter und –mütter der GT berufen, lässt sich ein Unterschied zum kausalen Verständnis folgendermaßen beschreiben: Der kausale Zugang nach dem Modell der Physik und Schulmedizin entspricht seinem Grundwort Ich-Es. Hier mache ich den Körper des anderen zum Gegenstand meiner wissenschaftlichen Neugier. Ich beobachte, beschreibe und interveniere. Es wird von der persönlichen Geschichte des zu Heilenden abstrahiert, um sein individuelles Leiden in ein

überpersönliches Krankheitsbild einzuordnen. Für dieses wird eine Ursachenkette benannt entsprechend einer pathogenetischen Theorie, um daraus eine kausale Therapiestrategie zu entwerfen. Ganz anders verhält es sich bei seinem Grundwort: Ich-Du. Hier versuche ich den anderen in seiner individuellen Lebensgeschichte und in seinem unverwechselbaren Anderssein zu respektieren und zu verstehen. Er ist Dialogpartner auf der gemeinsamen Suche nach Heilung und dem Verstehen von Zeichen.
Meiner Meinung nach geht es nicht darum, dass beide Verständnisweisen gegeneinander konkurrieren, sondern sich ergänzen in der Form, dass unsere Heilkundigen Symptome zunächst als eindeutige Zeichen für eine Funktionsstörung_diagnostisch entschlüsseln, um die Maschine Mensch wieder zu reparieren.
Zeichen heißt in der Medizin zunächst Symptom (von gr. Sympiptein, zusammenfallen). Was fällt denn da zusammen? Es ist der vertraute und eigene Leib, an dem etwas Fremdes, Bedrohliches, Krankhaftes wahrgenommen wird. Frühere Selbstverständlichkeiten und oft auch das vertraute und gewohnte Lebensumfeld brechen weg. In gleicher Weise geht es bei der Heilbehandlung auch darum den Symbolwert der Krankheit zu erkennen.
Diesen kann man nicht in Messgrößen übersetzen, sondern lediglich in einer Beziehung verstehen. Das kausale Denken, dem wir so große Erfolge und Errungenschaften verdanken, soll nicht abgeschafft werden, sondern in ein umfassenderes Verstehen von Zeichen zu integrieren. Nach diesem Verständnis sind Krankheitssymptome psycho-somatische Zeichen, die wir beobachten und messen können, aber auch verstehen und deuten müssen im Rahmen seiner Krankheitsgeschichte und Krankheitszeichen. Hier geht es also um ihre subjektive und interpersonale Bedeutung, die ein Kranker seiner Krankheit zumisst. Beispiel Essstörung. Man kann den Patienten wiegen und messen, aber nicht ermessen, was seine Krankheit innerhalb seiner Lebensgeschichte bedeutet.
Diese Bedeutung erschließt sich erst innerhalb einer „ subjektiven Anatomie " (Frick 56). Diese haben wir in unserer frühen Kindheit gelernt und müssen sie in einer therapeutischen Beziehung wieder neu lernen, besonders wenn uns der eigene Leib durch Krankheit oder Gewalt zum Fremdkörper geworden ist.

### 9.7 Durch Verwundung heilen, das homöopathische Prinzip

Archetypische Gegensätze, vor allem die zwischen Heilung und Verwundung, Aufbau und Zerstörung werden in Symbolen (Sinnbilder) aufbewahrt. Es hat hier die Funktion des Vermittlers zwischen den Gegensätzen. In dieser vermittelnden Funktion (Jung sagt auch „transzendenten") entfaltet sich auch seine heilende, verändernde und lebendige Kraft. Durch seine transzendente Verweisstruktur lässt es sich nicht klar definieren wie ein bloßes Zeichen, wie etwa ein Hautauschlag als Symptom für Masern und als Handlungsanweisung für den

Arzt. Die Funktion des Symbols wird sehr konkret in der mitmenschlichen Beziehung, wie der zwischen Therapeut und Klient. Sie steigen als Drittes zwischen ihnen aus der unbewussten Seele auf und sind so lange lebendig, wie sie auf den zugrunde liegenden Archetyp verweisen und dessen Gegensatzspannung ausdrücken. Symbole werden miteinander entdeckt und verstanden und dienen der Verständigung zwischen Therapeut und Klient. Im Drama der Heilung ist es dann der Kranke selbst, der sich durch das Zusammenwerfen (symballein) von Verwundung und Heilungswunsch, von bewussten und unbewussten Inhalten entwickelt und schließlich keinen äußeren Therapeuten mehr braucht.

Jung beschreibt das Symbol als psychologische Maschine, welche Energie verwandelt. Kranksein heißt nach Jung (GW 8, § 88), dass Libido gestaut oder regressiv umgelenkt ist und dass der Konflikt seelischer Gegensätze zur Blockierung führt. Heilung bedeutet, dass durch Symbole die Gegensatzspannung zu neuer Vitalität führt, zum Fließen der Energie.

Das lebendige Symbol ist Ausdruck der unvermeidlichen archetypischen Gegensatzspannung. Jesus Christus ist für ihn demnach das personalisierte Symbol.

Es vereint in sich Unbewusstes und Bewusstes, Gefährliches und Rettendes, Animalisches und Göttliches. Heilung geschieht, indem ich mich dem Fluss des Lebens zwischen den Polen (Bipolarität des Lebens) von Krankheit und Gesundheit anvertraue, mich den Kräften des Lebensstromes anschließe und es lerne, mit der heilenden Energie zu arbeiten (Frick S. 68). Verwundung heißt in diesem Zusammenhang Aktivierung meiner Heilkräfte. Kurz: Durch Verwundung heilen, das homöopathische Prinzip. Wenn das Symbol stirbt, verliert es seinen Sinn für Individuum und Kollektiv und es besteht die Gefahr der Komplex-Identifikation und –Projektion. Diese führen wiederum zur Symptombildung, z. B. durch die neurotische Übernahme einer Sündenbock-Rolle. Im Komplex und Symptom bleibt die ursprüngliche archetypische Thematik erhalten, oft in pervertierter und destruktiver Weise, wenn die ursprüngliche Gegensatzspannung nicht mehr ausgehalten wird und zu Verdrängungen, Spaltungen oder anderen Bearbeitungsweisen geführt hat. Zwei uralte Symbole, wie die Schlange und der Drache enthalten diese in besonders eindrücklicher Weise.

Als Kreisschlange symbolisiert sie Geburt und Tod, aber auch Heilmittel und Gift. Sie drückt aus, dass Erfahrung der Gefahr die Gefahr heilt. „Erfahrung ist das Rettende, somit das Gleiche der Gefahr, worum es in jeder Therapie geht, insofern sie „Homöopathie“ ist, Heilung durch Gleiches.“ (Frick 65).

Wo wir oberflächlich bestrebt sind natürliche Polaritäten unseres Lebens zu lösen, sind wir versucht, entwicklungsnotwendige Konflikte zu vermeiden oder die Extreme als unvereinbar aufzuspalten. Der Drachenkampf macht dies am deutlichsten: Durch die kämpferischen Auseinandersetzung mit den Gegensätzen entsteht ein selbstständiges Ich und zwar erst durch die symbolische Tötung von

Vater und Mutter. Gerade die Überwindung dieses bedrohlichen Aktes ermöglicht auch einen neuen Bezug zu den Gegensätzen, zum Beispiel ein neuer Bezug zu den inneren Elternbilder. Erst wenn die verschlingende Mutter getötet ist, kann sich der Mann von seinen Ansprüchen an die Allernährende lösen und als Individuum sich an eine konkrete Frau binden. In unserem Wegritual ist dies die erste Station, wo wir die Bannbotschaften der Eltern totschlagen in gestalttherapeutischer Manier.

### 9.8 Jesus Christus am Kreuz- durch Verwundung heilen (homöopathisch)

In Hinblick auf das Geheimnis des Kreuzestodes Jesu schreibt ein früher Kirchenvater im 3. Jahrhundert Gregor von Nazianz: „Was nicht angenommen ist, kann nicht geheilt werden".

Das Kreuz ist zunächst im christlichen Glauben, in der Leibtherapie und bei C.G Jung Symbol für Ganzheit, Vollständigkeit und Heilsein. Es ist aber auch Symbol des Leidens an meiner Unvollständigkeit (nicht: Vollkommenheit) und damit zentraler Motor der Individuation. Sie lässt sich vom Archetyp des Selbst leiten, das heißt von einem steuernden Zentrum oder tragenden Grund, wo sich die Ganzheit unserer menschlichen Persönlichkeit sammelt. Jung meint (GW 11 § 231), dass man empirisch gesehen nicht zwischen einem Symbol des Selbst und einem Gottesbild unterscheiden kann. Das Selbst erscheint meistens in Träumen, Märchen und Mythen als übergeordnete Persönlichkeit, wie z.B. ein König, Held, Prophet, Heiland oder als Ganzheitssymbol, wie z. B. der Kreis, das Viereck oder das Kreuz. Es ist ein universales Ganzheitssymbol und in der christlich-jüdischen Tradition auch mit einem partikulären historischen Geschehen verbunden, nämlich in der Verwundung/Sterben und der Rettung/Auferstehung des Jesus von Nazareth. Bei dem oben zitierten Satz von Gregor von Nazianz geht es wohl um diese Annahme der Bipolarität des Heilungsarchetypen, welche das patriarchale Gottesbild eines allmächtigen und gütigen oder eines wieder gütig zu stimmenden Gottes ad absurdum führt (Frick S. 88).

Der König mit der Dornenkrone ist aber auch ein König, welcher den messianischen Pol des Sündenbockarchetypen darstellt. Paradoxerweise ist Jesus Sündenbock und Gottesknecht, der andere befreit aus dem Zerstörerischen der Gewalt. Er ist sowohl machtlos als auch voller Macht. Wie kann also durch das kultische Vergießen des Blutes vom gekreuzigten Gottesknecht Erlösung ausgehen? Sobrino (1991, S. 374) meint, dass es hier nicht um eine Wirkkausälität, sondern um eine symbolische Kausalität geht, d. h. es geht ausschließlich um das DASS der Liebe Gottes.

„Die mögliche Überwindung des Negativen geschieht im Eintauchen in die Mechanismen des Negativen" (Sobrino 1976, S.172). Was bedeutet dieses übertragen auf die Patient-Therapeut Beziehung in der christlich-orientierten Gestalttherapie?

Ein hilfesuchender Patient wird sich nur bei einem Helfer wirklich geborgen fühlen, der seine eigenen Schwächen und Wunden angenommen hat und das falsche Ideal eines starken und selbstlosen Retters aufgegeben hat. Die angeblich selbstlosen Retter sind die hilflosen Helfer, beschrieben bei Schmidbauer 1977. Der hilflose Helfer setzt seine therapeutische Fachkompetenz engagiert für andere ein und vermeidet Beziehungen, die auf Gegenseitigkeit beruhen. Vor solchen Kontakten hat er Angst. Die eigene Schwäche, Ohnmacht und Hilfsbedürftigkeit blendet er aus bis es zum narzistischen Kollaps und burn-out kommt.

### 9.9 Heilung- von der therapeutischen (Ohn-)Macht zur Ko-Evolution

Ko-Evolution stammt aus der Paartherapie von Willi 1998 und meint die gemeinsame Entwicklung von zwei Menschen und bezieht sich auch auf die therapeutische Zweierbeziehung, das archetypische Paar Kranker-Heiler. Das „geistliche Kind, das aus dieser Beziehung wächst heißt Heilung, Entwicklung oder Individuation und resultiert aus dem dialektisch-interaktiven Prozess - Therapie und der Persönlichkeit des Therapeuten. Zwischen Krankem und Heiler besteht ein Gefälle: Wenn ich mich krank, verletzt, hilfsbedürftig und schwach fühle, phantasiere ich den anderen als stark, gesund, hilfsbereit und zur Hilfe fähig, also zum Helfer, der im Besitz von Macht und Heilmittel ist. Tatsächlich wird Gesundheit oft als Ware erlebt, die im Dienstleistungsgeschäft der Heilung weitergegeben und verkauft wird. Technisch perfekt bediente Patienten sind vielleicht zunächst zufrieden, aber selten wirklich geheilt, weil Heilung und Entwicklung oft über Enttäuschung, Unzufriedenheit und Zunahme des Leidens führen.

Wie sieht dieser therapeutische Prozess konkret aus: Therapeut und Patient bilden ein archetypisches Paar, d. h. jeder trägt die beiden Pole des Heiler-Patient Archetypen in sich. Der Kranke ist auch Therapeut und der Therapeut auch Kranker, der seinem Patienten nur insofern dienen kann, als er auch seine Verwundung, Machtlosigkeit und Schwäche spüren, zulassen und zeigen kann. Wenn der Th. sich seiner derartigen Gegenübertragung auf den Patienten bewusst ist, kann der Pat. seine Heiler-Übertragung auf den Th. abbauen und seinen eigenen Inneren Heiler freisetzen. Andernfalls besteht die Gefahr, dass er zum allmächtigen Heilerguru wird und damit die Entwicklungsmöglichkeiten und den „Inneren Heiler“ des Pat. behindert. Archetypisch gesehen sind Patient und Heiler auf diese Kooperation des Inneren Heilers angewiesen. Wo der Heiler seinen Persona-Panzer behält, wirkt er nicht heilend, sagt Jung (1962a, S. 139).

So ist Christus der Archetyp des verwundeten Heilers schlechthin: „Durch den Kreuzestod hat Christus die Welt geheilt von Sünde und Tod, dadurch, dass er beide auf sich nahm, und nicht durch Ausweichen und nicht dadurch, dass er sich distanzierte. Im Vergleich zu ihm ist der Arzt nur ein kleiner Zwerg, der sich in den Kampf zwischen Leben und Tod, Krankheit und Gesundheit wirft“ (Guggenbühl-Craig 1971, S. 69, zitiert bei Frick, S. 110).

Im Jungschen Sinn sind helle Schatten meine ungelebten Möglichkeiten, die mir größtenteils unbewusst sind. Diese kann ich nie loswerden, sondern nur durch einen Entwicklungsprozess annehmen bzw. mit ihnen in Einklang gehen, auch mit den dunklen. Dunkle Schatten sind meine ungeliebten schlechten Eigenschaften, die ich gern auf meine Umwelt projiziere, um sie dort zu bekämpfen oder zu therapieren. Menschen mit Helfersyndrom vermeiden den Kontakt mit ihren Schatten (zum Beispiel mit dem inneren hilfsbedürftigen und hungrigen Kind in mir) und die volle Gegenseitigkeit in Beziehungen. Wolfgang Schmidbauer (1977) formuliert es treffend in dem Helfersyndromsatz: „Ich brauche nichts, ich gebe“.

Damit Therapeuten heilend wirken können, dürfen sie nicht nur Theorien lernen, sondern müssen auch mit ihrer eigenen Tiefe, sprich ihren eigenen Wunden und Schmerzen in Kontakt kommen. Aber auch mit den Schattenseiten des heilenden Berufes, nämlich mit Misserfolg, Irrtum, Kunstfehler, Scheitern und eigenen Erkrankungen. Vor allem aber mit dem unheimlichen archetypischen Schattenbruder des Scharfrichters. Dieser macht sich nach Schmidbauer in der indirekten Aggressivität des Heilers gegenüber dem Hilfsbedürftigen bemerkbar (Schmidbauer 1977). Diese Konstellation zeigt sich geschichtlich darin, dass lange Zeit die Henker als Apotheker und Ärzte tätig waren. Iatrogene Verwundung gehört also zum therapeutischen Prozess. So gesehen braucht der Heiler nicht nur Einfühlungsvermögen, sondern auch die Fähigkeit, den Patienten zu verletzten durch schweigende Zurückhaltung, unzutreffendes, ungerechtes Deuten und die Honorarforderung. Sie wurzeln letztlich im Hass des Heilers auf seine Patienten. Ein guter Heiler muss seine Pat. in gewissen Grenzen lieben und hassen können. So erlebt der traumatisierte verwundete Pat. ein zweites Mal seine Verletzungen. Moreno spricht vom wahren zweiten Mal, das sich im heilenden Drama konstelliert. „Vulnerando sanamus- durch Verwundung heilen wir“ entspricht dem Propheten Hosea, wie er über den Gottesknecht schreibt: Er, der Wunden geschlagen hat, wird sie auch wieder verbinden“ (6,1).

Archetypisches interpersonales Heilungsgeschehen schließt nicht nur Hass und Verwundung ein, sondern gerade auch in längerdauernden Therapien das Scheitern, Ratlosigkeit und Blockierung. Diese von Heiler und Patient gemeinsam ausgehaltene Agonie ist dann ein notwendiges Durchgangsstadium zu sogenannter erfolgreicher Therapie. Erst wenn beide das Scheitern bewusst annehmen, öffnen sie sich ihren archetypischen Schichten, in denen sich damit das versöhnende Symbol und Kraft des Inneren Heilers konstelliert. Heilend konstelliert er sich aber nicht in seinen bewussten Hauptfunktionen wie Denken und Fühlen, sondern in seiner „inferioren Funktion“ (Groesbeck 1978). Sie trägt hauptsächlich die Dinge, die wir an uns verachten und von uns weisen, sprich projizieren. „Der Innere Heiler wird sich also durch den „inneren leidenden Gottesknecht“ (Jesaja 53) in Gestalt der eigenen unbewussten inferioren Funktion konstellieren. (Frick 128 gibt Groesbeck 1978 wieder). Jung spricht vom „niederen Ursprung des Erlösers“ (GW 12,III).

9.10 Übertragung und Gegenübertragung im archetypischen Heilungsgeschehen

Zwischen Heiler und Patient besteht von Anfang an eine vorsprachliche heimliche Identität, in der die Grenzen der beiden Ichs verschwimmen, also auf der Ebene des gemeinsamen Unbewussten, wo laut Jakob Moreno die befreiende Möglichkeit eines Rollentausches stattfinden kann. Gerade da, wo auf der bewussten Ebene keinerlei Gemeinsamkeit, ja sogar Kampf zwischen dem gesunden Heiler und dem kranken Patienten besteht. Auf diese Weise konstelliert sich nach Jung der „Archetyp des großen Heilers, welcher eine überpersönliche, von uralten Menschheitserfahrungen mitgeprägte Beziehung, eine angeborene mögliche Verhaltensform des Menschen“ ist. Jeder Heiler erlebt die großen Heilungserwartungen, die seine Patienten an ihn herantragen, oft als überhöhten Anspruch und Überforderung, wenn er ganz und einseitig in seiner Rolle aufgeht. Heilung ist jedoch nach all dem Beschriebenen etwas anderes als die bloße Erfüllung dieser.

Sie besteht vor allem in der Bewusstwerdung und Wandlung zweier Menschen, nämlich des Heilers und des Patienten. Biblische Heilungsgeschichten machen dies deutlich: Jesus spürt im Augenblick der Heilung einer kranken Frau, die sein Gewand berührt hatte, „dass eine Kraft von ihm ausströmte“ (Markus 5,30). Ein zweites Beispiel ist der Blindgeborene, der erst geheilt ist, nachdem er sich von den religiösen Autoritäten und seinen Eltern gelöst und sich frei entschieden hat, Jesus zuzuwenden.

Man muss sich als Heiler darüber im Klaren sein, dass der Pat. in besonderem Maße anfällig ist für seine Helden- und Guruaustrahlung, zumal viele Heiler an ihrer Rolle auch narzistischen Gefallen finden und damit diese Ausstrahlung und Übertragung noch verstärken. Diese übertragenen Züge des Helden gelten aber nicht ihnen als Person, sondern sind vom Heilungsarchetypen praktisch „ausgeliehen“. Beide leben in ihren inneren Abhängigkeiten und mehr oder weniger pathologischen Abwehrmechanismen als Kind bei seinen inneren Eltern.

Durch den therapeutischen Prozess werden bei beiden die jeweiligen emotionalen Komplexe angeregt. Dieser kommt zustande durch Projektionen, welche sich an den kleinen oder großen Marotten, Macken oder Häkchen in der Persönlichkeit des Heilers entzünden.

„Unter Übertragung versteht man eine besondere Form der Projektion, nämlich die Verknüpfung bedeutsamer früherer Beziehungserfahrungen mit der aktuellen Therapiesituation“ (S.132). Der Heiler wird vom Pat. gefühlsmäßig, d. h. unwillkürlich wahrgenommen wie Mutter, Vater oder Geschwister. Er projiziert eigene unbewusste Anteile auf den Heiler. Übertragung ist in der Begrifflichkeit Martin Bubers keine Ich-Du-, sondern eine Ich-Es- Beziehung, da verschüttete, fremde und übertriebene Erfahrungen mit den frühen Bezugspersonen an den Heiler herangetragen werden.

Was intrapsychisch war und ist, wird interpersonal. Die Häkchen in der Persönlichkeit des Heilers sind seine Wunden, die vom Pat. sehr wohl wahrgenommen werden, auch wenn der Heiler dies als feindlich oder aggressiv empfindet. Es ist im heilenden therapeutischen Prozess sogar unerlässlich, dass das Unbewusste des Pat. eine parallele Verwundung zur eigenen auf Seiten des Heilers herbeiführen muss, um sich verstanden zu fühlen (Sedwick 1994, S. 108f).

So bilden seine Wunden den Kern der Übertragung. Seit mir das in seiner ganzen Deutlichkeit bewusst geworden ist, fällt es mir wesentlich leichter, meine Wunden und Macken im therapeutischen Beziehungsprozess durchscheinen zu lassen.

Nun zur Gegenübertragung des Heilers: Anfangs von Freud als störend gehalten, wenn der Heiler die unbewussten Inhalte seiner eigenen Welt- und Selbstsicht auf den Pat. projiziert, hat sie sich als ebenfalls unerlässlich und unvermeidlich erwiesen, um ein gutes Mitschwingen mit den Gefühlen des Pat. oder um ihm einen Zugang zu seinen projizierten, d. h. beim Heiler untergebrachten starken und negativen Gefühlen zu ermöglichen. Das Übertragungs-/Gegenübertragungs-Geschehen stellt ähnlich wie die Meditation einen bildhaften Raum bereit, in dem der Heiler und der Pat. frühe Erfahrungen von Verschmelzung wieder erleben, abgespaltene Bereiche wieder einholen und starre Grenzziehungen zwischen beiden überwunden werden. Therapeutisches Verstehen beruht dann darauf, dass der Heiler anerkennt, dass das Fremde und Kranke des Pat. zu seinem Eigenen gehört im Sinne von „Ich bin dies, bin Du“ (Racker 1959, S. 159). Zum Sabbat der Heilung kommt es, wenn in dieser Gleichheit Heiler und Pat. ihre Rollen tauschen. Vorher muss es zur schmerzlichen komplementären Gegenübertragung kommen. Das geschieht, wenn der Pat. Teile seiner Persönlichkeit, innere Objekte wie den Asasel-Schatten, wie eine sich versagende Mutter oder wie ein strenger Vater auf den Heiler überträgt und dieser sich wiederum mit einer derartigen Übertragung identifiziert. Er verhält sich dann wie die inneren Eltern des Patienten als Ankläger und wird von ihm auch so erlebt. Es können die unterschiedlichsten „Krankheitsdämonen“ sein, die den Heiler hinter der Maske des gütigen Heilers zu aggressiven und zerstörerischen Reaktionen gegenüber dem Pat. veranlassen.

In diesem Modell ist Gegenübertragung die Fähigkeit des Heilers, sich vom Pat. verwunden zu lassen. Der Gegenübertragungs-Widerstand des Heilers bestünde darin, dass er diese Verwundung vermeidet und sie beim Pat. lässt oder auf ihn projiziert. Eine solche Heiler-Patienten-Beziehung wirkt sich kaum therapeutisch

aus und dient lediglich der Selbstbestätigung des Heilers, dass er gesund und stark ist und der Pat. krank und schwach. Paradoxerweise geht es in der Therapie also um ein verwundetes Kämpfen, das sich archetypisch in Jakobs Kampf gegen den dunklen Gott in Genesis 32,23-33 verdichtet.
Der therapeutisch wirksame Heiler wird den Kampf wie Jakob, der an seiner Hüfte hinkte, mit einem Segen beenden- und der Pat. auch (Racker 1959, S. 208). Wie beim Jakobskampf sind Heiler und Pat. aufs engste durch Kampf, Verwundung und Segen verbunden. Der Pat. ist zunächst noch klein und schwach gegenüber dem Heiler, hat wenig Zugang zu seinen Gefühlen und Unbewussten und seinen eigenen Symbolen. Er kann erst wachsen, wenn der Heiler seinen eigenen Schatten und Wunden spürt und sich dann so zurücknimmt, dass der Pat. seinen Inneren Heiler entdeckt, d. h. sein Unbewusstes bewusster wird, indem er seine Projektionen auf den Heiler nach und nach zurücknimmt. Der Innere Heiler muss mit dem äußeren in Kontakt kommen, damit Heilung geschehen kann. Am Ende jedoch trennen sich ein verwundeter Heiler und ein geheilter Verwundeter, die ihre Schatten nicht verdrängen oder gegenseitig projizieren müssen. Es besteht praktisch ein „kollegiales Bündnis" zwischen dem äußeren und inneren Heiler als Prinzip und Ziel der Therapie.
Es geht bei diesem Kontakt des Heilers zur eigenen Wunde nicht um bewusste Erklärungen oder Mitteilungen von Verwundungen, sondern um das Wahrnehmen der eigene Wunde, das dem Pat. Entwicklungsraum eröffnet. Am besten lässt sich dieser heilende Rollentausch zwischen Heiler und Pat. spielerisch im Psychodrama realisieren. So wird die klassische Rollenverteilung der Heiler-Patient-Beziehung, welche normalerweise unsere patriarchale Herrschaftsverhältnisse widerspiegeln, vertauscht. Dies ist für den Heiler in der Regel ein Akt der wahren Demut. In diesem spielerischen Rollentausch kann der Pat. sich versuchsweise von seinem Leiden distanzieren, das ihn zum Pat. macht. Es wird ihm bewusst, dass er selbst die größte Verantwortung für seine Heilung trägt.

## 9.11 Containing- von der Spaltung zum kollegialen Bündnis

“Birg in deinen Wunden mich", ein Vers aus dem mittelalterlichen Gebet des Anima Christi, welches Jung in seinen Vorlesungen 1940 über Ignatius von Loyolla, dem baskischen Mystiker kommentiert. Darin zeigt er nochmals deutlich die heilsame Verbindung von Sündenbock-Identifikation und Messianität an der Bedeutung der Person des leidenden Jesu und seines Kreuzes als ein Versöhnungssymbol. Seine Seitenwunde sieht er als die männliche Seite des Menschen an, die verwundet wird, wenn im Individuationsprozess die weibliche auftaucht. Auf diesem Hintergrund stellt Jung die Weiblichkeit und Mütterlichkeit Jesu heraus, in der sich der Mensch wie in einen Mutterschoß hineinbergen kann. Dieses Geborgensein ist für Jung die geheimnisvolle

Transzendenzerfahrung, um die es im Heilungsgeschehen geht. Wer anderen bergende Nähe geben kann, ist selbst geborgen und spürt gleichzeitig die eigenen Wunden ohne sie dem anderen aufzubinden, d.h. denjenigen zu belasten, der kaum seine eigenen Wunden tragen kann.

Deshalb darf der verwundete Heiler nicht von seinen Wunden reden oder klagen. Es genügt, dass er sie annimmt, um die Heilungskräfte des Pat. freizusetzen. Es ist die Grundhaltung des Heilers, welche Bion und Lazar: „Container-contained" nennen, also das Bergen und Geborgensein meint. Es ist eine haltende Mutter-Kind-Beziehung, eine archetypische Beziehung zwischen Männlichen- dem Bergen bzw. Halten und dem Weiblichen- dem Geborgensein. In dieser starken Gemeinschaft können dann auch die zerstörerischen Inhalte in der Seele mental entgiftet und verdaut werden. In dieser Beziehung muss das Leiden am fehlenden Ganz-Sein, an den eigenen seelischen oder körperlichen Beschädigungen, vielleicht auch an unheilbaren Verletzungen nicht im Sinne eines einseitigen Gesundheits- und Stärkeideals wegtherapiert, beseitigt oder herausoperiert werden. Wenn es jedoch in einer heilenden Beziehung zum Heiler angenommen wird, kann es zu einem bedeutsamen psychischen Symbol werden, das Entwicklung ermöglicht (O´Kane1990).

Seelisches Vollständig-Sein als Therapieziel besteht also in der Annahme meiner eigenen Verwundung als Heiler und meiner Fähigkeit zum therapeutischen Bemuttern.

Diese setzt voraus, dass ich selber in einem „Container" „aufgehoben" bin, z. B im Glauben an die Barmherzigkeit Gottes. Die Geschichte vom barmherzigen Samariter stellt dem Heiler diese zwei Seiten nochmals mahnend vor Augen: „Verwechsle nicht deine eigenen Fähigkeiten oder deine Ausstrahlung mit dem messianischen Geheimnis Jesu!" (Frick 143). Er ist ein verwundeter Heiland, kein Heiler nach unseren Maßstäben eines perfekten Verbandssystem, nach Erfolg und Effizienz im üblichen Sinne unseres Gesundheitssystems. Im Samariter kann man den Heiland und Gottesknecht sehen, der mütterlich Menschen in ihrem Leiden bergen kann, weil er selbst durch Verwundung und Tod hindurchgegangen ist.

## 9.12 Wie hilft der Mythus heilen?

Er entsteht nach Jung aus archetypischem Material, welches in der Krankheit konstelliert wird. „Die psychologische Wirkung besteht darin, den Patienten an den allgemein-menschlichen Sinn seiner besonderen Situation anzuschließen. … Wenn ihm allgemeines - sogar das Leiden eines Gottes - dann befindet er sich in der Gemeinschaft von Menschen und Göttern, und dieses Wissen erzeugt eine heilende Wirkung. Die moderne geistliche Therapie geht in der gleichen Weise vor: Schmerz und Krankheit werden mit dem Leiden Christi verglichen, und diese Vorstellung wirkt tröstlich. Das Individuum wird aus seiner elenden Einsamkeit herausgehoben und erweist sich als ein Mensch mit einem heldenhaften,

sinnvollen Schicksal, das, wie das Leiden und Sterben eines Gottes, letzten Endes der ganzen Welt zu Gute kommt.“ (Jung GW 18/I, § 231, zitiert bei Frick S. 144).
Individuelle meist absurd erscheinende Erkrankung wird so an das überpersönliche Geschehen von Krankwerden und Gesunden angebunden, um Zerstörerisches zu entkräften. Man kann also abschließend sagen, dass Archetypen in unserer seelischen Entwicklung wichtige innere Container sind, in der sich der Heilungsarchetyp konstellieren kann. Der äußere Heiler sprich Therapeut bietet für diesen inneren einen äußeren Container. Der innere Heiler muss mit dem äußeren in Kontakt kommen, damit Heilung geschieht. Am Ende eines therapeutischen Prozesses "trennen sich dann ein verwundeter Heiler und ein geheilter Verwundeter, die ihre Schatten nicht mehr verdrängen oder gegenseitig projizieren müssen." (Frick S. 151). So entsteht ein therapeutisches Verstehen, was Jakob Moreno „Zweifühlung“ nannte.

## 10. Heilung durch personaltranszendente Versöhnung von Opfer und Täter

Dargestellt am Buch von Dr. Konrad Stauss, die heilende Kraft der Vergebung.

Er zeigt meines Erachtens sehr deutlich, wie psychodynamische Beziehungstherapie, die in der Gestalttherapie stark zum Tragen kommt, mit einer christlichen Versöhnungstherapie Hand in Hand gehen kann, um die tiefsten Beziehungsverletzungen der kindlichen Seele zu heilen. Bei ihm wird auch noch einmal sehr deutlich, dass Heilung durch Versöhnung da ansetzten muss, wo die meisten von uns ihre größten Beziehungswunden erhalten haben: bei den frühen Bezugspersonen. Bei ihm wird außerdem sehr deutlich, dass zur Versöhnung des Ich-Du das ewige Du hinzukommen muss.

### 10.1 Christliche Versöhnungstherapie versöhnt Ich-Du-Gott

Viele empirische Studien belegen, dass Vergebungstherapie den Opfer-Täter Kreislauf unterbrechen und heilende Wirkung hat. Das 12-Schritte Programm der Anonymen Alkoholiker als spirituelles Genesungsprogramm macht auch deutlich, dass eine umfassende Heilung der Beziehungen zu sich und anderen auch eine Heilung der Beziehung zur „Höheren Macht oder Selbst“ mit einschließt, also religiös ausgedrückt: Die Beziehung zu Gott. Martin Buber, der jüdische Religionsphilosoph nennt Gott in diesem dreifachen Beziehungsraum das „ewige Du“. Eine zentrale Rolle in diesem Beziehungsraum spielt der biblische Begriff der Sünde. Sie ist auch theologisch gesehen in erster Linie ein beziehungsorientierter, kein moralischer Begriff und bezeichnet die Störung bzw. Zerstörung von Beziehungen in diesem dreifachen Beziehungsraum.

## 10.2 Die Psychodynamik des Opfer-Täter Reigens und deren Heilung durch psychodynamische Beziehungstherapie (Gestalttherapie)

Die psychodynamische PT, von der die Gestalttherapie abgeleitet ist, geht von der Grundannahme aus, dass seelische Störungen im Wesentlichen verursacht werden von biografisch erworbenen Bindungs- und Beziehungsverletzungen, die wieder in aktuellen Beziehungen unbewusst reinzeniert werden, d. h Verletzte verletzten unbewusst wieder in der Art eines Wiederholungszwanges.

Die Tragik besteht darin, dass das Bewusstwerden dieser verinnerlichten Verletzungen, in der Weise abgewehrt wird (durch den Egoverstand würde Tolle sagen), indem man dem anderen die Schuld für den Beziehungskonflikt anlastet. Damit erlebt sich das damalige Opfer, was jetzt unbewusster Täter ist, wieder als Opfer der anderen. Colin Tipping führt diesen Teufelskreis ausführlicher aus.

Diese tragischen Verstrickungen werden auch über die Generationsgrenzen hinweg unbewusst weitergegeben, weiß die Bindungsforschung und systemische Familientherapie. Stauss nennt die Folge davon eine „zunehmende neurotische Beziehungsverelendung“ (Stauss 20). Das Ziel der psychodynamischen Psychotherapie ist es, die erlittenen Bindungs- und Beziehungsverletzungen in einer therapeutischen Beziehung, die Halt und Sicherheit vermittelt, emotional zu verarbeiten. Durch diese Verarbeitung könne man den Wiederholungszwang einer fortgesetzten Beschädigung der dreifachen Beziehung konstruktiv bewältigen. Wird eine solche Beziehungsverletzung vom Opfer erfahren, und als Kind waren wir irgendwie immer Opfer, dann ist es aus psychologischer Sicht sehr wahrscheinlich, dass die Tat verinnerlicht und unbewusst reinszeniert wird in aktuellen Beziehungen. So wird dann das Opfer zum Täter. Dieser Täter-Opfer-Täter-Reigen als Teufelskreis kann unendlich fortgesetzt werden. Wie kommt es zur Wiederholung früherer Beziehungsformen? Beziehungserfahrungen mit wichtigen Bezugspersonen werden verinnerlicht, d.h. innerseelisch abgebildet. Diese Abbildungen, auch Introjekte genannt, bestimmen dann unbewusst, wie wir aktuell unsere Beziehungen wahrnehmen und gestalten. Diesen Vorgang nannte Freud Übertragung. Da diese unbewusst geschieht, erkennt man die eigene Urheberschaft nicht und sieht die Schuld für das eigene Beziehungsleid beim anderen. Diese negativen Beziehungsmuster werden zum großen Teil an die nächste Generation weitergegeben. Diese unbewusste Weitergabe könnte man Täter-Opfer-Reigen nennen.

Die Befreiung aus diesem Reigen geschieht in der psychodynamischen Psychotherapie durch ein Wieder- Erinnern der Bindungsverletzung, durch das emotionale Durcharbeiten und dem Akzeptieren der biografisch gewordenen Wunden. Zunächst wird dem Patienten vor Augen geführt, wie er unbewusst zum Täter wird und das verletzende Beziehungsmuster wiederholt. Das Dort und Damals bestimmt das Hier und Jetzt, stellt die psychodynamische Psychotherapie fest.

V. ist der wichtigste Akt der Liebe, weil er Opfer und Täter befreit aus der eskalierenden Spirale von Gewalt und Gegengewalt. Auch in Partnerschaften ist V. signifikant korrelierend zur Zufriedenheit in der Partnerschaft. Obwohl sie für die meisten Seelsorger Grundlage jeder Heilung ist, spielt sie in den wissenschaftlich-säkularen Therapien eine untergeordnete Rolle, ebenfalls die Beziehung zum ewigen DU. Opfer und Täter sind unauflösbar miteinander verflochten bis sie durch Vergebung und Versöhnung voneinander befreit werden. Vergebung im religiösen Kontext ist eine sehr wirksame Bewältigungsform von Leid, was sich Menschen in diesem Opfer-Täter-Reigen antun. Aus der neurobiologischen Forschung weiß man, dass sowohl positive als auch negative, schmerzhafte Erfahrungen in neuronalen Netzen gespeichert werden. Dieser Speichermodus hat ein kognitives und emotionales Schema.
Das Täter Schema ist so verinnerlicht, dass es die aktuelle Beziehungsgestaltung unbewusst dominiert im gestörten Selbstumgang als auch im gestörten Umgang mit anderen. Die Dynamik der Verinnerlichung (Introjekt) kann man so darstellen: Ist man früher von anderen oft kritisiert, beschuldigt oder abgewertet worden, führt das später meist zu einer Selbstabwertung und Selbstkritik. Wurde man zurückgewiesen oder angegriffen, führt dies später zu Selbsthass. Wurde man ignoriert oder vernachlässigt, führt dies aktuell zu Selbstvernachlässigung. Wurde man kontrolliert, zur Selbstkontrolle. Diese Verinnerlichung funktioniert nach dem Motto: „Wie Du mir früher, so sehe und behandle ich mich heute“.

Fallbeispiel: Eine Frau, die von Ihrem Ehemann wegen einer Geliebten verlassen wurde, und diese Verletzung nicht angemessen verarbeitet hatte, entwickelt im emotionalen Schema folgende Reaktionen: Die traumatische Schlüsselszene, als der Ehemann ihr den Seitensprung gesteht, bewirkt bei ihr Schmerz und ohnmächtige Wut, die in der Körperreaktion mit einem bohrenden Schmerz in den Eingeweiden einhergeht und gleichzeitig auch ihr Grundbedürfnis nach Bindung und Sexualität verletzt und zur Folge hat, dass sich auf der kognitiven Ebene ein Glaubenssatz herausbildet, nämlich in Bezug auf Andere: „Männer sind vernachlässigend und verletzend“. In Bezug auf sich selbst: „Vertraue keinem Mann“.

### 10.3 Christliches Menschenbild und Heilkunde:

Unser Gehirn ist ein soziales Gehirn, d. h. es ist auf gute zwischenmenschliche Beziehungen hin konstruiert, welche biologische Spuren in unserem Gehirn hinterlassen. Das christliche Menschenbild stellt die Beziehung in den Mittelpunkt ihrer Kernannahmen. Die Gottesvorstellung ist in der Trinitätslehre eine relationale. Untersuchungen belegen, dass spirituelle Bewältigungsstrategien mit ihren religiösen Menschenbildern geeigneter sind, von einem unglücklichen Zustand in einen glücklichen zu gelangen (erwähnt auf S. 30). Rein

psychologische Copingstrategien schöpfen das Wasser der Vergebung nicht mehr an der Quelle, sondern flussabwärts. Das Verständnis von Vergebung beeinflusst nun mal entscheidend, wie der Prozess der Vergebung gestaltet wird. Gott ist ein dialogisierender Gott. Er ist Logos und Dialogos. Nicht der Logos= griechisches Denken, sondern der Dialog ist die ursprüngliche Form des Seins. Wenn Gott als interpersonale Liebe die Mitte und das Ziel allen Seins ist, ist Beziehung das höchste Prinzip alles geschaffenen Seins (vgl. S. 43 f u. Greshake, G.: der dreieinige Gott, eine Trinitätstheologie, Freiburg 2007).
Dieses Prinzip spiegelt sich in den menschlichen Beziehungen wider. Stauss möchte den Johannes Prolog der Bibel (Joh.1,1-4) wie folgt lesen:

*„Im Anfang war die Beziehung*
*Und die Beziehung war in Gott*
*Im Anfang war sie in Gott*
*Alles ist durch die Beziehung geworden*
*Und ohne die Beziehung wurde nichts, was geworden ist*
*In ihr war das Leben*
*Und das Leben war das Licht des Menschen“.*

## 10.4 Beziehungssein und Liebe als Ur-weise des Seins

…der Mensch wird am Du zum Ich (Buber,M .: Ich und Du), sodass das Motto des überkommenen mechanistischen Weltbild von Decartes umgeschrieben werden müsste in: „cogitor, ergo sum = ich werde erkannt, also bin ich“. Aus der Bindung von Ich und Du entsteht die dritte Dimension des „Wir“, welche zum Ich und Du hinzukommt. Sünde bezeichnet dann die Störung bzw. Zerstörung von Beziehungen, also eine Absonderung von der Gemeinschaft.
Beziehung hat zur Voraussetzung, dass ich und Du voneinander verschieden sind. Gerade in der großen Nähe zum anderen erfahre ich meine Verschiedenheit von ihm. Diese Erfahrung erhöht wiederrum das Erleben der Einheit in der Beziehung trotz der Verschiedenheit in der Individualität.
Wir nennen es Liebe. Sie unterscheidet, um zu einen; sie eint, um zu unterscheiden (Greshake wiedergegeben auf S. 46). Eine gelingende Beziehung hängt von der flexiblen Handhabung von Bezogenheit und Differenz ab. Gelingt dies nicht, kommt es zu einem intrapsychischen Bindungs-/Autonomiekonflikt. Wird der Autonomiepol überbetont, wird die Bezogenheit (Bindung) in Frage gestellt. Wird die Autonomie zugunsten der Bindung in Frage gestellt, ist es schwierig, seine Bedürfnisse und Eigenständigkeit in der Beziehung auszudrücken. Die meisten Beziehungskonflikte entzünden sich an der mangelnden flexiblen Handhabung dieses Bindungs-/Autonomiekonfliktes. Erst durch die erotische Anziehung von Mann und Frau tritt das Ich aus seiner Selbstgenügsamkeit heraus und öffnet sich in Hingabe an das Du. Das Wir als

liebende und sichere Bindung entsteht da, wo sich mein Ich im Du gefunden hat. Beziehungssein in Form von Liebe, Partnerschaft und Familie ist nach der Theologie und der empirischen Forschung die wichtigste Quelle für Wohlbefinden, psychische Stabilität und Lebensfreude, noch vor der Gesundheit und dem Beruf. In der Psychotherapie besteht schulübergreifend die Überzeugung, dass Beziehungs- und Bindungsverletzungen in Form von dauerhafter Verletzung der Grundbedürfnisse nach einer sicheren Bindung, Autonomie und Selbstwert in der Kindheit fast immer die Ursache für seelische Störungen sind (Grawe, K.: Neuropsychotherapie, Göttingen 2004). Diese werden ja wie gesagt weitergeführt und reinszeniert in der Gegenwart. Versöhnungstherapie betrifft demzufolge häufig die Verletzungen, die die Menschen von den eigenen Eltern, wichtigen Bindungspersonen oder Liebespartnern erfahren hat.
Das Geheimnis des Seins als liebevolle Bezogenheit unter Wahrung der Unterschiedlichkeit spiegelt sich im trinitarischen Sein Gottes. Störung bzw. Zerstörung in der Beziehung kommt einem Seinsmangel gleich. Versöhnungstherapie will diesen Seinsmangel beheben und wieder zur Fülle des Seins und Lebens verhelfen. Vergebung hat auch im Neuen Testament eine zentrale Rolle, siehe Mt 6,12; Mt 18, 23-35; Mt 5,21-26. In den letztgenannten Antithesen wird deutlich, dass es die Vergebung Gottes nur gibt, wenn sich die Menschen untereinander vergeben.

### 10.5 Unschuldswahn als Beziehungshindernis

Ein Haupthindernis ist der Unschuldswahn, der durch eine einseitige Opfer-Täter-Polarisation gekennzeichnet ist, eine Haltung, die in der projektiven Schuldzuweisung dem Täter die ganze Verantwortung zuschiebt und bei genauerem Hinschauen auf einer Selbstidealisierung und Selbstmitleid beruht: Ich als Opfer bin gut, der Täter ist schlecht. Schuld sind immer die anderen. So entsteht eine große Unschuldsgemeinschaft, die immer mehr zum Gefängnis wird. Vergebungstherapie kann diesen Wahn aufbrechen. Bleibt man im Gefängnis, führt er oft zu emotionaler und geistiger Armut.
Auch die Bibel kennt ihn, in der Schöpfungs- und Kain-Abel-Geschichte (Genesis 3-4): Adam schiebt die Schuld auf Eva und diese auf die Schlange, um keine Beziehungsverantwortung übernehmen zu müssen. Auch Kain lehnt sie bei seinem Bruder Abel ab.

### 10.6 Das Wesen und Sein Gottes ist Barmherzigkeit

Zur Heilung von Beziehungsverletzungen durch Versöhnungstherapie gibt es 7 Phasen der Transformation nach Stauss (S. 75 ff):
Christliche Vergebung geht davon aus, dass Barmherzigkeit das Wesen und Sein Gottes ist, das Göttlichste an Ihm und das Vollkommenste des Menschen. Jesus

fordert die Menschen dazu auf: „Seid barmherzig, wie euer Vater barmherzig ist" (Lukas 6,36). Die größte Barmherzigkeit des Menschen zeigt sich, wenn er den anderen, der ihn verletzt oder geschädigt hat, vergibt (S. 96). Ich würde es im Sinne meines Themas so ausdrücken: Heilung durch Versöhnung braucht Barmherzigkeit, das tiefste Wesen Gottes und des Menschen. Den Vergebungsprozess setzt Stauss in Analogie zum österlichen Geschehen. Am Karfreitag muss der Mensch sich psychologisch mit seinen Verletzungen und den damit verbundenen Gefühlen wie Hass, Schmerz, Verbitterung und Groll auseinander setzen. Am psychologischen Ostersonntag transformieren sich seine Karfreitags-Gefühle dann in Liebe, Befreiung, Freude und Mitgefühl - eine emotionale Auferstehung (S. 222). Nach dem christlichen Menschenbild ist Beziehungssein das eigentliche Sein des Menschen. Infolge dessen ist Sünde Störung des Beziehungssein und damit Seinsmangel, den der Mensch als Schmerz erlebt. Vergebung und Versöhnung hebt diesen Mangel wieder auf, sodass er wieder ein Leben in Fülle, d.h. Reich Gottes erleben kann. Die Verkündigung des Reiches Gottes und die Umkehr des Menschen ist die zentrale Botschaft Jesu.

10.7 Die Passion oder Reinigung des Herzens:

Damit Verwundungen heilen können, müssen sie nochmals emotional geöffnet bzw. durchgearbeitet werden. Diese Passion, schreibt Stauss, ist eine Parallelle oder ein Abglanz der Passion Christi. Der Passionsweg Christi besteht im Zulassen des Schmerzes, nicht in der Vermeidung. Durch das Zulassen und Ausdrücken der Wunden, kommt es nicht nur zu einer Reinigung des Herzens, sondern auch zu einer Transformation von Schwäche in Stärke. Paulus drückt es im 2.Brief an die Korinther (12,8-10) so aus: „denn wenn ich schwach bin, dann bin ich stark". Am Ort unserer größten Verletzung erfahren wir die Kraft Christi, die uns hilft, unsere beschädigten drei Grundbeziehungen zu heilen zu größerer Seinsfülle und innerem Frieden. In dieser Heilung und Heiligung besteht die Selbstverwirklichung des Christen, die Verwirklichung des Reiches Gottes.

10.8 Vergeben-Verzeihen-Versöhnen

a) Vergeben lässt den Schuldvorwurf los und den Anspruch auf Reue und Wiedergutmachung des Täters. Dadurch ist die Verletzung jedoch nicht entschuldigt. Es ist ein intrapsychischer Vorgang, der unabhängig vom Täter vollzogen werden kann. Für den Vergebenden ist es eine Befreiung und Heilung, weil er die emotionale Last aus Wut, Groll, Schmerz und Bitterkeit abgeben kann und dadurch in Mitgefühl, ja sogar Liebe verwandeln kann.

b) Verzeihen ist wie Vergeben mit dem Zusatz, dass nun der Täter zwischenmenschlich mit einbezogen wird mit dem Ziel, die Beziehung zu ihm wieder herzustellen.

c) Beim Versöhnen gehen Täter und Opfer aufeinander zu, weil beide in Zukunft eine gute Beziehung miteinander haben wollen. Der Täter bereut seine Tat und beide verzichten auf Vorwürfe und Rechthaberei. Langjährig gelungene Beziehung geht daher auf eine Verbindung von zwei immer wieder Vergebenden zurück. Vergebung sollte aus spirituellen Idealvorstellungen jedoch kein Ersatz für eine anstehende konflikthafte zwischenmenschliche Auseinandersetzung sein. Auch eine Teilvergebung, die an Bedingungen geknüpft ist, ist letztlich eine Verweigerung von Vergebung. Sie ist bedingungslos wie die Liebe und beruht auf Gnade. Wer vergeben möchte, geht wie Jesus durch seinen Schmerz und Groll hindurch, indem er seine Empörung, Anklage und Schmerz dem Täter gegenüber äußert. Untersuchungen belegen, dass spirituelle Bewältigungsstrategien mit ihren religiösen Menschenbilder geeigneter sind, von einem unglücklichen Zustand in einen glücklichen zu gelangen
(erwähnt S 30). Rein psychologische Copingstrategien schöpfen das Wasser der Vergebung nicht mehr an der Quelle, sondern flussabwärts. Das Verständnis von Vergebung beeinflusst nun mal entscheidend, wie der Prozess der Vergebung gestaltet wird.

### 10.9 Phasen der christlichen Versöhnungstherapie:

1.9.1 Heilung der Ich-Beziehung durch Entgiftung der Seele von Wut und Trauer durch Vorstellung des Täters auf dem leeren Stuhl und Aufforderung an das Opfer, ihm auszudrücken, was ihm weh getan hat und was ihn wütend gemacht hat. Je intensiver der Ausdruck, umso größer ist die Entgiftung von negativen Gefühlen. Dem Täterintrojekt werden die berechtigten Bedürfnisse und Wünsche ausgedrückt, um sich von ihm zu differenzieren. Meistens verletzt der Täter Bedürfnisse nach Bindung, Autonomie und Selbstwert.

10.9.2 Heilung der Du-Beziehung: Durch die Projektion des Täterintrojektes erlebt man sich in Beziehungen so, als ob der Täter anwesend und allgegenwärtig wäre. Hat sich das Opfer jedoch mit dem Täter identifiziert, verhält es sich anderen gegenüber wie der Täter, nach dem Motto: „wie du damals mir, so ich heute den anderen oder mir".

10.9.3 Vergebung braucht Empathie und Barmherzigkeit
Um eine weitere Projektion oder Identifikation mit dem Täter zu verhindern, muss das Opfer einen in einen bewussten inneren Dialog mit ihm führen, um ihn zu verändern und abzuschließen. In einer gestalttherapeutischen Dialogarbeit auf dem „leeren Stuhl" soll so das Opfer sich in die Motive und Geschichte des Täters einfühlen, damit seine eingeengte Perspektive auf den Täter durch eine positive erweitert wird. Oft zeigt der Täter im wechselseitigen Dialog Verständnis und Bedauern, dass er nicht fähig war,

die Bedürfnisse des Opfers zu sehen bzw. zu befriedigen. In diesem Dialog soll auch erreicht werden, dass der Täter seine Verantwortung für die Tat behält. Je weniger der seine Verantwortung behält oder übernimmt, umso mehr besteht die Gefahr, dass das Opfer diese stellvertretend für den Täter auf sich nimmt und schuldig fühlt. Vor allem Kinder tun das.

10.9.4 Im christlichen Menschenbild bleibt der Täter immer unser Bruder, unsere Schwester. Gerade im Gebot der Feindesliebe und im Sinne des Gleichnisses von der barmherzigen Liebe Gottes möchte Jesus, dass wir immer wieder mit der Perspektive eines unbedingt liebenden, d.h. barmherzigen Vaters oder Mutters auf den Täter schauen. Barmherzige Eltern wissen, dass es immer ihre Kinder bleiben, egal, was sie angestellt haben oder noch anstellen werden. Wenn wir den Täter mit den Augen der Barmherzigkeit anschauen, schauen wir ihn mit den Augen Gottes an wie auch wir uns wie der verlorene Sohn wünschen, dass uns der Vater nach unserem Fehltritt barmherzig vergibt. Barmherzigkeit ist die Wesensmitte Gottes und das Vollkommendste im Menschen (S. 140 ff).

10.10 Vergebungstherapie in Briefen (Stauss 150 ff)

Der empathische und erbarmende Dialog kann auch in Form von Briefen stattfinden, die das Opfer stellvertretend für den Täter an sich selbst schreibt. Das Opfer schreibt diese wieder in der inneren Haltung von Verständnis und Erbarmen für die Geschichte des Täters, seiner Tragik, seinen Verletzungen und Begrenzungen.

1. Brief: Meine Tat ist zwar nicht entschuldbar, aber ich möchte Dir erzählen wie es mir dabei ging (Gefühl), ich dabei dachte (Kognitionen) und was mich bewog (Motive), dir das anzutun…

2. Brief: Ich habe folgenden Preis dafür bezahlt (Konsequenzen)…

3. Brief: Es tut mir leid, was ich dir angetan habe und möchte es wiedergutmachen (Reue). Ich kann mir vorstellen, was es für dich bedeutet hat (Empathie)…

4. Brief: Es tut mir leid und ich bitte um Vergebung…

Nach diesen Briefen überprüft der Vergebende nochmals, ob er bereit ist, zu vergeben. Dann stellt er dem Täter eine Vergebungszertifikat (Am 17.04.11 habe ich mich entschlossen, … zu vergeben, dass er …) aus.

Bei der Vergebungsarbeit in Brief- oder Dialogform geht es also um das Nachspüren zu folgenden Fragen:

Welche Grundbedürfnisse (Bindung, Autonomie, Selbstwert und Sinnerfahrung) und welche Gefühle wurden bei mir verletzt? Was hat weh getan und was hätte ich mir stattdessen vom Täter gewünscht (bezogen auf Schmerz), was war ungerecht und unfair (bezogen auf Wut)? Mit welchen Gedanken waren diese verletzten Gefühle und Grundbedürfnisse bezogen auf mich und den Täter verbunden?

## 10.11 Versöhnung ist ein Prozess

Vergeben ist aber nicht vergessen. Die schmerzhaften Erinnerungen nehmen aber durch die Vergebungsarbeit spürbar ab, sodass zwischenmenschliche Versöhnung eher möglich wird. Man muss aber auch immer wieder aus diesen Erinnerungen aussteigen und sich die positiven Erfahrungen der Vergebungsarbeit vor Augen führen, damit die negativen auf Dauer überschrieben werden. Nach den Erfahrungen von Stauss kommen Klienten mit einer spirituellen-christlichen Weltanschauung tiefer in diesen Vergebungsprozess, weil sie diesen in den Sinnzusammenhang eines heiligen Kosmos stellt. Auch glaubt er, dass zwischenmenschliche Vergebung die Beziehung zu sich selbst verbessert.

## 10.12 Meditation des Gleichnisses vom verlorenen Sohn oder der Barmherzigkeit Gottes

Als Vorbereitung zur Vergebungsarbeit schlägt Stauss auf S.200 ff die Meditation von Lukas 15,11-21 vor.

Nach ihm geht es im Herzstück des Neuen Testamentes um einen unbewussten Bindungs/Autonomiekonflikt des jüngeren Sohnes gegenüber seinem Vater. Ziel ist es immer diese natürliche Polarität flexibel zu handhaben. Sein Konflikt ist eine Wiederholung des Beziehungskonfliktes zwischen den ersten Menschen und Gott. Bis die Schlange die harmonische Beziehung zwischen Gott und Mensch in Frage stellte, war sie ausgewogen. Angeblich hätte Gott Angst gehabt, dass Adam und Eva so werden könnten wir er. Dadurch sahen sich die Menschen in ihrer Autonomie bedroht und kündigten Gott die Bindung. Der wiederrum vertrieb sie aus dem Paradies. Diesen Urkonflikt in der Beziehung zu Gott findet man auch in der Beziehungsgestaltung der Menschen untereinander wieder. Gelingt die flexible Handhabung dieser grundlegenden seelischen Polarität im Menschen nicht, ist Beziehungsleben sehr schwer oder gar unmöglich. Die beiden Söhne im Gleichnis charakterisieren die mögliche Polarisierungen. Der jüngere Sohn übertreibt den Autonomiepol, indem er seine Bindungswünsche aufgibt oder opfert. Der ältere hingegen betont den Bindungspol und opfert seine Autonomiewünsche. Beide Söhne suchen die bedingungslose Liebe, d.h. die barmherzige Liebe des Vaters am falschen Ort und müssen erfahren, dass ihr Lebenskonzept am Tiefpunkt zerbricht. Sie müssen umkehren. Viele Menschen möchten sich diese Liebe durch Leistung, Macht, Einfluss und Reichtum

erwerben und verdienen. Wenn diese Rechnung nicht aufgeht, fühlen sie sich unbedeutend und nicht liebenswert. Durch Gebet und Meditation kommen wir jedoch an einen inneren Ort, an dem wir die barmherzige Stimme des Vaters vernehmen:
„ Du bist mein geliebtes Kind“. Jesus hörte die Stimme bei seiner Taufe und auf dem Berg Tabor. Nur wer diese Stimme wieder hören kann, ist wieder aus dem fernen Land (falsches Selbst) bei sich eingekehrt (Stauss 234 ff).Rembrandts Gemälde vom verlorenen Sohn beschreibt nach Stauss den Weg des innerpsychischen Prozess, den wir bei der Vergebung gehen müssen, nämlich vom ältesten Sohn zum jüngeren und von dort zum barmherzigen Vater in uns. Wie der ältere Sohn beginnen wir uns mit unseren Verwundungen auseinander zu setzen, welche sich in den überzogenen emotionalen Reaktionen zeigen. Danach sollten die biografischen Gründe dafür aufgedeckt werden, ohne der Versuchung nachzugeben, den anderen die Ursache und Schuld für unsere Verletzungen projektiv zuzuschreiben. Dies würde nur den Opfer-Täter Reigen fortführen und die Entfremdung im fremden Land fördern. Es ist also wie die journey von Brandon Bays eine Lernreise, wie man zum erbarmenden Vater wird und mit dem Herzen sieht.

## 10.13 Aktivierung geistiger Ressourcen als Vorbereitung der Vergebungsarbeit

Die Ressourcen sind Jesus Christus als Vorbild, Lehrer und Heiler und das dreifache Liebesgebot (Liebe zu sich selbst, dem Täter und Gott) als Wegweiser. Jesus wurde verraten, verspottet und gequält. Er hat unvorstellbare Beziehungswunden erlitten und trotzdem seinen Peinigern verziehen: „Vater vergib ihnen, denn sie wissen nicht was sie tun.“ Nur durch ein Umdenken, eine Umkehr, eine innere Neuwerdung und Auferstehung, was die Griechen mit metanoia bezeichnen, wird dieser Prozess der Versöhnung angestoßen. Das griechische Wort für Auferstehung (anhistemi) bedeutet auch „Aufwachen“, welches eher östliche Religionen für diesen Prozess benutzen. Jesus Christus hat diese Botschaft nicht nur gepredigt, sondern auch als Vorbild gelebt. Um sein Vorbild als Ressource zu aktivieren, eignet sich nach Stauss 238ff gut die meditative Betrachtung des Bildes vom auferstandenen Christus von Mathias Grünewald. Der Auferstandene strahlt absolute Liebe und Gelassenheit aus, die nur durch die Versöhnung mit sich, den anderen und Gott entstehen kann. Seit seinem Tod und Auferstehung ist er als mystische Person und Geist in uns und um uns gegenwärtig. Paulus nennt diese innere Erfahrung „Christus in mir“. Durch Gebet, Meditation und Betrachtung des Bildes können wir uns mit ihm identifizieren und in einem Dialog folgende Fragen stellen: Was muss ich innerlich loslassen und wovor muss ich kapitulieren, um vergeben zu können? Welchen geistig-geistlichen Gewinn hätte ich, wenn ich vergebe, bzw. woran würde ich leiden, wenn ich an der Verletzung und dem Schuldvorwurf festhielte?

Ebenfalls zur Vorbereitung gehören nach Stauss S.242 noch drei Entscheidungsfragen:

1) Bin ich bereit am Reich Gottes in der Weise mitzuwirken, dass ich den Weg der Vergebung gehe?
2) Kann ich ihn als geistliche Übung gehen, um so zu werden wie der barmherzige Vater?
3) Möchte ich mich auf meinem Weg von Jesus als meinem inneren Lehrer und Heiler begleiten lassen?

10.14 Fazit

Stauss berichtet zum Schluss (S.252 ff) von den über 100 Teilnehmern seiner Vergebungsseminaren, die im Rahmen eines christlich-spirituellen Menschenbildes diesen Prozess durchlaufen hätten und bestätigen, dass man dadurch zwischenmenschliche Leiderfahrungen in innerseelischen und zwischenmenschlichen Frieden transformieren kann. In diesem Vergebungsprozess sind die spirituell-christlichen mit den säkularen Aspekten so harmonisch verbunden, dass es Teilnehmern mit einem anderen spirituellen Menschenbild, etwa dem buddhistischen, schamanistischen oder gar dem anonymen 12 Schritte Programm (höheres Selbst), ohne Probleme gelang, ihr persönliches Gottesbild in den Vergebungsprozess mit einzubringen.

## 11. Heilung durch Versöhnung von Psychotherapie und Nootherapie ( transpersonaler Spiritualität und personaltranszendenter Religion)

dargestellt am Thema der Münchner Gestalt-Tage: „Auf der Suche nach der verlorenen Dimension“, Barbara Kittel: „Vernachlässigte Spuren in der therapeutischen Beziehung“.

Psychotherapie wird eher unserer erfahrbaren Realität der Trennung gerecht und Nootherapie eher unserer allumfassenden Verbundenheit mit allen und allem auf der Quantenebene. Wenn beide in Betracht kommen und sich versöhnen, geschieht meiner Meinung nach tiefe Heilung. Bei Barbara Kittel wird ganz deutlich, dass tiefe Heilung ein versöhnliches Beziehungsgeschehen zwischen einem Ich-Du-Ewigem Du, d. h zwischen Psychotherapie und Nootherapie ist. Ich finde Gestalttherapie überbrückt und versöhnt beide Ansätze, sodass ich meine Praxis für christlich orientierte Psychotherapie auch Praxis für christlich orientierte Gestalttherapie nennen könnte.

### 11.1 Psychotherapie verändert, Nootherapie verwandelt

Die Bibel bewahrte Begegnungs-und Beziehungsgeschichten individueller und kollektiver Art über Jahrtausende hinweg. Mensch und Gott begegnen sich hier als DU. Bubers Anthropologie redet davon, dass wir in jedem Du das ewige anreden bzw. die verlängerten Linien der Beziehungen sich im ewigen Du schneiden (M. Buber, Ich und Du, 1974, S.91). In diesen Geschichten geht es im Kern immer um die Versöhnung des Menschen mit Gott und um die Versöhnung unter den Menschen, sprich um die Liebe. Erkenntnis und Liebe gehören wie Religion und Therapie zusammen in ein Herz. Je bedürftiger das Selbst ist, desto mehr tendiert es zu einer Flucht in den Mutterschoß religiöser Gemeinschaften oder zu einem gütigen Übervater. Die Wüstenväter und die Sufis wussten sehr wohl, dass echte intensive religiöse Erfahrung den Preis hatte, dass man seine biographischen Bedingtheiten, sein Trieb-und Affektleben, unbewusste Strebungen und Fantasien mit Disziplin durcharbeitet.

Psychotherapie ist bei Freud, Jung und Perls Disziplin und Schulung des Bewusstseins- als Weg zur Erkenntnis von Realität.

Nootherapie ist ein weiterer Schritt auf diesem Weg, das Ganze und Wesen hinter der Wirklichkeit zu erkennen und zu transzendieren, d. h mit Gott zu vereinigen (Weg christlicher Mystik).

Der Psychotherapie (PT) geht es um Verändern, der Nootherapie um Verwandeln der Beziehung eines Menschen zu sich selbst, zur Welt, zu seinen Mitmenschen durch beständiges Begegnen, Erkennen und Lieben. Verwandeln ist ein Fließen, ein Prozess, eine Entwicklung, ein unendlicher Prozess von Integration und Kreation wie Perls es ausgedrückt hat. Verwandeln ist so der beständige Prozess der Selbstüberschreitung. Dafür braucht man Besinnung und Übung:

### 11.2 Versöhnung von Besinnung und Übung

Sinn ruht in den Sinnen. Besinnung ist Ausdruck von Verbundenheit mit dem Leib, mit anderen Menschen, mit der Welt und ihrer Geschichte. Durch sie kann man verloren gegangene Verbundenheit wiederfinden. Orte der Besinnung werden nur noch selten aufgesucht. Unsere Gier und Suche nach ständig neuen Erfahrungen, Methoden und Therapeuten verhindert mehr als dass sie Wesentliches erschließt, z. B Patienten, die von der Gestalttherapie zur Primär- oder Bioenergetik wechseln. Ihr Hunger bleibt ungestillt, weil sich ihre Geschichte der Ungeborgenheit und des Verlassenwerdens nur wiederholt. Die Sehnsucht nach der guten Mutterbrust und - schoss, in dessen Urgeborgenheit man zurückkehren möchte, bleibt. Die natürliche Verbundenheit mit der Welt, den Dingen und dem ganzen Drama der Evolution, welches in vollkommener Weise im Mikrokosmos des mütterlichen Schoßes anwesend war, lässt sich dauerhaft nicht in der Regression erreichen, sondern nur in der Kontinuität von Übung und Askese. In dieser findet der wirkliche Wandel statt. Meiner Ansicht nach braucht es beides. Übung und Regression bzw. Besinnung, so wie es Erkenntnis und Liebe in einem Herzen braucht, als zwei versöhnte Gegensätze.

## 11.3 Bei den letzten Wahrheiten geht es um Ich-Du Wagnisse

Religiöser Glaube kann die existentielle Angst nicht ersparen oder wettmachen, aber ein bisschen besser aushalten. Letzte Wahrheiten sind keine benutzbaren Sätze auf der Ebene des Ich-Es, sondern Wagnisse des Ich-Du. (Aus: Monika Gerber: Matrix, Kreuzpunkt und Gestalt, Gestalttage München 2004). So wie Liebe zum Zwecke der Therapie nicht mehr Liebe ist, so ist Religion zum Zwecke der Therapie keine Religion mehr.

Selbstlosigkeit, Selbstüberwindung und Selbsthingabe sind nur spirituell begründbar und setzten ein psychologisch entfaltetes und vitales Selbst voraus. Die Vitalität eines Selbst zeigt sich daran, dass es sich selbst nicht als ewiges Ziel vergöttlicht und nicht im narzistischen Selbstgenuss aufgeht, sondern sich selbst verlassen möchte. Dieses anscheinende Paradoxon drückt der Hl. Paulus im Korintherbrief 7,29-31 (Einheitsübersetzung) so aus: "Künftighin sollen jene, die Frauen haben so mit ihnen leben, als besäßen sie sie nicht; die da weinen, sollen so weinen, als weinten sie nicht; die kaufen so, als behielten sie nicht; und die mit der Welt umgehen, als wenn sie nicht in ihr aufgingen. Denn vorüber geht die Gestalt dieser Welt." Erst wo ich als Therapeut über keine Mittel oder Methoden mehr verfüge und so in seiner eigenen Gegenwart in der Beziehung zum Pat. stehe, steht sein therapeutisches Handeln auf spirituellem Grund. Hier steht er ihm als mitglaubender Menschen auf gleicher Ebene gegenüber und hört somit auf Therapeut zu sein.

## 11.4 Durch Versöhnung vom personalen zum transpersonalen Selbst

Sylvester Walch vergleicht in dem Artikel: "Psychotherapie und Spiritualität " die Grundanliegen von PT und Spiritualität und kommt dabei zu der Feststellung, dass PT "eine Hilfe auf Zeit, um in die Dynamik der Lebensentwicklung zurückzukehren" ist und Spiritualität ein "lebenslanger Weg der Bewusstseins-erweiterung bzw. vertiefung" ist, um dem Geheimnis des Lebens (wo komme ich her, wohin gehe ich?) auf die Spur zu kommen und sein Schicksal zu verstehen (wozu und wie bin ich?) auf der Suche nach einem Leben in Zufriedenheit, Gelassenheit und Liebe (S. 107). Die spirituelle Praxis zielt durch den Abbau egoistischer Bedürfnisse auf ein Tiefen- bzw. Einheitsbewusstsein (Identität mit allem), jenseits des Alltagsbewusstseins. Hier soll jede Spaltung aufhören und die ganz selbstverständliche innere Verbundenheit mit allen Menschen und dem Kosmos direkt vollzogen werden. Diese Praxis bereitet wie die Mystiker aller Glaubensrichtungen uns sagen, den Zugang zur innersten Mitte unseres selbst, unser höheres oder transpersonales Selbst, "eine Öffnung, in der das "letzte Geheimnis" mit uns kommuniziert (S. 108), vor. Man kann es nur vorbereiten, nicht jedoch erzwingen, es ist letztlich nur durch Gnade möglich. Dieses transpersonale Selbst ist die tiefste und innerste Instanz, die nach C.G Jung (in:

Die Beziehungen zwischen dem Ich und dem Unbewussten, Olten 1971) den "Funken des gesamten Kosmos" in sich trägt und als "Gott in uns" bezeichnet werden kann. Das transpersonale Selbst konfiguriert die inneren und äußeren Lebensumstände und stellt die Erfahrungen bereit, die wir für unsere Entwicklung brauchen. sodass man wie die Bibel sagen könnte, dass alles, was passiert uns zu unserer Entwicklung, unserem Besten dient. Was das im Einzelnen heißt habe ich bei Colin Tipping ausführt.

### 11.5 Versöhnung von Ich, Ego und Selbst

Ich und Ego dürfen nicht miteinander verwechselt werden. Das ICH hat v.a. eine koordinierende Funktion im Bewusstsein, z. B Realitätsprüfung, Abwehr gegen übermäßige Reize von außen und innen, Objektivierung und Distanzierung. Wenn es jedoch starre Formen der Kontrolle und scharfe Abgrenzungen ausprägt, kann man spirituell gesehen von Ego sprechen. (Siehe Tolle Ausführungen und Tipping). Ein Beispiel: Wenn ich am Fahrkartenschalter stehe und drei Leute vor mir warten bereits und ich aus einem unzulänglichen Ich heraus mich beim Verkäufer lautstark beschwere, dass er mich nicht als Erster drannimmt, obwohl ich doch einen Doktortitel habe, kann man sagen, dass dies eine Ichmanifestation des Egos ist, welche nicht mehr im Dienste der Entwicklung steht und so den Zugang zum Selbst verbaut. Ego-bezogene Menschen sind ständig mit Kompensationsbemühungen, d. h. mit Allmachtsphantasien, Anerkennungssucht, Machtmiss-brauch und starren Bildern und Meinungen beschäftigt. Die Entwicklung des Ichs und Selbst ist v. a. deshalb blockiert, weil das Ego in tiefem Misstrauen gegen alles, was passiert, lebt. Deshalb kann es keine spirituelle Entwicklung geben ohne die Konfrontation und den Abbau von Ego-Anteilen. Mehr dazu bei Tolle und Tipping. Unsere Selbstbezogenheit können wir nicht eher transzendieren, bevor wir durch PT nicht ein klares Bewusstsein unseres selbst erlangt haben.

Der Niedergang der Familien, der Traditionen und des Gemeinschaftgeistes hat das ganze Bedeutungs- und Unterstützungssystem untergraben, das Menschen dabei half, ein realistisches Bewusstsein ihrer selbst, ihrer Möglichkeiten und ihrer Grenzen zu entwickeln. (*Joachim Vieregge, Psychotherapie und Meditation, Münchner Gestalttage, S. 211*). Um das Ego abzubauen, braucht der Mensch einen festen Grund, z. B eine spirituelle Gemeinschaft, Lehrer oder Begleiter. PT sollte immer dann die spirituelle Praxis vorbereiten, wenn der normale Lebensalltag durch emotionale Probleme und Blockaden beeinträchtigt ist. Insbesondere ein früh in seiner Entwicklung gestörtes Ich sucht wie ein Süchtiger nach Erlösung durch undifferenzierte Verschmelzungserlebnisse. Dies hat jedoch nichts mit dem Einheitserlebnis im Tiefenbewusstsein zu tun. Auf der anderen Seite kann zum Beispiel die für einen spirituellen Weg notwendige Disziplin rigide Auswüchse hervorbringen, wenn ein starres moralisches Über-Ich mit missionarischem Eifer das Regiment übernimmt. Auf diese Weise kann sich leicht ein sekundärer spiritueller Narzismus entwickeln: „Was bin ich für ein großartiger Mensch mit einer so großartiger Disziplin oder großartigem Erleuchtungserlebnis“.

## 11.6 Heilung durch versöhnte Zusammenarbeit von PT und Religion

Die PT kann die Spiritualität unterstützen und umgekehrt. PT kann Sinnfragen freilegen, ein spiritueller Weg kann mit emotionalen Blockaden konfrontieren. PT kann durch Entwicklung von Ich-Stärke und Selbstverantwortung frühe Störungen heilen. Spiritualität kann der PT helfen, starre Identifizierungen und Muster loszulassen, wenn es z. B. darum geht, immer wieder nur Zorn auszudrücken zu wollen, statt zu wandeln. Sie kann auch helfen "transpersonale Erfahrungen zuzulassen, Sinnhorizonte zu erweitern, narzistische Befriedigungen im Mantel des persönlichen Wachstums abzubauen und Dienen als Möglichkeit der Weiterentwicklung zu sehen". Das Zusammenspiel dieser kompetenten Partner ermöglicht erst eine vollständige seelische Entwicklung, in der Sprache Jungs könnte man sagen eine Individuation durch Vervollständigung. Im Osten war die mystische Erfahrung immer Mitte und Ziel der Religion, im Westen hingegen hat man der christlichen Mystik nie wirklich Raum zur Entwicklung gegeben, sodass es hier auch ein spirituelles Defizit gibt. Echte Spiritualität weiß, dass der Weg des Menschen ein Stirb- und Werde-Prozess ist; der auch Zeit und Raum umfasst. Es ist ein Schauen in das Angesicht des Todes, um darin das Antlitz ewigen Lebens zu entdecken. Christen schauen auf das Leben, Tod und Auferstehung Jesu und erkennen darin exemplarisch ihren eigenen Stirb und Werdeprozess. Spiritualität ist ein Zwiebelschälen: was bleibt, wenn ich mich weder über meine Leistung noch über meine Rollen definiere? In der enlightment-Partnerübung, wo sich im zwanzig Minuten Takt zwei gegenübersitzende Partner immer wieder die Frage stellen: Wer bist Du? schält man sich nach innen. Für eine Befreiung des Menschen müssen PT und Spiritualität zusammenarbeiten etwa in dem Sinne wie Dr. Ulrich Schurmann schreibt: Die PT befreit ihn aus dem durch "permanenten Selbsthypnose genährten Mama-Papa-Ich". Dann folgt die spirituelle Selbstarbeit, indem er sich von den negativen und selbstsuggestiven egozentrischen Gedanken distanziert und sich löst vom Automatismus der Identifikation mit den Vorstellungen einer falschen Persönlichkeit, sich desidentifiziert von allem, was er meint, das es zu ihm gehört. Dies geschieht durch eine permanente Kontrolle der Aufmerksamkeit.

## 11.7 Heilung durch Versöhnung mit meinen Skripten und Gefühlen

Diese Identifikationen sind Geschichten (scribs), mit denen wir uns immer wieder und wieder erzählen, was wir mögen oder nicht mögen und nach denen wir auch handeln. Die Befreiung von diesen Interpretationen und Konzepten diskursiven

Denkens geschieht durch die spirituelle Praxis des Leerwerdens. Erst dann kann ich die Welt klar, unmittelbar und voll wahrnehmen. So werde ich auch der Natur des Geistes inne, nämlich der Leerheit.
Die Erfahrung einer Übereinstimmung mit dem wahren Wesen der Realität, was man Erleuchtung nennt, führt im allgemeinen zu einem radikalen Wandel in der eigenen Lebensführung. Unser Ich mit seinen Geschichten und Konzepten trennt uns vom Leben als Ganzem. Wenn wir unser Ich aufgeben und loslassen, kommen wir in Kontakt mit einem größeren leeren Raum und dieser größere Sinn für Lebendigkeit beginnt alles zu durchdringen, was wir machen. Unser Lebensstil transformiert sich radikal. So kann uns also PT und Meditation lehren, wie wir uns mehr Raum lassen für Blockaden und neg. Gefühle, anstatt sie zu bekämpfen, verdammen oder wegzustoßen. Der Kampf gegen sie gibt ihnen nur eine größere Energieladung und daher mehr Macht über uns. Indem wir Gefühlen Raum geben sind wir größer als sie. Wenn wir Schmerz in unserem Leben Raum geben, dann hat er uns nicht länger im Griff. Dieses "Raum lassen", sich ausdehnen lassen, spielt in der Gestalttherapie eine große Rolle: eine" Gestalt "kann nur dann "Figur" vor einem "Grund "werden, wenn wir sie nicht mit Bewertungen fixieren (J.Vieregge: PT und Meditation, S. 210)

## 11.8 Die Gestalttherapie als transpersonale Psychotherapie

Wie setzten wir GT in einem transpersonalen Befreiungsprozess ein? Grundsätzlich muss man zur Kooperation von Spiritualität und Psychotherapie sagen, dass ohne eine Ich-Struktur, die v. a mit Hilfe der GT ausgebildet und gefestigt werden kann, auch kein Ich relativiert werden kann. Wo nichts ist, kann nichts überwunden werden. Claudio Naranjo sieht in der GT die transpersonalen Aspekte darin, dass die gestalttherapeutische Abfolge von "Leere und psychologischer Explosion" vergleichbar ist mit dem partiellen Tod und der anschließenden Wiedergeburt. Insofern eignet sich die GT bestens um in eine spirituelle Übungspraxis überzuleiten oder eine psychische Problematik, die bei einer spirituellen Praxis aufgedeckt wurde, psychotherapeutisch zu klären. In meinen Kursen zeigt sich immer wieder: wer eine befreiende spirituelle Erfahrung macht, wird dadurch auch motiviert, seine tieferliegenden Konflikte in Ordnung zu bringen. Tut er dies nicht, kann meist auch der höhere Befreiungsprozess nicht in die Persönlichkeit einbezogen werden.

## 11.9 Christliche Religion versöhnt das Ich mit dem Selbst

Rolf Bick sagt in seinem Artikel „Transpersonale Psychotherapie (TP) und christlicher Glaube-Schnittmengen und Abgrenzungen“, dass TP der Weg vom Ich zum Selbst ist. Das Ich löst sich auf-spätestens beim Sterben. Das Selbst bleibt, was immer es war: Teil der überindividuellen kosmischen Einheit. Hier ist nun auch der psychologische Kern: Wenn wir unser Besonders-Sein im Ich

aufgeben, werden wir Teil aller Dinge, Teil dieser Einheit und leben in Harmonie mit allem, in einer Mutter-Kind-Einheit.
Der Weg der Erlösung ist für die TP im Unterschied zum christlichen Glauben ein Weg der Desidentifizierung, der Loslösung. Bei fortschreitender Meditation löst sich nach der TP der persönliche Gott auf in ein wesenloses Nirwana.
Meine Erfahrung ist es wie die von Rolf Bick auch, dass ich weiterhin mit Gott durch seine Namen und Bilder wie Vater, Hirt, König, Herr, u. a. und im Vater-Unser Beziehung haben möchte. Es entspricht auch christlicher Lebensweisheit, dass ich loslassen muss, aber nicht ohne mein Ich, mein manchmal vielleicht törichtes, jauchzendes, trauriges, sehnsüchtiges, wütendes Ich möchte ich bis zum Ende bewahren. Auf dem christlichen Weg geht es bei der Heilung und Erlösung eher um eine Versöhnung mit dem Ego als um seine Auflösung wie in der TP.
Den transpersonalen Gleichmut möchte Bick nicht. Christliche Lebensweisheit des sowohl als auch hebt m. E diese Abgrenzung jedoch wieder auf. Der Hl. Paulus formuliert sie ziemlich deutlich im schon zitierten Korintherbrief: sei verheiratet, wie wenn nicht..... In diesem Sinne würde er Bick wohl sagen: Bewahre dein Ich, wie wenn Du ihm gegenüber gleichmütig wärest oder keines hättest.

## 11.10 Das Heilungsprinzip der Versöhnung in der Gestaltseelsorge

Dietrich Koller versucht in seinem Vortrag:" Gestaltseelsorge-die transformatorische Arbeit der spirituellen Entwicklung im Verhältnis zur christlichen Gnadenlehre" seelenlos gewordene Theologie wieder in Kontakt zu bringen mit gottlos gewordener Psychologie (Eugen Drewermann). Er nennt die Gestaltseelsorge eine versöhnende Kraft zwischen christlicher Gnadenlehre und Leistungsreligion, kurz anthropologisch formuliert zwischen Ohnmacht und Arbeit der Seele.
Seelsorge ist zunächst die Sorge, dass das gestörte Verhältnis des Menschen zu sich, zur Welt und zu Gott in Ordnung kommt. Seelsorge ist also in ihrem Kern auch wieder Versöhnung. In der Gestaltseelsorge-Ausbildung nennt man das "Metanoia eins", weil es wohl die erste Stufe der Verwandlung bedeutet und noch auf der Ebene von Psychotherapie arbeitet, d.h. dem natürlichen Egoismus (nicht Egozentrismus) dient, um Glück, Macht, Sex, Geld, Bildung usw. genießen zu können. Eine Metanoia zweiter Stufe liegt vor, wenn die Seele in der Psyche erwacht und sich wie der verlorene Sohn im Evangelium auf die Suche nach seinem verlorenen Ursprung macht. Auf dieser Suche ist die Seele wichtiger als das Ego. Dieser Überdruss am Ego, die Sehnsucht nach NICHT-ICH, nach dem ganz anderen, nach dem absoluten Du (siehe Martin Buber) stellt sich meistens in der zweiten Lebenshälfte ein, gerade wenn die Überlebenstechnik geglückt ist und die Entfaltung der Persönlichkeit und der gesunde psychologische Egoismus zum Ziel gekommen ist.

Diese Ziel wurden durch eine enorme Anpassungsleistung, um nicht zu sagen Dressur erreicht und damit auch die Grenzen dieses mechanischen und funktionellen Lebenssystems. Ich komme in Krise, weil ich vor etwas Mächtigerem und
Unverfügbaren stehe und dabei meine Ohnmacht spüre. Ich nehme Abstand zu meinem Anspruchssystem und zu den Ansprüchen des "idealisierten Selbst", idealistischen und perfektionistischen Solls, die mich in der Welt der Funktionen zu Höchstleistungen gebracht haben. Diese Ego-Ansprüche haben letztlich auch mein Scheitern in dieser Welt vorprogrammiert. In meinen Worten würde ich wieder einflechten: Ich versöhne mich mit meinen Ego-Ansprüchen durch diese Entwicklung.
Jetzt erkenne ich meine wahren Herzenswünsche, von denen die Bibel sagt: "Gott wird dir geben, was dein Herz wünscht", aber deine Ansprüche übergeht er. Nun beginnt ein transformatorischer Prozess, den die Bergpredigt "enge Pforte" oder das "enge Nadelöhr" nennt, d. h. ich muss meine Ansprüche, Introjekte, Projektierungen und andere quasineurotische Verzerrungen (die Wüstenväter nennen sie Leidenschaften und Trunkenheiten) ablegen, weil die Seele sich weiterentwickeln möchte. Er befreit mich aus der Automatik der reaktiven Gefühle wie Groll, Ärger, Eifersucht, Gekränkt-Sein und es entwickeln sich nicht-reaktive Gefühle wie Glaube, Hoffnung und Liebe. Dieser Befreiungsprozess, den ich nicht "ablegen", sondern Versöhnen nennen würde, erfordert die Disziplin täglich den "inneren Beobachter" und die Unterscheidungsgabe zu üben. Dieser ist in meinem Verständnis eine Versöhnungsinstanz unter meinen Persönlichkeitsanteilen. Er wertet nicht, sondern registriert nur ohne moralische Wertung, was sich auf der Ebene des Körpers, der Emotionen und der Gedanken, beeinflusst durch die sinnlich wahrgenommene Außenwelt, in ständig wechselnden Szenen abspielt. Die Gestaltpsychologie spricht hier von Hintergrund und Vordergrund. Der Innere Beobachter nimmt wahr im Körper Schmerz, Anspannung oder Entspannung oder Gleichgewicht. Auf der Ebene der Emotionen nimmt er die 1000 Mischungen und Spielarten zwischen Freude und Trauer, Liebe und Zorn, Angst und Geborgenheit wahr. Diese beherrschen uns meist, weil wir mit ihnen identifiziert sind. Die Wüstenväter nennen dieses Beherrscht-Werden Leidenschaften, weil es uns Leiden schafft. Auf der Ebene des Geistes nimmt er wahr, dass ich jetzt urteile, vergliche, konstruiere, vermute, erinnere, plane, hoffe, zweifle, tadle, träume, analysiere etc.
Er reflektiert nicht, sondern stellt fest, dass er jetzt reflektiert. Wahrnehmen ist keine Sache der Konzentration und strengt nicht an, sondern schenkt Energie, weil sie Identifikationen, Fixierungen und energieverschwendende Automatismen auflöst.
Ignatius von Loyola nennt diese Auflösung Indifferenz (heilige Nüchternheit).

Der christozentrische Grundsatz" alles, was angenommen wird, kann erlöst werden ist in Hinblick auf die urteilsfreie Wahrnehmung des Inneren Beobachters auch ein psychologischer Gestaltgrundsatz. Das zweite Arbeitsinstrument des Inneren Beobachters (IB) ist die Unterscheidungsgabe. Sie steht nach meinem Verständnis im Dienste der Versöhnung. Kann ich mich nicht zwischen zwei Polaritäten in mir unterscheiden, kann ich sie auch nicht miteinander versöhnen. Mit ihr kann ich mehrere Zentren gleichzeitig wahrnehmen: Ich-Du-Wir und das Übergreifende, Gott. Der Egozentriker sieht nur das Ich, der Altruist nur das Du. Diese Gabe wird bei den Wüstenvätern und Paulus als ein Charisma bezeichnet, die Diakrisis oder Diskretion bei Ignatius von Loyola und Benedikt von Nursia. Das Wahrnehmen ermöglicht das Annehmen, steht also auch im Dienste der Versöhnung. Das Annehmen ermöglicht wiederrum das Unterscheiden. Dieses wiederrum das Benennen. Dies ist ein echter oder falscher Stolz, echte oder falsche Demut, kreative oder zerstörerische Reue, echte Liebe oder Affenliebe, echte Selbstliebe oder falsches Selbstmitleid. Das Benennen ermöglicht das 'Gebieten" wie in der altkirchlichen Exorzismus-Praxis, z.B. "weicht ihr Trauergeister", damit die erlösten Anteile über die unerlösten regieren können. Die Wüstenväter meinten nämlich nicht, wenn sie von Dämonen sprachen okkulte Phänomene, sondern psychische Zwänge, Automatismen und Gewohnheiten. Besetztheit bedeutet dann Identifikation. Wenn diese ständig unterbrochen werden, lösen sie sich zunehmend auf und wir bekommen wieder einen lebendigen Kontakt mit dem Leben (Koller S. 276). Das Benennen ermöglicht die Selbstheilung, weil nun das Gift negativer Reaktionen, mit denen wir auf die unvermeidlichen Negativitäten des Lebens geantwortet haben, zunehmend ausgeschieden wird. So lernen wir unabänderliches Leid zu tragen, ohne am Leid zu leiden. Das ist nach Koller der Sinn der zweiten Seligpreisung: selig, die das Leid tragen, also weder bejammern noch verdrängen. So können wir verwundet ohne verletzt zu sein, krank ohne gekränkt zu sein, leiden ohne beleidigt zu sein. So gelangen wir dann zu einer archetypischen Wahrheit, dass unsere Wunde zur Quelle unserer seelisch-geistigen Genesung wird. Gott wohnt gerade in den Wunden. Der verwundete Gott offenbart sich somit als heilender Gott. So gesehen erfahren wir im Kreuz Christi den Tod des alten Ich und die Auferstehung des neuen Selbst.

Vereinfacht gesagt kümmert sich PT um die Versöhnung des Egos, Nootherapie um die Versöhnung des Selbst. Tiefgreifendste Heilung durch Versöhnung geschieht meiner Meinung nach da, wo beide sich versöhnen und damit eine Ich-Du Heilung bzw. Versöhnung möglich wird. Diese Versöhnung von PT und NT sehe ich am besten therapeutisch umgesetzt in der Vergebungstherapie von Cony Stauss und meinen theoretischen Beschreibung meiner christlich orientierten Psychotherapie. Beide sind Gestalttherapeuten und arbeiten mit Gestaltelementen, weil GT am kompatibelsten bzw. versöhnlichsten zur christlichen Nootherapie bzw. Versöhnungsstherapie sich verhält. Darum nenne ich meinen Therapieansatz auch christlich orientierte Gestalttherapie.

## 12. Heilung durch Versöhnung in der christlich orientierten Gestalttherapie

Da ich überzeugter Christ und Gestalttherapeut bin, hat sich im Laufe der letzten 17 Jahre auf dem Hintergrund der in meiner vorgelegten Abschlussarbeit dargestellten Heilungslehren bei mir ein Therapiekonzept herausgebildet, welches ich christlich orientierte Psychotherapie bzw. Gestalttherapie nenne, weil ich überzeugter Christ und Gestalttherapeut gleichermaßen bin.
Folgendermaßen definiere ich Heilung durch Versöhnung in der christlich orientierten Gestalttherapie: Christliches Heilungsverständnis kann auf heilsame Weise das der Schulmedizin und weltanschaulich neutralen Psychotherapie ergänzen. Letztere versuchen das Symptom als störend oder schädlich weg zu therapieren. Im christlichen Verständnis ist es eine Botschaft Gottes an mich, von einem krankmachenden Lebenskurs- oder Skript umzukehren. Dieses schädliche Lebensskript nennt die Bibel Sünde oder Trennung von Gott. Bleibt der Mensch trotz der Botschaften Gottes in der Sünde und damit in der Trennung von Gott verfehlt dieses Leben sein Ziel. In der griechischen Ursprache der Bibel hat Sünde die Bedeutung von Zielverfehlung. Im griechischen Wort Symptom (dt: zusammenwerfen) kommt zum Ausdruck, worum es geht: in "geballter" und verschlüsselter Form kommt im Symptom nicht nur das Lebensproblem des Menschen, sondern auch Ansätze zu seiner Lösung zum Ausdruck anstelle des Verdrängens und des Weiterfunktionierens. Dieses Sichtbarwerden im Symptom ist notwendig, damit Wandlung und damit weitere Entwicklung und Wachstum geschehen kann. Krankheit, Schmerz oder Schicksal müssen vom Patienten (dem Leidenden) erstmals gesehen und angenommen werden, anstatt gleich wegtherapiert zu werden. Das wusste schon der Kirchenvater Gregor von Nazianz, der in theologischem Hinblick auf das Leiden und den Tod Jesu sagte:" was nicht angenommen wird, kann nicht geheilt werden". Heilung durch Anschauen und Annahme braucht dann einen therapeutischen Begleiter, der wie Jesus, das Leiden sichtbar machen kann, es aushält und einfühlsam reagiert wie fürsorgliche Eltern, die sich einem weinenden Baby zuwenden, ohne oft zu wissen, warum es weint. Bevor sie etwas unternehmen, heilen sie, indem sie einfühlsam auf das Kind eingehen. So macht es die grundlegende Erfahrung, dass sich Anspannung und Stress, die oft der Grund für Symptome sind, in Entspannung, Sicherheit und Vertrauen wandelt und dadurch aufgelöst wird. Oft ist damit schon alles getan.
Seit 17 Jahren mache ich als Theologe, Christ und Therapeut in der begleitenden Heilungsarbeit diese Erfahrung.

Für den Umgang mit dem Symptom zeigt sich also folgender Dreischritt als heilend: Schmerz im oder hinter dem Symptom anschauen, den Schmerz darin annehmen und dann seinen krankmachenden Lebenskurs verwandeln.
Nachfolge Jesu bedeutet für mich, dass ich bereit bin, wie Jesus, diese drei Schritte zu gehen, obwohl ich immer wieder versucht bin, meinen Schmerz vor anderen und mir selbst zu verstecken und zu verdrängen oder von der Schulmedizin oder herkömmlichen Psychotherapie wegtherapieren zu lassen.
Heilung besteht also darin, dass ich in erster Linie meine Einstellung zum meinem Leiden und Schmerz im Sinne Jesu verwandle und damit wie er eine Wandlung meines Lebens in die Qualität eines neuen Lebens bzw. Auferstehung in ein befreites Leben erfahre. Im Glaubensbekenntnis heißt es: hinabgestiegen ins Reich der Toten. Hier bedeutet Nachfolge Jesu für mich, dass ich wie er bereit bin, im übertragenen Sinne meine Leichen im Keller anzuschauen.
Christlich orientierte Gestalttherapie ist eine tiefenpsychologisch fundierte Psychotherapie, die sich am christlichen Geheimnis des verwundeten Heilers Jesus, der im Durchschreiten des Todes und Leidens das Leben erlangt hat, orientiert.
Diese Heilungsschritte zeigen sich nochmals ganz deutlich im Herzstück des Evangeliums, dem Gleichnis vom verlorenen Sohn (LK 15,11-32): Hier zeigt sich für mich die Urbefindlichkeit und Ursehnsucht der menschlichen Seele, nämlich von Mutter, Vater und letztendlich von ihrem Schöpfer um seiner selbst willen angenommen und geliebt zu sein.
Das menschliche Handeln, Wünschen, Fühlen und Denken ist von Kindesbeinen an von dieser Ursehnsucht bestimmt und seine leiblich-seelische Gesundheit hängt von deren graduellen Erfüllung ab. Da jedoch kein Elternpaar seinem Kind diese Ursehnsucht vollständig erfüllen kann und auch kein Liebespartner im späteren Leben, bleibt ein tiefer Urschmerz in der kindlichen und später erwachsenen Seele zurück. Dieser führt dazu, dass der Zweifel an der Erfüllung größer wird als die Liebe zu sich selbst, den Mitmenschen und Gott. Diesen Urschmerz beschreibt die Bibel als Ur- oder Erbsünde und ist in Form eines unbewussten Glaubenssatzes in der kindlichen Seele gespeichert als: "Du bist nicht gut und wichtig genug, um geliebt zu werden". Dieser Glaubenssatz bewirkt große Angst, Scham und Schuld in unserer Seele. Weil die kindliche Seele meint, dass dieser Schmerz, wenn er ins Bewusstsein käme, sie umbringen würde, muss sie ihn unterdrücken. An diesen Urschmerz wird sie immer wieder erinnert, wenn Menschen uns kritisieren, mal nicht 100 % lieben oder ja zu uns sagen. Dann versuchen wir die Aktivierung des Schmerzes dadurch abzuwehren, dass wir uns immer anpassen, perfektionistisch leben und arbeiten, wütend auf diese Menschen werden, Ja-sagen, obwohl wir Nein meinen, eigene Bedürfnisse und Interessen nicht mehr spüren oder zeigen. Je stärker und andauernder diese Verdrängung ist, umso massivere Symptome wird sie erzeugen. Nicht nur der Urschmerz

unterdrückt die Seele, auch die Scham, Schuld und Angst verdrängt sie, indem sie sie auf Sündenböcke projiziert. Auf diese können wir dann zornig werden. So kreieren viele Gesellschaften und sogar auch Familien ihre Opfer und die eigene Seele ihre Schattenseiten, wo sie diese ungeliebten Dinge einschließt. Heil oder Heilung der Liebe geschieht laut LK. 15 da, wo der Mensch dieser liebevollen Zuwendung des Schöpfers in seinem Sohn wieder vertraut, d. h da wo er sich wieder als Sohn fühlen kann, d. h. versohnt, sprich versöhnt ist, trotz seiner vielen Verfehlungen, Schwächen und dunklen Seiten. Diese musste er ja vor den Menschen und sich selbst viele Jahre verdrängen in der Hoffnung, dass er dann endlich geliebt würde. Aus dieser Verdrängung sind im Laufe der Jahre aber seelisch-leibliche Störungen, wie z. B. Depressionen, Ängste und psychosomatische Erkrankungen entstanden. Der christlich-orientierte Therapeut unterstützt den zweifelnden und verwundeten Klienten im Vertrauen darin, seine dunklen Seiten des verlorenen Sohnes, wie z. B. ungelebtes Leben, ungeliebte Eigenschaften, negative Gefühle, Ablehnung und Vorwürfe gegen die Eltern, gegen Gott und sich selbst in die bedingungslose Liebe Gottes zu halten. Hier überschreitet dann der Klient zusammen mit dem Therapeuten die Schwelle seines inneren Totenreiches, seines Urschmerzes und Unversöhntheit in die Freude der wieder auferstehenden Versöhntheit des zurückgekehrten Sohnes.
Der christlich-orientierte Therapeut zeigt sich in der Begleitung des verwundeten Klienten nicht als ein gesunder und besserwissender Behandler, sondern wie Jesus als ein verwundeter Begleiter. Auf diese Weise wird die göttliche Kraft in Klient und Therapeut so aktiviert, dass beide eine heilende Wandlung ihrer Seele erfahren".

## 13. Zusammenfassung der Heilungsebenen in einer personaltranszendent orientierten Gestalttherapie unter besonderer Berücksichtigung des christlichen Menschenbildes

In der vorliegender Arbeit bin ich mit dem Heilungsprinzip der synthetisierten bzw. versöhnten Polarität durch die (religiösen) Heilungslehren gegangen, um zu untersuchen, in welcher Ausrichtung, Ebene und Weise sie den Urschmerz der Verlassenheit und Trennung der Seele im Tiefsten heilen können. Leid, Krankheit und der Täter-Opfer-Täter Reigen entstehen aus diesem Urschmerz. Den schnellen Gang durch die philosophischen und religiösen Weisheitslehren bin ich mit den Darstellungen von L. Frambach, Theologe und Gestalttherapeut im 2. Kapitel gegangen.
Dabei stieß ich auf drei Ebenen: 1) In der Terminologie Hegels die synthetisierte, auf der sich meines Erachtens auch Salomon Friedlaender bewegt. Auf diesen bezieht sich u. a. auch die Gestalttherapie, dargestellt im 2. Kapitel und die im 3.

Kapitel beschriebene therapeutische Methode des Facticity.
Auch die Naturwissenschaften, im Speziellen die Quantenphysik bewegen sich auf dieser Ebene. Bei K.D. Platsch im 5. Kapitel sind fließende Übergänge in die nächste Ebene zu beobachten, in die 2) transpersonale.
Sylvester Walch ist ein dezidierter Vertreter dieser Ebene, auch S. Esser im 4. Kapitel als Vertreter der systemischen Therapie und C. Tipping im 7. Kapitel als Vertreter eines buddhistisch-holistischen Ansatzes finde ich hier. Auch der systemische Ansatz stellt sich auf die Basis des holistische Heilungsprinzips: Alles durchdringt alles und alles ist mit allem verbunden. Alles ist in einem enthalten und Versöhnung ist das Instrument dieses holistischen Heilungsprinzips.
Mit seinem christlichen Ansatz signalisiert E. Tolle im 6. Kapitel den Übergang zu einem von mir so geprägten Ansatz der 3) personaltranszendenten Ebene. Zwischen den Ebenen gibt es selbstverständlich fließende Übergänge. Nach Hegel kann man erst auf dieser Ebene von Polarität als versöhnter Dualität sprechen.

13.1 Den Zugang und die Theorie zu dieser Ebene liefert meines Erachtens die Archetypenlehre von C.G Jung.
Hier beziehe ich mich speziell auf die Heilungsarchetypen des verwundeten Heilers Jesus Christus und des inneren bzw. göttlichen Kindes. Diese habe ich ausführlich beschrieben in Kapitel 2, 8 und 9.
Die theoretischen und therapeutischen Implikationen dieser Ebene kamen in Kapitel 10-12 zur Ausführung.
Diese beiden Heilungs- bzw. Selbstarchetypen spielen bei der Heilung durch personaltranszendente Versöhnung mit meinem Ego, welches in den meisten Heilungslehren als polarer Gegenspieler zum wahren Selbst erscheint, meines Erachtens eine entscheidende Rolle.
Was ist das Ego? Es ist ein Konzept vom Ich, welches notwendig ist, um in unserer Umwelt zu kommunizieren, sich zu bewegen und zu arbeiten. All dies geschieht an der Kontaktgrenze zum Anderen, wo wir uns der Eigenständigkeit, der Unabhängigkeit und letztlich der Trennung vom Anderen zu vergewissern versuchen. Dies dient dem Ego in erster Linie zur Abwehr von Verschmelzungsängsten unter Verleugnung der immerwährenden Einheit und Vernetzung aller Dinge und Menschen. Auf der anderen Seite: Ohne dieses starke Gefühl von Ego mit eigenen Bedürfnissen und Interessen, lassen wir es zu, dass andere auf uns rumtrampeln und uns ausnützen können. Wenn wir auf der anderen Seite unser Ego nicht zurückstellen können, hindert es uns daran, uns weiter zu entwickeln, geschmeidig zu lernen und zu fließen. Wir erkennen so, dass Gewinn und Schönheit darin liegt, sowohl wenn "niemand zuhause ist", als auch wenn "jemand zuhause" ist. Manchmal ist der Wunsch recht zu haben so

stark, um unser Selbstwertgefühl zu nähren, dass wir bereit sind, bis zum bitteren Ende zu kämpfen. Ein Problem für viele spirituell Suchende besteht darin, dass das "Ego" psychologisch noch nicht gefestigt ist und wo noch kein stabiles Verständnis seines eigenen Selbst da ist, kann man es auch schwerlich zurückstellen. Es ist sogar eine psychologische Überforderung, darauf zu vertrauen, dass ein Teil im Ganzen aufgehen wird ohne die erfahrene Gewissheit, dass er wirklich ein Teil dieses Ganzen ist und trotzdem einzigartig. Hat man diese erfahrene Gewissheit, ist die Auflösung dann wirklich eine Erweiterung und Erfüllung, statt Tod und Leere.

13.1.1 Wie hilft nun der Mythus des verwundeten Heilers Jesus Christus heilen? Er entsteht nach Jung aus archetypischem Material, welches in der Krankheit konstelliert wird. „Die psychologische Wirkung besteht darin, den Patienten an den allgemein-menschlichen Sinn seiner besonderen Situation anzuschließen. Wenn ihm gezeigt wird, dass sein besonderes Leiden nicht nur sein Leiden ist, sondern ein allgemeines - sogar das Leiden eines Gottes - dann befindet er sich in der Gemeinschaft von Menschen und Göttern, und dieses Wissen erzeugt eine heilende Wirkung. Die moderne geistliche Therapie, im profanen Bereich auch Nootherapie genannt, geht in der gleichen Weise vor: Schmerz und Krankheit werden mit dem Leiden Christi verglichen, und diese Vorstellung wirkt tröstlich. Das Individuum wird aus seiner elenden Einsamkeit herausgehoben und erweist sich als ein Mensch mit einem heldenhaften, sinnvollen Schicksal, das, wie das Leiden und Sterben eines Gottes, letzten Endes der ganzen Welt zu Gute kommt.“ (Jung GW 18/I, § 231, zitiert bei Frick S. 144).
Das Leid zu akzeptieren ist eine Begegnung mit dem Tod. Wenn wir diesen Tod wie Jesus in der Nachfolge gestorben sind, wird uns klar, dass es gar keinen Tod gibt, dass es nichts zu fürchten gibt. Nur das Ego mit seinen Identifizierungen stirbt. Wir sind wie ein Sonnenstrahl, der vergessen hat, dass er ein untrennbarer Teil der Sonne ist und nun fälschlicherweise glaubt, er müsse ums Überleben kämpfen und sich fern der Sonne eine Identität zulegen und daran festhalten. Das ist für mich als Theologe der Sündenfall. Wäre das Ende dieser zugegebenermaßen sehr realistischen Selbsttäuschung nicht eine unglaubliche Befreiung? Und könnte es nicht sein, dass Jesus theologisch gesehen, uns durch seine Person, Leben und Tod aus dieser Selbsttäuschung, der wohl alle Menschen ganz leicht erliegen, erlöst hat?
So lernen wir unabänderliches Leid zu tragen, ohne am Leid zu leiden. Das ist nach Koller (Vertreter der Gestaltseelsorge) der Sinn der zweiten Seligpreisung: selig, die das Leid tragen, also weder bejammern noch verdrängen. So können wir verwundet ohne verletzt zu sein, krank ohne gekränkt zu sein, leiden ohne beleidigt zu sein. So gelangen wir dann zu einer archetypischen Wahrheit, dass unsere Wunde zur Quelle unserer seelisch-geistigen Genesung wird. Gott wohnt

gerade in den Wunden.
Der verwundete Gott als versöhnte Dualität offenbart sich somit als heilender Gott. So gesehen erfahren wir im Kreuz Christi den Tod des alten Ich und die Auferstehung des neuen Selbst. Die Vordergrund-Identität muss in einem Identitäts-Vakuum sterben, damit die befreite Grund-Identität aufscheinen kann. Das methodische Grundprinzip für diese Befreiung ist der Aufstieg per viam contrarium, d. h die Befreiung durch den Glauben vollzieht sich durch die existentiell akzeptierte Erfahrung des negativen, dunklen Gegenpols unserer erhofften positiven Erwartungen und Sehnsüchten, kurz: des Schattens. Er drückt es so aus: "...wenn Gott lebendig macht, tut er dies dadurch, dass er tötet; wenn er rechtfertigt, tut er dies dadurch, dass er schuldig macht; wenn er zum Himmel emporhebt, tut er es dadurch, dass er zur Hölle führt,... So verbirgt er seine ewige Güte und Barmherzigkeit unter ewigem Zorn, seine Gerechtigkeit unter Ungerechtigkeit." (zitiert bei Frambach S. 251). Seit der Apokalypse, sagt C.G Jung in Antwort auf Hiob, Olten 1973, S.494, wissen wir wieder, dass Gott nicht nur lieben, sondern auch zu fürchten ist und weil er Mensch werden will, muss die Vereinigung seiner Antinomie im Menschen stattfinden. In Anbetracht menschlicher Macht über Atombombe und chemischer Kampfstoffe, durch die er die apokalyptischen Zornschalen über seine Mitmenschen ausgießen kann, ist es nicht nur Aufgabe, sondern dringendes Gebot, dass er das Wesen Gottes im Zusammenhang mit seinem eigenen erkennt und zur Erlösung bringt. Der Mensch steckt tiefer im göttlichen Leben als es sein Verstand zugeben kann. Gott realisiert und inkarniert sich im Endlichen.
Das soll heißen, dass das wahre überpolare Wesen Gottes verborgen ist unter dem Widerspruch (Dualität). Nur wer ganz den scheinbar negativen Gegensatz erleidet, erfährt die befreiende Einheit und Ganzheit der Polarität des Lebens. Im Tod des Nichts stirbt der eigenmächtige Wille, und ein innerer von Gott geschenkter neuer Wille tritt in Kraft, durch das Hineingenommen-Werden in das "Sterben zum Leben" des Kreuzes.

13.1.2 Das lebendige Symbol ist Ausdruck der unvermeidlichen archetypischen Gegensatzspannung.
Jesus Christus ist für Jung und Frick demnach das personalisierte Symbol.
Es vereint in sich Unbewusstes und Bewusstes, Gefährliches und Rettendes, Animalisches und Göttliches. Heilung geschieht, indem ich mich dem Fluss des Lebens zwischen den Polen (Bipolarität des Lebens) von Krankheit und Gesundheit anvertraue, mich den Kräften des Lebensstromes anschließe und es lerne, mit der heilenden Energie zu arbeiten (Frick S. 68). Verwundung heißt in diesem Zusammenhang Aktivierung meiner Heilkräfte. Kurz: Durch Verwundung heilen, das homöopathische Prinzip. Wenn das Symbol stirbt, verliert es seinen Sinn für Individuum und Kollektiv und es besteht die Gefahr der Komplex-

Identifikation und –Projektion. Diese führen wiederum zur Symptombildung, z. B. durch die neurotische Übernahme einer Sündenbock-Rolle. Im Komplex und Symptom bleibt die ursprüngliche archetypische Thematik erhalten, oft in pervertierter und destruktiver Weise, wenn die ursprüngliche Gegensatzspannung nicht mehr ausgehalten wird und zu Verdrängungen, Spaltungen oder anderen Bearbeitungsweisen geführt hat

Individuelle meist absurd erscheinende Erkrankung wird so an das überpersönliche Geschehen von Krankwerden und Gesunden angebunden, um Zerstörerisches zu entkräften. Man kann also abschließend sagen, dass Archetypen in unserer seelischen Entwicklung wichtige innere Container sind, in der sich der Heilungsarchetyp des verwundeten Heilers konstellieren kann. Wir alle sind mehr oder weniger stark, v. a. unter dem Eindruck unserer sehr erfolgreichen allopathischen Schulmedizin von dem bewussten Leitbild völliger Gesundheit, Ganzheit, völliger Unversehrtheit und quasi göttlicher Schönheit geprägt. Die Schönheitschirurgie erfährt in unseren Tagen eine unglaubliche Expansion. Das Heilungsprinzip der Schulmedizin und oft auch der gängigen Psychotherapie ist geprägt von einem kausalen Krankheitsverständnis.

Dieser Gesundheitskult geht bis in kirchliche und charismatische Gebetsgruppen, die versuchen Krankheitssymptome weg zu beten, um danach den Erfolg als Beweis geistgewirkter Heilung zu deuten. In diesem Gesundheitskult neigen Menschen besonders dazu, Krankheit und Behinderung moralisierend als ungelebte Möglichkeit abzuwehren. Wir laufen damit Gefahr, wie Frick meint, dass wir uns mit einem Pol des Archetyps identifizieren, z. B mit dem lichten Aspekt des Selbst, d. h mit unserm eigenen Gottesbild. Damit wird die Gegenseite der Verwundung, Unheilbarkeit, Unvollständigkeit, Schwäche, Zerstörung wie sie u. a. der Heilungsarchetyp Christus symbolisiert nicht mehr wahrgenommen und es kommt zur dualistischen Spaltung. Je stolzer sich der aufgeklärte Mensch über den Sündenbock-Archetypen Jesus Christus entmythologisierend erhaben fühlt, umso abgespaltener entziehen sich krankmachende Mythen, Gottesbilder und Komplexidentifizierungen. Unter dem Allmachtsanspruch des Ganzheitsideals werden Unheilbarkeit, Unvollständigkeit, Schwäche, Zerstörung nur unter dem Gesichtspunkt ihrer Heilung und Überwindung wahrgenommen. Heilung als Bewusstwerdung, als Rücknahme von Projektion bedeutet aber meine durch das Ideal strahlender Gesundheit abgewehrte eigene Schwäche an mir selbst wahrnehmen. Nach Jung ist die projizierende Instanz nicht das Subjekt, sondern der Archetypus, dessen Auffassungsmöglichkeit und Wahrnehmung des Objektes angeboren ist. Wir erleben also die Umwelt oder das Objekt nicht, wie es wirklich ist, sondern wie es uns archetypischerweise erscheint. Der Sündenbock-Archetyp ist also nicht beschränkt auf die Mythologien vergangener Zeiten oder primitiver Völker, sondern unsere "Ur-Möglichkeit" (Frick S. 50), wie wir die Welt sehen, erleben und auf sie reagieren. Um gesund und freier zu werden, müssen wir unsere Schatten erkennen, annehmen und Projektionen zurücknehmen. Damit dies gelingt, müssen wir von archetypischen Konstellationen in unserer Lebenswelt ausgehen, v.a. Heiler, Ärzte und Therapeuten.

13.1.3 Übertragen auf die helfende therapeutische Beziehung bedeutet das nicht nur, dass der Therapeut und der Klient die Grenzen des Heilens akzeptieren, sondern dass der Therapeut auch seine eigenen Wunden spüren kann. Denn so wird der innere Heiler beim Klienten freigesetzt. Dieses homöopathische Heilprinzip befreit mich als Therapeut zunächst von einem meist mächtigen Selbstanspruch des Helfen-müssens und Guter-Therapeut-Sein-Müssens und erhebt aber gleichzeitig den Anspruch nach intensiver Selbsterfahrung und demütigen Eingestehens von eigener Schwäche, persönlichen Unzulänglichkeit, Aggressionen und anderer negativer Gegenübertragungen. Wenn der Therapeut dem Opfer-Ich als Helfer begegnet, soll er wie der Priester im Sündenbock-Ritual entscheiden, was gut und damit kollektiv tragbar ist (Frick S. 46 ff). Da wo der Priester bzw. Therapeut die Polarität des Archetyps nicht mehr aushält, verliert er die Beziehung zum Überpersönlichen und gerät in den Bannkreis des Sündenbock-Komplexes.
In diesem ist er für den Sündenbock-identifizierten Patienten wie ein falscher Priester, der durch Annahme entsprechender Projektionen sich mit dem inneren Ankläger des Patienten verbündet, „um die Person zu einer Anpassung zu zwingen, die ihre innere Welt außer Acht lässt und nur mit aufgesetzten, notwendigerweise nicht integrierten Masken funktioniert“ (Perera 1986, S 3, zitiert nach Frick, S. 46). So überträgt der Patient seinen unbewussten inneren Ankläger auf den idealisierten Therapeuten genauso wie auch auf strenge Eltern- oder Kollektivstimmen wie z. B Kirche, Gesellschaft oder Staat. Die äußeren Bezugspersonen wie z. B auch der Therapeut sind ihm dann immer wieder die Bestätigung für die Unerbittlichkeit der eigenen inneren Sündenbock- und Opfermentaltität. „Der Therapeut seinerseits verdrängt den eigenen Sündenbock-Schatten, sodass sein bewusstes Ich durch das Ideal des Retters, der das Opfer erlösen will, kompensiert.
Diese Heilungsdynamik könnte man einfach in den Worten meines Versöhnungsgedanken so darstellen: Der Th. muss mit seinen Wunden versöhnt sein, damit der Kl. sich im Übertragungs- und Gegenübertragungsprozess mit seinen versöhnen kann.
Der äußere Heiler sprich Therapeut bietet für diesen inneren einen äußeren Container. Der innere Heiler muss mit dem äußeren in Kontakt kommen, damit Heilung geschieht. Am Ende eines therapeutischen Prozesses "trennen sich dann ein verwundeter Heiler und ein geheilter Verwundeter, die ihre Schatten nicht

mehr verdrängen oder gegenseitig projizieren müssen." (Frick S. 151ff). So entsteht ein therapeutisches Verstehen, was Jakob Moreno „Zweifühlung“ nannte. Zweifühlung, wie sie meines Erachtens auch in der Christophoruslegende zum Ausdruck kommt.

13.1.4 Hier geht es meines Erachtens um eine Zweifühlung bzw. um ein versöhnliches Beziehungsgeschehen zwischen dem Ich, Selbst und dem göttlichen Kind als Heilungsarchetyp. Christus hat nicht umsonst auf dem " Werden wie die Kinder" bestanden. Der Mensch auf seinem Weg der Individuation muss bewusst die Haltung und Einfachheit des Kindes annehmen um auf seinem Weg der Individuation seine Schatten Stück für Stück anzunehmen (Briefe II, 371).
In diesem von den Ahnen vererbten Gehirn des Inneren Kindes sind alle Instinkte und Urbilder präformiert, auf deren Grundlage die Menschen seit je her gedacht und gefühlt haben, also auch da, wo der ganze Reichtum an mythologischen Motiven entstanden ist. Das menschliche Unbewusste enthält also die ganze vererbte Lebens- und Funktionsform der Ahnenreihe. Man kann also sagen, dass bei jedem Kind eine angepasste psychische Funktionsbereitschaft schon vor allem Bewusstsein vorhanden ist. Diese unbewusste instinktive Funktion ist in unserem erwachsenen, bewussten Leben ständig tätig und aktiv. Das Unbewusste nimmt wahr, fühlt und denkt, hat Absichten und Ahnungen ähnlich wie das Bewusstsein. (GW 8,383-340). Erfahrungen mit dem Kind, sei es im Traum oder mit dem inneren Kind bereiten in der Regel Wandlungen der Persönlichkeit in der Zukunft vor. Das Kindmotiv enthält immer die potentielle Zukunft. Es ist daher nicht erstaunlich, dass die mythischen Heilbringer oft Kindgötter sind. Es antizipiert und formt im Individuationsprozess eine Gestalt, die aus einer Synthese bzw. Versöhnung der bewussten und der unbewussten Persönlichkeitselemente hervorgeht. Daraus kann man den Schluss ziehen, dass das Kindmotiv ein die Gegensätze vereinigendes Symbol ist. In diesem Sinne ist es Mediator, Heilbringer, d. h Ganzmacher. Man könnte auch sagen der Heilungsarchetyp der Individuation, also kurz Individuator (eigene Prägung).
Durch und über das innere und göttliche Kind finden wir wieder zurück zu unserer Kindheit, wo wir "vermöge ihrer Naivität und Unbewusstheit", wieder in Kontakt kommen mit einem vollständigeren und unverfälschten Bild unseres selbst und unserer Individualität. Gerade in Anbetracht von Kindern und Primitiven steigen beim erwachsenen Kulturmenschen alte unerfüllte Wünsche, Bedürfnisse und Sehnsüchte auf. Diese beziehen sich auf Persönlichkeitsanteile, die er der Persona und Angepasstheit wegen aus seinem Gesamtbild als Mensch weg retouchiert hat (Erinnerungen 248).
Wenn wir an den A. des göttlichen Kindes denken, drängt sich zunächst das Bild der Muttergöttin mit dem göttlichen Kinde auf. Es ist das Urbild des Ur- und

Seinsvertrauen, ohne dass kein Mensch sein Leben zu bewältigen vermag. Das hilflose kindliche Ich erfährt in diesem Stadium seines unzentrierten Ichs und Bewußtseins die Mutter als ursprüngliches noch ungestaltetes Sein. Ein abendländisches Symbol für dieses Sein ist die Madonna mit dem Kinde. Mit diesem regressiven Madonnenbild kann der Mensch jedoch nicht zu einer vollen selbstständigen Person werden. Der Ablöseprozess von den Eltern, insbesondere von der Mutter ist gerade in unseren Tagen eine der schwierigsten Lebensleistungen für den erwachsen werdenden Menschen und wird von vielen bis ins hohe Alter nicht wirklich geleistet. Sie schaffen die "zweite Abnabelung" nicht und bleiben so Zeit ihres Lebens halbe Kinder. Die therapeutische Hauptaufgabe, wie ich sie sehe, ist deshalb immer dem Klienten bei der Versöhnung mit der Mutter bzw. den Eltern zu helfen.
Mein Hauptseminar, das ich seit 17 Jahren in christlichen Bildungshäusern halte, heißt deshalb auch die „heilende Versöhnung mit dem Inneren Kind und seinen Eltern“.
Die biblische Weihnachtsgeschichte von den drei Königen aus dem Morgenland, welche vor dem göttlichen Kind niederfallen und ihm huldigen, macht deutlich, wie mächtig und stark dieser Archetyp des Selbst ist. Um ihn gruppieren sich alle anderen Archetypen. Im Kind-A. manifestiert sich das Selbst sogar in seiner umfassenden Fülle und Macht, welches stärker ist als die Welt und die sie tragenden Mächte. Die Christophorus-Legende bringt diese Tatsache auf eine besonders tiefe Weise zum Ausdruck. In ihr wird anschaulich, dass das Selbst nicht identisch mit "Ich", schon gar nicht "mein Ich " ist, sondern die ganzmachende Kraft aus der Tiefe. Der Mensch kann ihr nur dienen, sich aber nicht mit ihr identifizieren. Dienen kann man jedoch meines Earchtens nur einem personhaften, nicht dem transpersonal reinen Sein. Die Versöhnung zwischen Ego und Selbst geschieht also hier hingebend und dienend.
Wenn das Ich aber zum Träger und Diener des Selbst wird, wird der Stab des Weges laut Legende zur Palme des Lebens und Siegens. Dieser Lebensbaum trägt reiche Blätter und Früchte (siehe Legende S. 96)

13.2 In die gleiche Richtung weist das Modell Tippings, welches ganz knapp das Heilungsprinzip der personaltranszendenten Versöhnung aufzeigt: Am Anfang sind wir in Gott. Durch die Trennung von Gott entsteht der Urschmerz, für den die Schuld auf Vater und Mutter und auf Gott projiziert wird.
Durch Versöhnung mit Gott versöhnen wir uns auch wieder mit unseren Eltern und durch sie mit uns selbst. Christliche Versöhnung heißt nicht Versöhnung mit einem transpersonalen ES Gott, sondern einem DU Gott, einem ewigen DU, wie es Buber nennt.
Diese Urwunde kann meines Erachtens nur dann heilen, wenn wir sie in die überwältigende erbarmende Liebe Gottes halten und daran glauben, dass er uns

bedingungslos liebt in seinem Sohn Jesus Christus und zwar so wie wir sind ohne Leistungen bringen zu müssen. In der Bibel findet diese Liebe einen wunderschönen Ausdruck im Gleichnis von der erbarmenden Liebe Gottes im 15. Kapitel des Lukasevangeliums, dem Herzstück der Bibel. Dualität basiert auf Trennung und erzeugt Schuld. Nicht umsonst hat Jesus die Feindes- und Selbstliebe so stark in den Mittelpunkt seiner Verkündigung gestellt. Vergebung und Versöhnung ist also der Weg zurück in die Gemeinschaft mit Gott.

Deutlicher als Tolle beschreibt Tipping die liebvolle Führung unseres Egos zur Weiterentwicklung und spirituellem Wachstum. Es ist nicht unser Feind. Es ist Bestandteil unserer Seele, mit dem wir uns versöhnen müssen. Seele ist nach Tipping der Teil von uns, der reines Bewusstsein ist, verbunden mit dem größeren Ozean des Bewusstseins, der Alles-Was-Ist bildet. Nach der Gesetzmäßigkeit der Polaritäten, sagt er kann man die Energie des Hasses nur so verwandeln, dass wir sie in ihrer ganzen Fülle erfahren. Beispielsweise müssen wir uns zunächst vollständig als Opfer fühlen, um die Energie des Opfers zu überwinden. Um die Energie der Angst oder des Hasses zu überwinden, müssen wir voller Angst und Hass sein. Wir müssen vollständig in die menschliche Lebenserfahrung eintauchen wie Jesus. Erst dann können wir sie vollständig vergeben.

So ähnlich hatte auch C.G Jung in der Bipolarität des Symbols oder Heilungsarchetyps die Verwandlung beschreiben. Erst in der Vergebung erinnern wir uns, wer wir sind, wie der verlorene Sohn, der voller Scham- und Schuldgefühle sich wieder an die Gemeinschaft mit dem Vater erinnert und zum Vater zurückkehrt und erst dadurch seine barmherzige Liebe erfahren konnte. Jesus ist der Sohn Gottes, der uns wieder daran erinnert, dass wir Kinder Gottes sind und nie aus dieser Kindschaft gefallen sind, auch nicht durch die Erbschuld, die uns das glauben machen möchte. Die Energie des Hasses wird umgewandelt, wenn jemand, der sich gehasst fühlt, die Liebe hinter dem Hass sieht und dem Menschen, der ihn hasst, vergibt. In diesem Moment öffnen sich die Herzen und Liebe fließt zwischen den beiden. So wird Hass in Liebe umgewandelt. Ähnlich formuliert es christliche Mystik.

13.3 In der christlichen Mystik geht es beim Todesmotiv immer um das Aufgeben der Egozentrik und Selbstbezogenheit, die das eigene Ich absolut in die Mitte des Lebensinteresses setzt. Durch die Erfahrung des "großen Todes" wird die bislang vermiedene Erfahrung der eigenen Vergänglichkeit existentiell akzeptiert und integriert. Auf diese Weise kann das "Große Leben" als die den Widerspruch von Leben und Tod übersteigende polare Einheit erfahren werden. Dieses wird in der christlichen Identität als Mit-Auferstehung mit Christus genannt. Der Große Tod als Mit-Sterben mit Christus verstanden. Hier wird der Unterschied zur rein gestalttherapeutischen Befreiung deutlich. Im christlichen Sinn kann die

Befreiung der menschlichen Identität nicht nur in deren Relativierung bestehen, sondern muss sich auch auf eine personale Mitte beziehen, die sie nicht fixierend festlegt oder einschränkt und nennt diese Freiheit gewährende Mitte Gott. Nur Er, "der nicht Objekt unter Objekten, sondern der lebendige, schöpferische Geist der Welt und aller ihrer Objekte ist, kann eine freie Identität gewähren" (Frambach S. 284).

Frambach zeigt schön auf, dass Heilung in der Versöhnung mit meiner unbewussten Stimme besteht. Diese erzeugt immer wieder Dualitäten im Menschen, indem sie an negativen Glaubenssätzen festhält und sie im Leben wiederholt. Da diese in einem personalen biographischen Kontext entstanden und mit seelischem Leid in Verbindung steht, muss Versöhnung meines Erachtens auch auf einer personalen bzw. personaltranszendenten Ebene stattfinden.

13.4 Heilung ist in diesem Sinne aber nicht machbar, sondern geschieht im heilenden Feld der Beziehungen, welches die Qualität einer über das Persönliche hinausgehende Liebe hat, die sich auf das tiefere Wesen des Menschen bezieht- eine Ebene, wo es keine Trennung zwischen Arzt und Patienten gibt. Diese Erfahrung der Allverbundenheit versöhnt die Gegensätze und fördert die Heilkräfte. Das Gefühl von Trennung ist eine der stärksten Wurzeln von Kranksein und Krankheit. Die scharfe Abgrenzung im Gestaltgebet: "Ich bin Ich und Du bist Du" würde zunächst anscheinend dem Glauben an die Wirklichkeit der Trennung folgen. Andererseits sagt GT: "Beziehung entsteht an der Grenze". So verstanden könnte man sagen, dass GT zunächst den allgemein verbreiteten Glauben an die Trennung sprich Grenze aufnimmt, dort andockt, um dort eine Beziehung zu fördern, die dem meist in sich verkrümmten Klienten hilft, wieder an seine Verbundenheit mit den Menschen zu glauben. Ob Gestalttherapeuten bei ihren Klienten nun den Glauben an die Trennung oder an die Verbundenheit fördern, hängt wohl im Sinne des systemischen Konzeptes ganz auch von den Erfahrungen, Einstellungen und dem Glauben des behandelnden Gestalttherapeuten ab.

Für den therapeutischen Prozess bedeutet dies, dass selbst das Bekämpfen unserer Krankheit und Flucht vor unserem Schatten als Teil unserer Heilung und unseres Trans-formationsprozesses anzusehen ist. Man kann sogar sagen, dass dieser Prozess immer und an jedem Ort in uns stattfindet. Der Therapeut, der das akzeptiert, wird geduldig, gelassen und bescheiden.

Was heilt ist immer das, was die Gegensätze verbindet bzw. versöhnt. Arzt und Patient können durch ihre Ausrichtung auf den heilen Kern des Menschen dazu beitragen, einen solchen Heilungsprozess zu entfalten. Dieser heile Kern ist auch bei schwerster Krankheit existent, weil er aus der Dimension des universellen Bewusstseins stammt, welches auf allen Ebenen Gesundheit neu schaffen kann, sofern sich der Mensch mit seinem Herzen diesem öffnet (Platsch S. 9-14).

Heilarbeit versöhnt die inneren Gegensätze. Jeder Moment des Annehmens ist Versöhnung und erlöst gebundene Lebenskraft, die dann wieder dem Heilungsprozess zur Verfügung steht. Jeder Moment des Nicht-Annehmens raubt Lebenskraft und bereitet der Krankheit den Boden. Versöhnung ist in erster Linie eine Haltung und ein Vorgang in uns selbst. Erst in zweiter Linie kann es sich ergeben, dass sie ausgedrückt werden muss nach außen. Sich mit seiner Krankheit versöhnen, ist ein heilsamer Akt des Annehmens, d. h der Liebe und eine Wende in Richtung Heilung. Man kann sogar sagen, dass wir im Akt der Versöhnung unsere eigene göttliche Natur, jenseits von Krankheit und Leiden, erkennen und anerkennen Ein Haupthindernis für innere Versöhnung sind Schuldzuweisungen und Schuldgefühle, an denen ich meist unbewusst, z. B gegen die Eltern festhalte. Versöhnung und Vergebung jedoch bedeuten Loslassen, vor allem alte, unnütze Denkmuster. Wir sind Teil der vollkommenen Schöpfung, die nur dadurch vollkommen und ganz ist, dass sie sich auch in der Unvollkommenheit erkennt. Man kann nichts vom Göttlichen wegnehmen, denn alles im Universum ist sein Ausdruck. Das ist ein mystisches Paradox, was Jesus in seinem Leben und seiner Person vollkommen zum Ausdruck bringt, füge ich als Theologe hinzu. Wenn wir die Menschen so sehen wie sie sind und wie Jesus sie angeschaut hat, sind wir im Begriff, Vergebung zu üben. Wenn wir lernen hinter der Fassade des Menschen sein Wesen zu sehen und nicht so sehr sein konditioniertes Ich und mit ihm die Sprache der Liebe sprechen, dann setzt ein tiefer Heilungsprozess und damit Versöhnung auf der tiefsten Ebene in uns selbst und im anderen ein (Platsch S.242).

Sein Ansatz ist wohl ein transpersonaler, stellt aber wissenschaftlich heraus, dass Liebe das Energieprinzip ist, welches alles zusammen führt und zusammen hält und ist für mich eine Hinführung bzw. Brücke zu meinem personaltranszendenten Ansatz., da das Herz des Menschen sich Personen gegenüber am weitesten öffnet. E. Frick und C. Stauss zeigen, dass Heilung in einem versöhnlichen Beziehungsgeschehen geschieht und nicht machbar ist. Besonders Stauss ist davon überzeugt, dass unser Gehirn ein soziales ist, d. h. es ist auf gute zwischenmenschliche Beziehungen hin konstruiert, welche biologische Spuren in unserem Gehirn hinterlassen. M. Buber fasst es in einem Satz zusammen: Der Mensch wird am Du zum Ich ( Buber,M .: Ich und Du), Das christliche Menschenbild stellt die Beziehung in den Mittelpunkt ihrer Kernannahmen. Die Gottesvorstellung ist in der Trinitätslehre eine relationale. Untersuchungen belegen, dass spirituelle Bewältigungsstrategien mit ihren religiösen Menschenbildern geeigneter sind, von einem unglücklichen Zustand in einen glücklichen zu gelangen (erwähnt bei Stauss 30). Rein psychologische Copingstrategien schöpfen das Wasser der Vergebung nicht mehr an der Quelle, sondern flussabwärts. Das Verständnis von Vergebung beeinflusst nun mal entscheidend, wie der Prozess der Vergebung gestaltet wird. Gott ist ein

dialogisierender Gott. Er ist Logos und Dialogos. Nicht der Logos= griechisches Denken, sondern der Dialog ist die ursprüngliche Form des Seins. Wenn Gott als interpersonale Liebe die Mitte und das Ziel allen Seins ist, ist Beziehung das höchste Prinzip alles geschaffenen Seins (vgl. Stauss S.43 f u. Greshake, G.: der dreieinige Gott, eine Trinitätstheologie, Freiburg 2007).
Dieses Prinzip spiegelt sich in den menschlichen Beziehungen wider. Stauss möchte den Johannes Prolog der Bibel (Joh.1,1-4) wie folgt lesen:

*„Im Anfang war die Beziehung*
*Und die Beziehung war in Gott*
*Im Anfang war sie in Gott*
*Alles ist durch die Beziehung geworden*
*Und ohne die Beziehung wurde nichts, was geworden ist*
*In ihr war das Leben*
*Und das Leben war das Licht des Menschen".*

Das Wir als liebende und sichere Bindung entsteht da, wo sich mein Ich im Du gefunden hat. Beziehungssein in Form von Liebe, Partnerschaft und Familie ist nach christlicher Theologie und der empirischen Forschung die wichtigste Quelle für Wohlbefinden, psychische Stabilität und Lebensfreude, noch vor der Gesundheit und dem Beruf. In der Psychotherapie besteht schulübergreifend die Überzeugung, dass Beziehungs- und Bindungsverletzungen in Form von dauerhafter Verletzung der Grundbedürfnisse nach einer sicheren Bindung, Autonomie und Selbstwert in der Kindheit fast immer die Ursache für seelische Störungen sind (Grawe, K.: Neuropsychotherapie, Göttingen 2004). Diese werden ja wie gesagt weitergeführt und reinszeniert in der Gegenwart. Versöhnungstherapie betrifft demzufolge häufig die Verletzungen, die die Menschen von den eigenen Eltern, wichtigen Bindungspersonen oder Liebespartnern erfahren haben, also personale Introjekte sind, die Tiefenpsychologie nennt sie Objekt- und Selbstrepräsentanzen. Man müsste auch wieder mit „personale" ergänzen.
Tiefe Heilung durch Versöhnung muss sich deshalb für mich auch auf einer personalen bzw. personaltranszendenten Ebene abspielen, wie Stauss dies theologisch begründet.
Im christlichen Menschenbild bleibt der Täter immer unser Bruder, unsere Schwester. Gerade im Gebot der Feindesliebe und im Sinne des Gleichnisses von der barmherzigen Liebe Gottes möchte Jesus, dass wir immer wieder mit der Perspektive eines unbedingt liebenden, d.h. barmherzigen Vaters oder Mutters auf den Täter schauen. Barmherzige Eltern wissen, dass es immer ihre Kinder bleiben, egal, was sie angestellt haben oder noch anstellen werden. Wenn wir den Täter mit den Augen der Barmherzigkeit anschauen, schauen wir ihn mit den

Augen Gottes an wie auch wir uns wie der verlorene Sohn wünschen, dass uns der Vater nach unserem Fehltritt barmherzig vergibt. Barmherzigkeit ist die Wesensmitte Gottes und das Vollkommendste im Menschen (Stauss 140 ff).

13.5 Wie kann nun eine versöhnte Zusammenarbeit zwischen Psychotherapie (PT) und Nootherapie bzw. Religion aussehen?

Die PT kann die Spiritualität unterstützen und umgekehrt. PT kann Sinnfragen freilegen, ein spiritueller Weg kann mit emotionalen Blockaden konfrontieren. PT kann durch Entwicklung von Ich-Stärke und Selbstverantwortung frühe Störungen heilen. Spiritualität kann der PT helfen, starre Identifizierungen und Muster loszulassen, wenn es z. B. darum geht, immer wieder nur Zorn auszudrücken zu wollen, statt zu wandeln. Sie kann auch helfen "transpersonale Erfahrungen zuzulassen, Sinnhorizonte zu erweitern, narzistische Befriedigungen im Mantel des persönlichen Wachstums abzubauen und Dienen als Möglichkeit der Weiterentwicklung zu sehen". Das Zusammenspiel dieser kompetenten Partner ermöglicht erst eine vollständige seelische Entwicklung, in der Sprache Jungs könnte man sagen eine Individuation durch Vervollständigung.

Der Weg der Erlösung ist für die transpersonale Psychotherapie (TP) im Unterschied zum christlichen Glauben ein Weg der Desidentifizierung, der Loslösung. Bei fortschreitender Meditation löst sich nach der TP der persönliche Gott auf in ein wesenloses Nirwana.

Meine Erfahrung ist es wie die von Rolf Bick auch, dass ich weiterhin mit Gott durch seine Namen und Bilder wie Vater, Hirt, König, Herr, u. a und im Vater-Unser Beziehung haben möchte. Es entspricht auch christlicher Lebensweisheit, dass ich loslassen muss, aber nicht ohne mein Ich, mein manchmal vielleicht törichtes, jauchzendes, trauriges, sehnsüchtiges, wütendes Ich möchte ich bis zum Ende bewahren. Auf dem christlichen Weg geht es bei der Heilung und Erlösung eher um eine Versöhnung mit dem Ego als um seine Auflösung wie in der TP.

Den transpersonalen Gleichmut möchte Bick nicht. Christliche Lebensweisheit des sowohl als auch hebt meiner Ansicht nach diese Abgrenzung jedoch wieder auf. Der Hl. Paulus formuliert sie ziemlich deutlich im schon zitierten Korintherbrief: sei verheiratet, wie wenn nicht..... In diesem Sinne würde er Bick wohl sagen: Bewahre dein Ich, wie wenn Du ihm gegenüber gleichmütig wärest oder keines hättest.

Vereinfacht gesagt kümmert sich PT um die Versöhnung des Egos, Nootherapie um die Versöhnung des Selbst. Tiefgreifendste Heilung durch Versöhnung geschieht meiner Meinung nach da, wo beide sich versöhnen und damit eine Ich-Du-Ewiges Du- Heilung bzw. Versöhnung möglich wird. Diese Versöhnung von PT und Nootherapie sehe ich am besten therapeutisch umgesetzt in der Vergebungstherapie von Cony Stauss und der theoretischen Beschreibung meiner christlich orientierten Psychotherapie bzw. Gestalttherapie. Beide sind Gestalttherapeuten und arbeiten mit Gestaltelementen, weil GT sich am kompatibelsten bzw. versöhnlichsten zur christlichen Nootherapie bzw. Versöhnungsstherapie verhält. Darum nenne ich meinen Therapieansatz auch christlich orientierte Gestalttherapie und nicht Gestaltseelsorge. Im Gegensatz zu dieser hat nur die personaltranszendent (christlich) orientierte Gestalttherapie das Heilungsprinzip der personaltranszendenten (christlich) Versöhnung als konstituierendes Proprium in ihrer Theorie und Praxis. Für mich eignet sich dafür die Gestalttherapie in Verbindung mit dem christlichen Menschenbild am besten. Die Vergebungstherapie von Stauss ist dafür ein Beleg. Das Geheimnis des Seins als liebevolle Bezogenheit unter Wahrung der Unterschiedlichkeit spiegelt sich im trinitarischen Sein Gottes. Störung bzw. Zerstörung in der Beziehung kommt einem Seinsmangel gleich. Versöhnungstherapie will diesen Seinsmangel beheben und wieder zur Fülle des Seins und Lebens verhelfen. Vergebung hat auch im Neuen Testament eine zentrale Rolle, siehe Mt 6,12; Mt 18, 23-35; Mt 5,21-26. In den letztgenannten Antithesen wird deutlich, dass es die Vergebung Gottes nur gibt, wenn sich die Menschen untereinander vergeben. Diese Versöhnungstherapie lässt sich schön mit der Gestaltmethodik des „leeren Stuhls" als Dialogarbeit durchführen. Stauss übt diese Gestaltmethodik in Kursen mit Therapeuten und Seelsorgern. Nach den Erfahrungen von Stauss kommen Klienten mit einer spirituellen-christlichen Weltanschauung tiefer in diesen Vergebungsprozess, weil sie diesen in den Sinnzusammenhang eines heiligen Kosmos stellen. Auch glaubt er, dass zwischenmenschliche Vergebung die Beziehung zu sich selbst verbessert.

13.6 Fast alle meine Klienten landen letztlich an diesem Punkt, wo ich Ihnen diese Heilungsmethode durch Versöhnung vorschlage.
Ich glaube und hoffe, dass auch die Gestalttherapie im Tiefsten eine personaltranszendente Versöhnungstherapie sein kann, wenn sie die Polaritätsphilosophie Friedlaenders mit dem personaltranszendenten Menschenbild Bubers wieder stärker verbindet.. Heilung erwächst so aus einem versöhnlichen Beziehungsgeschehen, so wie auch Wachstum und Transformation geschehen wenn man wird, was man ist, nicht wenn man versucht, etwas zu werden, was man nicht ist. Mit anderen Worten, wenn Ego und Selbst in ein prozesshaftes, versöhnliches Beziehungsgeschehen treten. Damit bestätigt sich für mich dann auch der Veränderungssatz der Gestalttherapie, welcher das personaltranszendente Heilungsprinzip der Versöhnung zusammenfasst.: „Be, what you are and you will chance" (Arnold Beiser). Man sagt: Der Gestalttherapeut ist sein eigenes Werkzeug. Diese Werkzeug besteht für mich v. a in einer Geisteshaltung und Herzenseinstellung des Gestalttherapeuten dem Patienten gegenüber, die geprägt ist von Haltungen, die Dr. Platsch auf S.52 f

niedergeschrieben hat und ohne die die Heilung durch Versöhnung kaum wirksam werden kann:

-sich selbst kennenlernen, um sich ihrer eigenen wahren göttlichen Natur, ihrer Konditionierungen und Prägungen, Projektionen und der Ungetrenntheit von allem anderen bewusst zu sein.

- Vertrauen in die Selbstheilungskräfte der Patienten haben;

- sich von fixen Vorstellungen und Bildern über Krankheitsverläufe und Prognosen lösen und grundsätzlich alles für möglich halten im Sinne der biblischen Aussage, dass Gott nichts unmöglich ist.

-Achtung vor dem Wesen des Patienten haben;

-das, was ist, annehmen und auf die Richtigkeit und Vollkommenheit des Lebens vertrauen;

-die Willensanstrengung aus dem Heilungsprozess herausnehmen, denn was heilt ist letztendlich nicht der Arzt, sondern Gott, der nicht verfügbar ist. Heilung ist nicht machbar:

-den Patienten ganz lieben und annehmen und ihm von Herz zu Herz begegnen;

-dem Patienten mit dem dritten Ohr und Auge zuhören und wahrnehmen, um in seinen Worten, Mimik und Körperhaltungen die verborgene Botschaft im übertragenen Sinn zu erfassen;

-ihn als kranken Menschen begreifen und nicht nur die Krankheit behandeln wollen;

-Vorurteile gegenüber Komplementärmedizin abbauen, denn alles hat seine Berechtigung im neuen Paradigma. Auch da gibt es keine Trennung. Das heilende Feld wirkt immer und überall;

-auf eine liebevolle und schöne Atmosphäre in unseren Kliniken und Praxisräumen und liebevollen Umgang der Mitarbeiter untereinander achten, denn in all dem drückt sich die heilende Liebe Gottes und des namenlosen Heilsamen aus.

-Krankheit und Tod als eine Seite menschlichen Lebens akzeptieren lernen und Heilung darüber hinaus definieren als Heil, was der Mensch im tiefsten immer ist, eventuell auch im biblischen Sinne.

-für Patienten beten

-und meditieren, um sein Bewusstsein zu weiten, um so beständig wie möglich auf den namenlosen, personaltranszendenten Gott zu fokussieren;

Wollen wir gesünder werden, müssen wir die überwiegend kausale geprägte Krankheitslehre unserer schulmedizinischen, dekartschen und damit materialistisch auf Trennung ausgerichteten Heilungslehre, der leider auch unsere aktuelle Psychotherapie anhängt, ergänzen mit einem personaltranszendenten Ansatz, wie ich ihn hier vorgestellt habe. Ich glaube auch, dass GT diesen von ihrer Theorie und Praxis her leicht anwenden könnte, wenn sie sich den hier vorgestellten Darstellungen, insbesondere dem christlichen öffnen und ihn einbeziehen könnte.

## Literaturverzeichnis

*Bradshaw, John: das Kind in mir, München 2000*

*Büchner, C. (1994): Die verlorene Dimension - eine ungeschlosssene Gestalt?*

*Büntig, Wolf: Wesen und Charakter, Vortrag gehalten im Oktober 1993 bei den Münchner Gestalttagen*

*Chu, Victor: Scham und Leidenschaft, Zürich 1994*

*Essen, Siegried: Spirituelle Aspekte in der systemischen Therapie, erschienen in: Transpersonale Psychologie und Psychotherapie, 2/1995, 41-53*

*Frambach, L.(1994): Identität und Befreiung in der Gestalttherapie, Zen und christliche Spiritualität, Petersberg: Via Nova Frambach,L. (1997a) Wege der Spiritualität und der gestalttherapeutische Ansatz. In R. Halmen R.M (Hrsg), Gestalt in Aktion. Die 3. Berliner gestalttage (31-41). Berlin:Schibri*

*Frambach, L. (1995): Gestalttherapie und Spiritualität. Transpersonale Psychologie und Psychotherapie,2,22-39*

*Frick, Eckehard: Durch Verwundung heilen, Göttingen-Zürich 1996*

*Gemsemer, K. (1997): Transpersonale Aspekte der Gestalttherapie. Transpersonale Psychologie und Psychotherapie,1,65-77*

*Gerber, Monika: Matrix, Kreuzpunkt und Gestalt, Gestalttage München 2004*

*Grochnowiak, Klaus und Haag, Susanne: Die Arbeit mit Glaubenssätzen, Darmstadt 2004*

*Jung, C.G.: zur Psychologie des Kindarchetypus (1940/51), GW 9/1, Walter Verlag, Freiburg 76*

*Jung, C.G.: Die Beziehungen zwischen dem Ich und dem Unbewussten, Olten 1971*

*Kerenyi, K: Das göttliche Kind, in: Jung und Karl Kerenyi, Das göttliche Kind, Leipzig 1940*

*Kittel, Barbara: Vernachlässigte Spuren in der therapeutischen Beziehung*

*Koller, D. (1994): Gestalt-Seelsorge-Die transformatorische Arbeit der spirituellen Entwicklung im Verhältnis zur christlichen Gnadenlehre. In: R. Merten u.a(Hrsg), auf der Suche nach der verlorenen Dimension; Dokumentation der Münchner Gestalt-Tage 1994(256-267) Eurasburg; GFE*

*Ladenhauf Karl H.: Integrative Gestalttherapie in der Ausbildung von*

*Seelsorgern und Religionspädagogen, in: WzM 37 (1981) 2-17*

*Ladenhauf: Integrative Therapie und Gestalttherapie in der Seelsorge. Grundfragen und Konzepte für Fortbildung und Praxis, Beiheft 12, Paderborn 1988.*

*Michaels, Ragini Elisabeth: mit den Gegensätzen des Lebens tanzen, Freiburg 1996*

*Naranjo, C. (1988): Gestalttherapie, als transpersonaler Ansatz. In: S. Boorstein (Hrsg),*

*Transpersonale Psychotherapie (141-149). Bern: Scherz*

*Platsch, Klaus-Dieter, was heilt, München 2009*

*Petzold, H. (Hrsg) (1983): Nootherapie und „säkulare Mystik" in der integrativen Therapie. In: H. Petzold (Hrsg) : Psychotherapie, Meditation, Gestalt(53-100) Paderborn: Jungfermann.*

*Reich, Wilhelm: die Ermordung Christi, Freiburg 78*

*Schwarzenau, Paul: Das göttliche Kind, Stuttgart 84*

*Schwarzenau, Paul: Logos, Selbst und Archetyp, Stuttgart 1994*

*Strauss, Konrad: die heilende Kraft der Vergebung*

*Tillich, Paul: Herausforderung an Therapie und Seelsorge. In :Merten s.o*

*Tillich, P. (1962): Die verlorene Dimension. Hamburg, Furche*

*Tipping, Colin: Ich vergebe, der radikale Abschied vom Opferdasein, Bielefeld 2006, 7.Auflage.*

*Tolle, Eckhart: Leben im Jetzt, München 2002, 8.Auflage*

*Vieregge, Joachim: Psychotherapie und Meditation, Münchner Gestalttage*

*Walch, Sylvester: Psychotherapie und Spiritualität*

*Wilber, K.(1996): Eros, Kosmos, Logos. Frankfurt a. M: Krüger*

Printed by Books on Demand GmbH, Norderstedt / Germany